KB248615

한국기업의 VIP(베트남, 인도네시아, 필리핀) 국가 투자진출: 지역전문가의 조언

진인진

한국기업의 VIP(베트남, 인도네시아, 필리핀) 국가 투자진출: 지역전문가의 조언

초판 1쇄 발행 | 2019년 6월 15일

지 은 이 | 채수홍 외 8인
편   집 | 배원일
발 행 인 | 김태진
발 행 처 | 진인진
등   록 | 제25100-2005-000003호
주   소 | 경기도 과천시 별양상가 1로 18 614호(별양동 과천오피스텔)
전   화 | 02-507-3077-8
팩   스 | 02-507-3079
홈페이지 | http://www.zininzin.co.kr
이 메 일 | pub@zininzin.co.kr

ⓒ 진인진 2019
ISBN 978-89-6347-411-3 93300

* 이 저서는 2017년 대한민국 교육부와 한국연구재단의 지원을 받아 수행된 연구임
  (NRF-2017S1A2A3055559).

권두언

채수홍

이 저서는 서울대학교 사회과학연구원 비교문화연구소가 한국연구재단의 지원을 받아 수행하고 있는 '신흥지역연구사업팀'의 땀과 열정이 담긴 학술 결과물이다. 본 사업단은 동남아의 VIP 국가, 즉 베트남, 인도네시아, 필리핀을 대상으로 현지에 진출한 한인기업과 로컬 사회의 상호작용을 탐색하여 한인기업이 생산적인 현지화를 실현하도록 제언하는 것을 목표로 삼고 있다. 기존 관련 연구가 국가수준을 다룬 것과 달리 본 사업단은 한인기업이 위치한 로컬 사회를 대상으로 심층적인 연구를 진행하여 한인기업이 직면한 구체적인 현안을 분석하고 대응전략을 도출하고 있다는 특징이 있다.

본 사업단은 2017년 9월부터 약 2년 동안 VIP 국가의 주요 지역에 대한 VIP 로컬이슈페이퍼를 8권 발간하였다. 또한 이를 다시 주제별로 나누어 첫해에는 경제, 둘째 해에는 정치에 관한 현안을 다룬 로컬 인사이트(정책보고서)를 집필하였다. 이 저서는 각 지역의 전문가이자 인류학·지리학·경제학·경영학·정치학·국제지역학을 전공한 저자들이 이런 일련의 작업을 통해 얻은 성찰과 교훈을 피력하기 위해 특별하게 기획된 것이다.

이 저서는 크게 3개 부분으로 나누어져 있다. 첫 부분에서는, 국제

정치학자인 이지혁과 지리학자인 엄은희가 각각 필리핀과 인도네시아
를 대상으로 역동적으로 변하는 투자환경을 다루고 있다. 이들의 글에
서 우리는 동남아시아가 전통적인 제조업만이 아니라 다양한 산업을
유치하고 있는 현상을 다각적으로 이해할 기회를 갖게 될 것이다. 두
번째 부분은 베트남을 대상으로 문화와 산업의 관계를 분석하고자 했
다. 이를 위하여 인류학자인 채수홍과 육수현은 각각 '문화정치(cultural
politics)'와 한국어 교육이 베트남에서 어떤 정치 경제적 함의를 갖게
되는지를 성찰하고 있다. 마지막 부분에서는, 정치학자인 김의영·명
재석, 경영학자인 장승권·김선화, 인류학자인 최호림이 국제적인 규
제, 공정무역, 기업의 사회적 책임을 연결하여 논의하고 있다. 이들의
글은 한인기업이 로컬과의 상생을 위하여 현지에서 어떤 활동을 벌어
야 하는지에 대하여 시사점을 던지고 있다.

이 저서의 1장에 수록된 이지혁의 글은 한국의 첫 번째 해외직접
투자가 이루어졌고 동남아시아의 거대 내수시장인 인도네시아를 다
루고 있다. 인도네시아의 한인기업은 긴 역사만큼 기업 진출의 형태도
시대에 따라 다양하게 변모해 왔다. 초기에는 주로 자원을 확보하는
우회수출 형태로 투자를 해왔지만 최근에는 내수기반의 소비시장을
겨냥하는 직접투자의 형태가 자리 잡고 있다. 인도네시아는 세계 4위
의 거대하고 젊은 인구가 글로벌 트렌드를 시간의 간극 없이 바로 수
용하고 있는 잠재력 큰 소비시장을 가지고 있다. 더욱이 근자에는 전
자상거래, 홈쇼핑, SNS 등 다양한 유통 채널이 확산되고 있기 때문에
해외 기업에게 새로운 기회의 장이 되고 있다. 하지만 저자는 이 글에
서 인도네시아의 소비시장이 매혹적인 만큼 가시를 숨긴 장미와 같다
는 점을 보여주고자 한다. 인도네시아의 소비시장을 접근할 때 '숨겨
진 비용(hidden cost)'을 경험하게 된다는 것이다. 법적·제도적 제약, 문

화적 이질성, 높은 물류비용, 급변하는 세계경제 등 다양한 변수로 인해 인도네시아 소비시장에 진입하는 것이 결코 녹록지 않으며, 철저한 준비 없이 성급하게 다가간다면 많은 대가를 지불할 수밖에 없다는 점을 보여주고 있다.

엄은희가 기술하고 있는 2장의 필리핀 사례는 또 다른 각도에서 동남아시아의 각국의 투자환경 변화에 주목해야 하는 이유를 부각시키고 있다. 필리핀은 소위 '동아시아의 호랑이'라고 지칭되는 나라들과 달리 제조업 기반의 경제성장 모델을 취하고 있지 않고 있지만 2010년 이후 꾸준한 경제성장을 성취하고 있는 독특한 나라이다. 동시에 이러한 특성은 빈부격차, 실업률, 부가가치, 외국인 투자와 관련하여 많은 우려를 낳으면서 지속성장 가능성에 대한 비관적 전망을 만들어내고 있다. 저자는 이러한 상황에 대한 분석을 토대로 필리핀과 한국이 상생할 수 있는 투자 생태계를 어떻게 구축할 것인지를 고민하고 있다. 필리핀이 외국기업을 위하여 산업 활동 이외의 비용을 줄여주고 산업 간 연계성을 강화하려고 노력하고, 이에 부응하여 한국 기업은 필리핀의 산업 생태계 조성을 위한 전략적인 접근을 하는 상생방안을 구체적인 사례를 들어 제시하고 있다.

두 번째 부분을 구성하고 있는 3장과 4장은 베트남을 대상으로 문화와 기업 활동의 관계를 조명하고 있다는 공통점이 있다.

먼저 3장에서 채수홍은 베트남에서 전개되고 있는 문화와 정치의 관계 즉 문화정치를 다루고 있다. 이 글은 한국 기업이 베트남의 복잡한 문화정치의 사례를 제시하고 이를 어떻게 이해하고 대응할 것인지를 탐색하는 시론적 성격을 지니고 있다. 이를 위하여 베트남이라는 국가, 회사가 위치한 로컬 지역, 회사 내부라는 세 가지 다른 수준에 겹쳐 있는 한국 기업이 왜 그리고 어떤 정치 이슈와 정치과정에 관심을 가져야 하는지에 대하여 설명하고 있다. 이를 바탕으로 베트남에 진출한 한국 기업이 지역사회 그리고 현지 노동자와의 상생을 위하여 어떤 시각에서 문화정치를 펼쳐야 할지 검토하고 있다.

이어 4장에서 육수현은 베트남의 한국어 교육 열풍과 노동시장에 초점을 맞추어 분석하고 있다. 최근 미국과 중국의 무역 갈등이 심화되면서 베트남이 대체 생산기지로서 각광을 받고 있지만 베트남의 노동시장은 고학력 숙련노동자가 부족한 한계를 안고 있다. 이는 베트남에서 자본이 고학력 노동자의 생산을 위한 교육 문화와 정책을 제대로 성숙시키지 못하고 있기 때문이다. 이 글은 이러한 환경에서 다양한 주체의 노력으로 성장할 수 있었던 한국어 능력자/전공자 시장을 사례로 베트남의 고학력 노동시장을 활성화할 단초를 찾으려 하고 있다. 베트남에서 한국어 능력자 시장은 양국의 관계가 경제적으로 문화적으로 밀접해짐에 따라 한국어 능력자를 원하는 한국 기업이 늘어난 결과로 급성장하였다. 이와 함께, 한류라는 문화적 요인 역시 한국어를 대중적으로 인식하게 만들어 한국어 능력자 시장의 진입장벽을 낮추었다. 또한 초기 한국어 교육자들이 한국 정부의 지원을 받아 한국어 교재 확보, 한국 유학 경험의 효과적 전달, 한국 대학과의 네트워킹과 사이버 교육의 유치 등에 힘쓴 결과물이기도 하다. 이런 사례를 토대로 저자는 시장의 발전과 문화적 상황을 동시에 고려하는 고학력 숙련노동자의 양성을 제안하고 있다.

베트남 시장을 초국적인 시각에서 바라보면서 공정한 무역과 기업의 사회적 책임의 효율적 이행 방안을 탐색하고 있는 세 번째 부분은 세 개의 글로 구성되어 있다.

먼저, 5장에서는 김의영·명재석 두 정치학자가 VIP 3국을 염두에 두고 초국적 규제, 거버넌스 그리고 관련 기업가의 행위에 대한 분석을 시도하고 있다. 주지하다시피, 생산체제가 몇 개의 국경을 넘어 확장되면 거버넌스 부족 현상이 심화한다. 이에 따라 적정 거버넌스 요구가 거세지면 이해당사자의 잠정적 합의에 따라 초국적 민간 규제가 형성되기도 한다. 이러한 현상이 새롭게 등장함에 따라 초국적 민간 규제를 이해하는 관점은 계속 갱신되고 있으며 이를 저자들은 네 가지 관점으로 요약하고 있다. 첫째, 관념 변화를 축복하는 관념론, 둘째, 평판 하락에 맞선 기업 집단행동에 주목하는 시장론, 셋째, 제도적 기업가들의 흥정과 타협을 주장하는 정치론, 넷째, 작업장 소재지 정치 경제적 조건을 강조하는 현지론이 그것이다. 이 장은 이러한 관점을 검토하면서 환경·노동 문제를 포괄하는 새로운 다자무역 체제가 요원한 만큼, 초국적 민간 규제가 가까운 미래에도 글로벌 생산체제에 거버넌스를 공급하는 틀로 남아있을 것으로 예견하고 있다. 이러한 결과에 조응하여 저자들은 현지 진출 기업들이 초국적 민간 규제에 수동적으로 끌려가기보다는 그 정치과정에 적극 대응할 필요가 있다는 점을 강조하고 있다.

이어 장승권·김선화가 함께 집필한 6장은 필리핀의 공정무역 역사와 공정무역단체 사례를 정리하여 논의하고 있다. 필리핀에서 언제, 누가, 왜 공정무역에 관심을 갖게 되었고, 어떠한 방식으로 공정무역을 실천하고 있으며, 어떠한 조직 형태가 있고, 어떠한 역할을 하고 있는지 파악한다면, 필리핀에서 전개되는 공정무역을 이해하고 시사점을 도출하는데 기여할 수 있을 것이다. 이를 위하여 필자들은 필리핀의 공정무역단체를 세 가지 유형으로 분류하고 있다. 국제연대 활동을 통해서 만들어진 단체, 필리핀 국내에서 자생적으로 만들어진 단체, 그들의 활동을 현재 선진 소비국에서 일어나는 로컬페어트레이드라고 부를 수 있는 단체가 그것이다. 이 장은 이러한 유형별로 필리핀 공정무역단체가 어떻게 발전하였고, 이후 어떻게 사회 변화를 이끌어 갈지에 대한 실마리를 제시하고 있다. 이를 바탕으로 이 장은 공정무역이 더 큰 성과를 내기 위해서는 선진국 소비자에게만 의미를 갖는 것이 아니라, 제3세계 생산국 내부의 소비자에게도 중요한 운동이고 사업이 되어야 한다는 점을 역설하고 있다.

최호림이 기술한 마지막 장은 '기업의 사회적 책임(CSR)'을 대상으로 본 사업단의 문제의식을 포괄적으로 제시하고 있다. 한국인 투자 기업의 지속 가능한 현지 경영을 위해서는 불법과 갈등의 요소를 해결하고 VIP 국가의 사회경제의 포괄적이고 지속적인 발전에 기여할 수 있도록 노력하는 조치가 필요한 시점이다. 이러한 필요성에 조응하여 이 장은 베트남 내 한국인 투자 기업의 실태와 사회경제적 영향에 대해 고찰하면서 CSR의 관점에서 대안을 모색하고 있다. 이를 위하여 저자는 첫째로 주요 CSR의 이론적 모델에 관해 개관하고 개발도상국에 적용될 수 있는 CSR 모델에 관해 기술하고 있다. 둘째로 베트남에서 CSR에 대한 인식과 적용 현황에 관해 고찰하고 있다. 셋째로 베트남 내 한국 기업의 문제점과 개선 과제에 관해 기술함으로써 동남아에 진출한 한국 기업이 안고 있는 현지와의 상생방안을 제시하고 있다. 이 글의 가장 중요한 시사점은 한인기업이 현지 노동자의 상태와 욕구에 관한 현지인의 시각과 담론에 주목할 필요가 있다는 사실이다. 이와 더불어, 저자가 기술하고 있는 베트남의 사례가 말해주듯이, VIP 국가에 진출한 한인기업의 지속 가능한 경영을 위해서는 기업의 사회적 책임에 대한 의식 개선과 구체적인 실행 방안이 시급하게 정립될 필요가 있을 것으로 보인다.

이처럼 본 저서는 서울대 사회과학원 비교문화연구소의 신흥지역연구사업단이 2년 동안 공동으로 연구와 사업을 진행하면서 얻은 경험을 각자의 전문 영역에서 다시 돌아보는 성찰의 결과물이다. 이로 인하여 주제, 연구 대상, 그리고 주장이 다양하지만 향후 사업에서 본 사업단이 지향해야 할 바를 점검할 기회를 제공하고 있다. 이 저서가 본 사업단만이 아니라 VIP 국가의 기업 활동에 관심을 가지고 있는 정부 관료, 기업인, 학생, 일반 대중에게도 흥미로운 내용과 시각을 제공할 것으로 기대한다.

목차_

I

역동적으로 변화하는 투자환경

/

국가 외자유치 정책변화와 투자환경 변화

생산거점에서 소비시장으로의 확대:
인도네시아 소비시장과 유통

이지혁

I. 들어가며

지난 수십 년 동안 한국과 동남아의 심상적 거리는 점차적으로 가까워져왔다. 주 5일제 근무가 시작되고 저가 항공이 등장하면서부터 한국인들은 동남아 국가를 마치 제주도에 가는 것처럼 찾고 있다. 또한 한국 드라마와 케이팝(K-pop)에 매료되어 한국을 찾는 동남아 관광객도 빠르게 증가하고 있다. 쌍방향으로 인적교류가 활발한 만큼이나 경제적 교류도 증가했다. 2017년 한국기업이 가장 많이 수출한 지역은 중국이 아니라 동남아였다. 전체 수출에서 동남아가 차지하는 비중은 2010년 20.0%에서 2017년 26.0%로 급증했다. 수입까지 포함하면 여전히 중국이 최대 교역국이지만 조만간 동남아가 중국을 추월할 것으로 예상된다. 2017년 무역수지를 보면 중국에서 450억 달러, 동남아에서 754억 달러 흑자를 기록해 한국은 동남아에서 가장 많은 이익을 남기고 있다(매일경제 2018/05/03). 이러한 변화에서 주목할 점은 어느 순간 동남아가 한국을 필요로 하는 것보다 한국이 동남아를 더 필요로 하는 상황으로 변하고 있다는 것이다.

한상(韓商)들은 일반인들이 서로에 대해 친밀감을 느끼기 훨씬 이전부터, 한국 정부가 신남방정책을 강조하고 동남아에 대한 외교 수준을 4강에 준할 정도로 격상하겠다고 천명하기 이전부터 동남아 구석구석까지 진출하여 활발하게 사업을 전개해 왔다. 저임금의 풍부한 노동력을 제공하고 상대적으로 가까운 거리에 위치한 동남아는 한국기업에게 생산 및 수출 거점으로 매력적인 곳이었다. 여전히 이러한 매력을 보유하고 있긴 하지만 최근 새로운 측면에서 동남아 시장이 부각되고 있다. 구매력을 갖춘 중산층이 증가하고, 도시화가 빠르게 진행되고, 글로벌 브랜드에 대한 관심이 늘어나면서 새로운 소비시장으로서 동남아가 부상하고 있는 것이다. 동남아 중에서도 거대한 내수시장을 가지고 있는 인도네시아는 한국기업에게 매력적인 시장이다.

'세계 인구 4위', '최대 무슬림을 보유한 국가', '동남아 유일의 G20 국가'와 같은 인도네시아를 묘사할 때마다 늘 등장하는 문구들은 인도네시아가 소비시장으로서 매우 잠재력이 있음을 간접적으로 시사하고 있다. 하지만 소비시장으로서 인도네시아가 장밋빛으로만 그려진다면 이는 마치 장미의 화려함에 망각된 가시처럼 '숨겨진 비용(hidden cost)'을 간과한 것일 수 있다. 법적·제도적 제약, 문화적 이질성, 높은 물류비용, 급변하는 세계경제 등 다양한 변수들로 인해 인도네시아 소비시장에 진입하는 것이 결코 녹록치 않다. 2013년에 보스톤 컨설팅 그룹(BCG)에서 발표한 보고서는 인도네시아가 기회의 땅이라는 것을 강조하기 위해 보고서의 제목을 'Asia's Next Big Opportunity'이라고 명했다(*Boston Consulting Group* 2013). 하지만 철저한 준비 없이 성급하게 인도네시아 시장에 뛰어들면 그 기회라는 것이 대가를 지불해야 할 수도 있는 기회(An Opportunity That May Cost)일 수 있다(Rovnick 2013).

지금까지 인도네시아를 생산 및 수출거점으로 활용했던 한국기업들이 소비시장에 잘 안착하고 침투율을 제고하기 위해서는 인도네시아 소비시장에 대한 깊이 있는 이해가 전제되어야 한다. 더욱이 소비시장이 성장함에 따라 새롭게 진입하는 다국적 기업과 시장을 이미 선점한 로컬 및 다국적 기업 간의 경쟁이 가속화될 것으로 예상된다.

이러한 맥락에서 본 글은 첫째, 소비시장으로서의 인도네시아의 잠재력을 살펴보고 둘째, 소매 및 유통의 구조를 파악하고, 소비시장을 공략할 수 있는 다양한 채널을 살펴본다. 셋째, 유통 및 프랜차이즈와 관련된 규정을 파악하고, 넷째, 인도네시아 소비시장의 특성을 파악하고자 한다. 마지막으로 인도네시아 시장에 진출할 때 필연적으로 만나게 되는 장벽들에 대해 살펴보고, 이를 바탕으로 한국기업에게 필요한 제언을 하고자 한다. 소비시장으로서 인도네시아의 사례를 연구하는 것은 향후 동남아 개별 국가의 소비시장을 겨냥해서 투자를 계획하고 있는 기업에게 좋은 지표가 될 것으로 기대된다.

II. 왜 글로벌 기업은 인도네시아 소비시장에 주목하는가?

소비시장의 관점에서 가장 중요한 요소는 다름 아닌 큰 내수시장이다. 인도네시아의 인구는 약 2.6억 명으로 베트남 인구의 약 2.7배, 태국의 약 3.7배가 넘는다. 지금은 다소 줄어들기는 했지만 이웃 국가인 싱가포르의 인구(560만 명)에 맞먹는 신생아가 매년 태어난다는 것을 강조하기 위해 해마다 인도네시아가 싱가포르를 출산한다는 우스갯소리가 있을 정도다. 2030년에는 인구가 약 3억 명에 도달할 것으로 전망된다.

유엔 등 국제기구는 노인의 비중이 전체 인구의 7% 이상일 경우 '고령
화사회', 14% 이상이면 '고령사회', 20% 이상이면 '초고령사회'로 구
분하고 있다. 한국은 2000년도에 고령화사회에 진입하였고 17년 만인
2017년 전체인구 대비 노인의 비중이 14.2%가 되면서 고령사회로 진
입하였다. 이와는 대조적으로 인도네시아는 젊은 인구구조를 가지고
있다. 중위연령(Median Age)이 28.3세로 한국(41.3세)에 비해 매우 젊고,
생산가능 인구와 유소년(14세 이하) 인구가 각각 전체의 67.2%, 27.5%
로 높아 생산과 소비 양 측면에서 매력적인 인구 구조를 갖고 있다.

경제가 성장함에 따라 증가하는 중산층은 글로벌 기업이 공략해
야할 주요 타켓이다. 여전히 재래시장을 선호하는 저소득층과 달리 인
도네시아의 젊은 중산층의 소비패턴은 하루가 다르게 변하고 있다. 이
들은 글로벌 브랜드와 현대적 유통채널의 세련된 환경을 선호한다.
2014년 기준 맥캔지 & 컴퍼니(Mckinsey & Company)는 중산층의 규모
를 4천 5백만 명, 보스톤 컨설팅 그룹은 7천 4백만 명, 아시아개발은
행(이하 ADB)은 무려 1억 4천 6백만 명(전체 인구의 59%)까지를 중산층
으로 추정하였다.[1] 세계은행(World Bank)은 '취약계층'(하루 지출 규모
가 $1.90 이하)을 9천 6백만 명, '신생소비계층'(aspiring class, $1.90-$4.50)
을 1억 7백만 명, '중산층'($4.50-$22.10)을 4천 4백만 명으로 분석했
다(Bland 2014).[2] 이는 중산층을 1억 4천 6백만 명으로 추산하고 있는

1　ADB의 경우 중산층을 정의함에 있어서 절대적인 기준을 사용하는데, 하
루 2달러에서 20달러를 지출할 수 있는 사람들을 중산층으로 정의한다(2005
년 구매력 기준).

2　세계은행의 2017년 자료는 인도네시아의 중산층을 인구의 20%인 5천 2백
만 명, 신생소비계층을 인구의 45%, 그리고 취약계층을 35%로 추산하고 있다.

표 1　주요 신흥국의 인구 관련 통계 비교

구분	국가	인구(백만 명)	생산가능 인구 비중 (%)	고령인구 비중(%)	고령 인구 1명 당 유소년 인구 수 (명)	도시화율 (%)	중위연령 (세)
B R I C s	브라질	207.7　(225.5)	69.6 (68.4)	8.2 (13.6)	2.7 (1.3)	85.9 (88.6)	31.7 (37.7)
	러시아	144.0　(140.5)	68.9 (63.4)	13.8 (19.3)	1.3 (0.9)	74.1 (76.3)	38.9 (42.6)
	인도	1,324.2 (1,513.0)	66.0 (68.0)	5.8　(8.5)	4.9 (2.8)	33.2 (39.5)	27.0 (31.4)
	중국	1,403.5 (1,441.2)	72.2 (67.6)	10.1 (17.1)	1.7 (0.9)	56.7 (68.7)	37.3 (43.0)
A S E A N ㅡ 6	인도네시아	206.6　(295.5)	67.2 (68.1)	5.3　(8.4)	5.3 (2.8)	54.4 (63.0)	28.3 (31.9)
	태국	68.9　(69.6)	71.4 (66.6)	11.0 (19.4)	1.6 (0.7)	51.5 (63.9)	38.3 (43.8)
	필리핀	103.3　(125.4)	63.3 (64.7)	4.7　(6.7)	6.8 (4.2)	44.4 (46.3)	24.3 (27.5)
	싱가포르	5.6　(6.3)	72.5 (64.0)	12.3 (23.2)	1.2 (0.5)	100.0 (100.0)	40.5 (47.0)
	말레이시아	31.2　(36.8)	69.3 (68.3)	6.1　(9.7)	4.1 (2.3)	75.3 (81.9)	28.1 (34.1)
	베트남	94.6　(106.3)	70.0 (67.0)	6.9 (12.4)	3.3 (1.7)	34.2 (43.0)	30.9 (36.9)
한 미 일	한국	50.8　(52.7)	72.9 (63.0)	13.4 (23.9)	1.0 (0.5)	82.6 (84.5)	41.3 (47.8)
	미국	322.2　(354.7)	65.9 (61.4)	15.0 (20.4)	1.3 (0.9)	81.8 (84.2)	37.8 (39.8)
	일본	127.7　(121.6)	60.5 (57.5)	26.6 (30.3)	0.5 (0.4)	93.9 (96.9)	46.7 (51.5)

주: 2016년 기준, (　)안은 2030년 전망치

출처: 한국무역협회 2017.

ADB와 큰 차이가 있다. 중산층을 분류함에 있어서 절대적(absolute)인 기준 혹은 상대적(relative)인 기준을 사용하느냐에 따라 큰 차이가 있는데 일반적으로 선진국에서 통용되는 중산층과 개도국에서 말하는 중산층의 개념에는 큰 괴리가 존재한다. 인도네시아 기업인들과의 면담과 필자의 현지 경험으로 판단해보면, 일반적으로 월 소득이 5백만 루피아(약 40만 원) 이상의 소득자부터 중산층에 포함되고, 오토바이 혹은 저렴한 자동차를 구매할 수 있는 계층을 중산층이라 말할 수 있다. 그런데 중산층과 관련하여 짚고 넘어가야 할 것은 실질 소득과 상관없이 인도네시아의 중산층은 자신들의 소득이 지속적으로 증가할 것이라는, 즉 미래에 대한 낙관적인 생각을 가지고 있다는 것이다. 동일한 소득이라고 할지라도 소득이 감소하는 계층과 증가하는 계층 사이에는 소비에 있어 큰 차이가 있다(부르디외 2006).

　　이는 소비자 신뢰지수(consumer confidence index)를 통해서도 확인할 수 있다. 소비자 신뢰지수란 소비자들이 경기를 어떻게 내다보는지를 설문을 통해 파악한 지표를 지칭하는 것으로서 경제동향과 소비자 심리를 잘 보여준다. 미국의 비영리 경제조사기관인 컨퍼런스 보드(*The Conference Board*)는 매달 5,000가구를 대상으로 설문조사를 실시해 소비자 신뢰지수를 집계하는데, 설문에 포함된 5가지 질문에는 현재의 사업상황, 향후 6개월 후의 사업상황, 현재의 고용상태, 향후 6개월 후의 고용상태, 향후 6개월 후의 가족 소득이 포함되어 있다. 소비자 신뢰지수는 1967년에 첫 조사가 시행되었는데, 1985년의 100을 기준점으로 소비자신뢰지수가 100을 넘지 못하면 경기를 비관적으로 보는 사람이 낙관적으로 보는 사람보다 더 많다는 것을 뜻한다. 2018년 1분기 기준 인도네시아의 소비자 신뢰지수는 아시아-태평양 지역뿐만 아니라 전 세계에서 인도를 제외하고 가장 높은 수치다. 이는 인도네시아 소비자들이 자국의 경제를 밝게 전망하고 있으며 소비활동에 적극적으로 참여할 것이라는 근거가 된다.

　　빠른 도시화율도 인도네시아 소비시장을 매력적으로 보는 이유다. 도시화는 이 시대의 가장 거대한 소비 트렌드 중 하나이다. '시티슈머(citysumers)'[3]라는 표현이 등장할 정도로 도시에 거주하는 개방적이고, 자부심이 강하고, 새로운 상품과 서비스를 적극적으로 수용하려는

3　'citysumers'의 정의는 대도시에 있는 수억 명의 경험이 풍부하고 정교한 도시 거주자로서, 이들은 그 어느 때보다 요구하는 것이 많고 개방적이며 자부심도 강하고 서로 간에 연계되어 있다. 또한 보다 즉흥적이고 실험 정신이 강하며 수많은 도시의 새로운 상품, 서비스, 경험, 캠페인과 대화를 적극적으로 수용한다(https://trendwatching.com/trends/citysumers).

표 2 아시아-태평양 지역 소비자 신뢰지수

	Q1 2018	Q4 2017	변화
글로벌 소비자 신뢰지수	106	105	1
아시아-태평양	115	114	1
호주	91	91	0
중국	115	114	1
홍콩	107	108	-1
인도	130	130	0
인도네시아	127	125	2
일본	86	84	2
말레이시아	104	94	10
뉴질랜드	104	106	-2
필리핀	128	131	-3
싱가포르	97	94	3
한국	59	60	-1
대만	79	82	-3
태국	110	111	-1
베트남	124	115	9

출처: *The Conference Board* 2018.

시민들이 소비문화를 주도하고 있다. 소비와 관련해서 '도시문화가 곧 문화(urban culture is the culture)'인 것이다(*Trendwatching* 2011). 2016년 기준 인도네시아의 도시화율은 아시아 국가 중 가장 빠른 속도인 4.4% 로서 중국과 인도보다 빠르게 진행되고 있다. 현재 약 55%의 주민이 도시에 거주하고 있으며 2030년까지 인구의 71%인 2억 9백만 명이 도시에 거주할 것으로 전망된다. 성장 잠재력의 측면에서 주목할 부분은 도시화율에 비해 현대적 유통의 침투율이 낮다는 점이다. 일반적으로 도시화와 현대적 유통채널의 보급은 정비례 관계에 있지만 인도네시아는 상대적으로 도시화율이 낮은 주변국(태국과 필리핀)에 비해 현대적 유통 채널의 보급이 느린 편이다(*DBS Vickers Securities* 2015).

　　도시화율에 비해 현대적 유통의 침투율이 낮은 요인으로 인도네
시아의 지리적 특징을 생각할 수 있다. 1만 7천 개 이상의 섬으로 이루
어진 군도국가라는 점은 태생적으로 높은 물류비용을 야기할 뿐만 아
니라 식민 지배 때부터 시작된 국토의 불균형적 발전은 도농의 차이와
함께 자바와 외곽 도서 간, 그리고 서부와 동부 지역 간의 개발 격차를
야기했다. 지역의 불균형적 발전은 인도네시아가 개선해야 할 시급한
문제이지만 소비시장의 잠재력 측면에서 보면 무궁무진한 발전의 여
력이 있다는 것으로 해석될 수도 있다. 기존의 현대적 유통채널이 주
로 자바와 발리의 대도시에 밀집해 있어서 외곽 도서 지역과 중소 도
시로의 지속적인 진출이 예상된다.

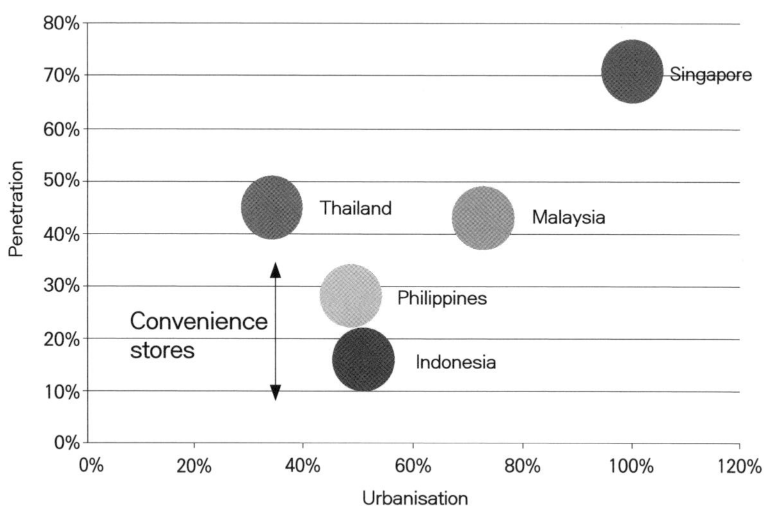

그림 1　동남아 주요국의 도시화(urbanization) 및 그로서리(grocery) 유
　　　　통의 침투율

출처: *DBS Vickers Securities* 2015

III. 소매 유통의 구조와 현황

1. 현대적 유통의 등장

1966년 자카르타의 중심부인 땀린 거리(Jl. Thamrin)에 사리나(Sarinah) 백화점이 문을 열면서 현대적 유통의 첫 걸음이 시작되었다. 이 백화점은 수까르노 대통령의 제안으로 세워진 국영 백화점으로서 일본의 전후복구기금으로 세워졌다. 당시 인플레이션이 심각한 상황이었는데 인도네시아 정부는 사리나 백화점에서 유통되는 상품 가격을 표준으로 삼아 국내 시장의 가격을 통제하려고 했지만, 이는 곧장 실패로 끝나고 말았다. 사리나 백화점에 이어서 1970년대에 알디론 플라자(Aldiron Plaza), 1980년대에는 두따 메를린(Duta Merlin), 라뚜 플라자 빠사라야(Ratu Plaza Pasaraya), 영 앤드 트렌디(Yong and Trendy), 그리고 하얌 우룩 플라자(Hayam Wuruk Plaza) 등이 생겨났다. 인도네시아 중앙통계청 자료에 의하면 1977년까지 오직 하나의 슈퍼마켓만 존재했다. 슈퍼마켓의 수는 경제성장과 함께 증가하기 시작했는데, 1983년을 기점으로 큰 증가를 보여 아시아금융위기 직전까지 489개까지 증가했다. 1990년대 중반에는 자카르타에 하이퍼마켓인 까르푸(Carrefour)와 콘티넨트(Continent)가 등장했다.

인도네시아 현대적 유통의 역사에서 사리나 백화점의 개점이 중요한 하나의 국면이라면 1997~8년의 아시아 금융위기는 외국계 기업에게 투자를 허용하는 새로운 국면을 맞이할 환경을 조성했다(Wahyuningtyas *et al.* 2015). 아시아 금융위기의 시발점은 태국이지만 금융위기가 가장 강력하게 강타한 지역은 인도네시아일 것이다. 인도네시아에게 금융위기는 경제적 개방뿐만 아니라 수하르또의 32년 독재를 종결시킨 직접적인 계기가 되었다. 국제통화기금(IMF)은 한국에게 요구한 것과 마찬가지로 인도네시아에게 구제금융을 지원하는 대가로 고강도의 구조조정과 시장 개방을 요구했다. 인도네시아 정부는 IMF와 소매 산업을 개방하겠다는 의향서(letter of intent)를 작성하고 곧이어 이를 법제화했다. 외국자본의 침투는 인도네시아 소매 산업의 지형을 바꾸면서 시장을 선도할 다양한 플레이어(players)를 등판시켰다. 시장 개방은 인구증가, 경기회복, 지구화 등과 맞물려 소매 산업의 급격한 성장을 가져왔다.

2. 그로서리(Grocery) 소매 유통의 구조와 특징

인도네시아 소매 산업은 일반적으로 전통적 유통채널과 현대적 유통채널로 구분될 수 있다. 전통적 유통(traditional retail) 채널은 거리상인(kaki lima), 와룽(warung), 재래시장으로 구성되고 현대적 유통(modern retail)[4]은 미니마켓 및 편의점, 슈퍼마켓, 하이퍼마켓 등으로 이루어진다. 전통적 유통채널에서 '까끼리마(kaki lima)'라고 불리는 거리상인은 인도네시아 골목 곳곳에서 발견할 수 있는데, 'kaki'는 인도네시아어로 다리라는 뜻이고 'lima'는 다섯이라는 뜻이다. 따라서 다섯 개의 다리라는 뜻의 '까끼리마'는 다리가 세 개 달린 손수레(두 개의 바퀴와 지지대)와 이를 끌고 장사하는 사람의 다리 두 개를 합쳐서 총 다섯 개의 다

---

4 'modern retail'은 신유통 혹은 현대유통으로 번역되기도 하지만 본 글에서는 '현대적 유통'으로 사용한다.

까끼리마(Kaki Lima)[5]

와룽[6]

그림 2　까끼리마와 와룽

리가 있다는, 조금은 낭만적인 이름이다. 주로 이곳에서 간단한 식음료를 판매한다. 와룽의 경우 길거리 가판대부터 동네 구멍가게, 제대로

5　https://jakartainformer.com/94869/pedagang-kaki-lima/

6　필자촬영

된 건물을 가지고 영업을 하는 식당까지 다양한 형태가 존재한다. 이곳에서 간단한 생필품, 의약품, 음료, 담배 및 기호 식품, 조리 음식 등을 구매할 수 있다. 인도네시아에서 미니마켓과 편의점은 구분되어 사용되는데, 미니마켓은 주로 식품관리코드(SKU: stock keeping unit)로 관리되는 생필품을 취급하는 반면 편의점은 즉석 음식과 신선품에 더 많은 비중을 두고 있으며 매장 안에 식사 및 휴식 공간을 제공하는 특징이 있다(이지혁 2015).[7]

현대적 유통의 급속한 성장에도 불구하고 여전히 소비자의 절대다수는 재래식 시장을 주로 이용하고 있다. 2015년 기준 그로서리와 관련하여 전통적 유통방식이 84%를 차지하고 있다. 적어도 향후 10년 동안은 여전히 전통적 유통이 시장을 지배할 것으로 예상된다. 과거와 달리 공산품 구입의 경우 현대적 유통을 이용하는 서민층도 늘어나고 있지만 육류, 생선, 과일, 채소 등을 구입함에 있어서는 여전히 익숙한 방식을 선호하고 있다. 상당수의 현지인들은 유제품과 가공식품을 제외하고는 전통적 유통 채널이 더 싸고 신선한 상품을 공급한다고 믿는 경향이 있다. 더불어 구매자와 판매자가 개인적으로 친분관계를 맺을 수 있는 재래시장은 고객 맞춤형 서비스(personalized service)를 제공할 뿐만 아니라 주거지역에 가까이 위치해 있다는 이점이 있다.

전통적 유통이 지배적이기는 하지만 대도시와 위성 도시를 중심으로 현대적 유통이 가파르게 성장하고 있는 것도 사실이다. 자카르타와 같은 거대 도시에는 이미 쇼핑몰이 포화상태임에도 불구하고 계속 늘어나고 있고, 모든 쇼핑몰에는 하이퍼마켓 혹은 대형 슈퍼마켓이 입

---

7   인도네시아 편의점을 주도했던 세븐일레븐이 2017년에 인도네시아에서 철수하면서 미니마켓과 편의점을 구분하는 것의 의미는 다소 퇴색되었다.

점하고 있다. 슈퍼마켓은 성장이 점차 둔화되는 반면 하이퍼마켓과 미니마켓·편의점은 지속적으로 성장하고 있다. 특히 편의점을 포함한 미니마켓이 가장 큰 성장세를 보이고 있다. 미니마켓의 경우 자바 외곽 지역의 소도시에도 이미 진출했다. 하이퍼마켓 분야에서는 까르푸/트랜스마트(Carrefour/Transmart),[8] 자이언트(Giant), 하이퍼마트(Hyper-mart)가 시장을 지배하고 있는데, 후발주자인 롯데 그룹은 2008년 네덜란드계 인도네시아 하이퍼마켓 체인 '마크로(Makro)' 매장을 인수하면서 경쟁에 참여했다. 주로 다국적 기업이 하이퍼마켓 시장을 석권한 반면 슈퍼마켓 분야에서는 현지 토종기업인 헤로(Hero)의 강세 속에 다른 현지 기업과 외국계 기업이 각축을 벌이고 있다. 외국계 기업은 주로 광역자카르타와 자바 지역에 한정적으로 입점하고 있다. 미니마켓·편의점은 현대적 유통 중에서 가장 빠르게 성장하고 있는 업종이다. 초기자본이 많이 들지 않고 작은 골목까지 침투할 수 있다는 장점이 있기 때문에 현대적 유통이 확산되지 않은 외곽 도서지역까지 입점하고 있다. 미니마켓·편의점분야에서는 시장 점유율의 90% 이상을 차지하는 토종기업인 인도마룟(Indomaret)과 알파마트(Alfamart)가 절대강자로 자리매김하고 있다. 세계최대의 편의점 회사인 세븐일레븐조차도 인도네시아 진출 8년 만에 철수를 결정했다. 현재 1980년대 이미 진출한 써클케이(Circle-K)와 2009년 이후 진입하고 있는 외국계 기업(Minimart, Family Mart, Lawson 등)의 편의점이 있긴 하지만 인도마룟과 알파마트와 경쟁하기에는 역부족이다.

한편 인도네시아 소매 유통에서 흥미로운 것은 식품과 관련하여

---

8 까르푸는 2012년에 현지파트너인 CT 그룹에 인도네시아 사업부를 매각했다.

하이퍼마켓, 슈퍼마켓, 미니마켓, 그리고 재래시장이 서로의 영역에서 동종 형태의 경쟁업체뿐만 아니라 서로 다른 업종과도 경쟁관계에 있다는 것이다. 다시 말해 미니마켓이 하이퍼마켓과도 슈퍼마켓과도 경쟁을 하는 구도에 있다는 것이다.

한편 일반적으로 유통채널을 이야기할 때 언급되지 않지만 쇼핑몰은 현대적 유통에서 절대적으로 중요한 위치를 차지한다. 그럼에도 불구하고 쇼핑몰이 현대적 유통 채널로 분류되지 않는 것은 기본적으로 이들이 임대업에 속하기 때문이다. 국가마다 약간의 차이가 있기는 하지만 일반적으로 쇼핑몰은 몰 안에 입주하는 상점을 임대 혹은 판매하는 것이 주 사업이다. 하지만 미국처럼 유통사가 제조사로부터 상품을 직매입하여 판매하기도 하고, 한국처럼 제조사가 상품을 판매하고 유통사는 일정 비율의 수수료만 가져가는 구조도 있다. 백화점의 경우 유통업과 임대업이 혼합된 경우가 많이 있지만 일반적으로 그로서리 소매 유통에는 포함되지 않는다.

3. 다양해지는 채널: 전자상거래

최근 온라인 쇼핑, 모바일 쇼핑 등의 전자상거래가 부상하면서 유통산업의 지각변동이 일어나고 있다. 인도네시아에서도 기본적으로 현대적 유통채널이 성장하면서 재래시장이 크게 위협을 받고 있는 형국이지만, 최근 전자상거래가 가세하면서 온·오프라인 매장이 모두 무한 경쟁의 시대에 진입하고 있다. 아직은 한국이나 다른 산업화된 국가에 비하면 태동 단계이긴 하지만 도시의 젊은층 사이에서 전자상거래가 빠르게 확산되고 있다. 여기서 잠깐 짚고 넘어가야 할 것은 인도네시아에서 플랫폼 비즈니스 형태의 전자상거래는 소매업이 아닌 정보통신업의 일종으로 분류하고 있다는 것이다.

일반적으로 IT 기술이 발달된 선진국 혹은 산업화된 국가에서 성공한 유통 채널이 시간차를 두고 개도국으로 확산될 것이라고 생각하지만, 인도네시아 소비시장은 이러한 시간차라는 것이 큰 의미가 없을 정도로 세계적 흐름에 빠르게 보조를 맞추고 있다. 물론 아직까지는 자바 지역과 일부 대도시에 한정된 것이긴 하지만 그 성장속도 만큼은 간과할 수 없다. 전자상거래는 2014년 이후 해마다 60~70%씩 성장하고 있다. 사실 인도네시아와 같은 개도국에서는 선진국에서 발견되는 단계적 발전이 아니라 단계가 생략된 발전이 자주 목격된다. 예컨대 유선 전화, 무선 전화, 핸드폰, 그리고 스마트폰이라는 순차적 발전의 단계를 거쳐 왔던 대부분의 선진국과는 달리 일부 개도국 중에선 유선 전화에 필요한 인프라도 구축되지 않은 상태에서 바로 스마트폰 시대로 진입하고 있다. 인도네시아의 한 컨설팅회사의 설문조사에 따르면 '당신은 인터넷을 사용하고 있습니까?' 라고 물었을 때 '아니오, 사용하지 않습니다.'라고 대답한 응답자에게 '당신은 친구들과 어떻게 의사소통합니까?'라고 물으니 '페이스북을 통해서'라고 대답했다고 한다(*MarkPlus Insight* 2015).

Q: "Do You Use Internet"
A: "No, I don't"

Q: " How Do You Communicate with Friends?"
A: "Facebook"

인도네시아 소비자 중 일부는 가정에서 컴퓨터로 인터넷을 사용한 경험 없이 바로 스마트폰으로 인터넷을 처음 접하고 있다. 대도시를 제외하면 아직도 대중 교통수단이 제대로 발달하지 않은 상태에서 스마트폰 앱을 이용한 차량공유 서비스가 빠르게 확산되고 있는 것도 비슷한 현상이다. 2016년 5월부로 인도네시아 인터넷 사용자의 수는 1억 명을 넘어섰는데, 이는 세계에서 5번째로 큰 규모이다.

인도네시아 전자상거래 시장의 성장을 견인하는 핵심 동력으로 네 가지 요소(*Commonwealth of Australia* 2018)를 꼽을 수 있는데, 첫째는 저렴한 가격의 스마트폰 공급이다. 구글 인도네시아 관계자의 말에 따르면 스마트폰 보급률이 2013년 14%에서 2016년에는 43%까지 증가했고, 2020년까지 53%까지 증가할 것으로 전망한다(Keusgen 2016). 평균적으로 인도네시아는 주변의 몇몇 아세안 국가에 비해 인터넷의 속도와 가격 합리성(affordability) 면에서 조금 뒤처지고 있지만 인도네시아인들이 소셜미디어에 사용하는 시간만큼은 미국인들보다 높다. 이것은 그만큼 전자기기에 익숙한, 즉 테크세비(tech-savvy)한 젊은층이 많다는 것의 방증이기도 하다.

두 번째는 구매력을 갖춘 중산층의 증가다. 가처분소득이 늘어나면서 소비자들의 소비성향이 생필품 중심에서 패션, 화장품, 전자제품 등으로 변하고 있다. 전자상거래는 특히 오프라인 상점에서 구할 수 있는 상품이 한정적인 제2도시(Tier 2 city)에 거주하는 젊은 소비자들에게 새로운 소비 기회를 제공할 뿐만 아니라 이들이 선택할 수 있는 제품의 폭을 넓히고 있다.

세 번째는 외국자본의 투입이다. 2016년 세계 최대 온라인 플랫폼 업체인 알리바바(Alibaba)가 동남아의 아마존이라고 불리는 라자다(Lazada, 라자다 인도네시아)를 인수하고, 동남아에서 가장 최적화된 O2O(online to offline) 서비스를 제공하는 인도네시아 토종기업인 고젝(Go-Jek)에 중국의 최대 종합 인터넷 회사인 텐센트(Tencent)뿐만 아니라 글로벌 투자회사인 KKR & Co. Inc.가 투자를 했다. 또한 인도네시아에서 가장 인기 있는 온라인 쇼핑몰 중 하나인 도꼬피디아(Tokope-dia)는 소프트뱅크벤처스(Soft Bank Ventures), 알리바바, 세쿼이아캐피탈(SequoiaCapital) 등으로부터 투자를 받았다. 중국을 포함한 글로벌 기업들이 현지기업들과 조인트 벤처, 파트너십, 지분 투자 등 다양한 형태로 진출하고 있다. 무엇보다 중국의 공격적인 투자가 두드러진다. 2016년 중국의 거대기업인 징동닷컴(JD.com)도 인도네시아에 진출했다.

네 번째로, 지불수단의 진화이다. 인도네시아는 전자상거래에 대한 잠재수요가 높은 것과 비교해 온라인 결제 인프라가 많이 부족하다. 결제수단은 전자상거래뿐만 아니라 홈쇼핑의 성장에도 큰 장애물로 작용한다. 아직도 온라인 결제의 약 80%가 현금으로 이뤄지고 있다. ATM을 이용한 현금이체가 가장 선호되는 방식이지만 '배송 후 현금 결제(COD, cash on delivery)'도 많이 선호되고 있다. 이는 온라인 혹은 홈쇼핑으로 상품을 주문하면서 바로 결제하는 것이 아니라 자신의 집으로 배달된 상품을 확인하고 현금으로 결제하는 것을 의미한다. 'COD'가 발달된 배경에는, 우선 전자 결제시스템이 잘 발달되지 않았을 뿐만 아니라 회사에 따라 서로 다른 결제방식을 요구하는 경우가 많아서 소비자들이 지불 시스템을 신뢰하지 않는 경향이 강하다. 더불어 15세 이상의 인도네시아인 중에서 64%가 은행을 이용하지 않고 있으며, 약 96%가 신용카드를 보유하고 있지 않다. 이는 인도네시아에서 신용카드를 발급받는 데 상당히 까다로울 뿐만 아니라 은행계좌를 개설하는 것 역시 규제가 심하기 때문이다. 그런데 최근 스마트폰을 이용한 다양한 결제방식이 도입되면서 온라인 결제가 보편화되고 있다. 차량 및 오토바이 공유서비스를 제공하는 고젝, 그랩 등이 등장하면서 온라인 결제수단을 사용하는 이용자가 늘어나고 있다. 스마트폰을 바탕으로 성장하고 있는 핀테크 산업은 전자상거래와 상호 보완적 관계에 있다.

글로벌 각축장이 되고 있는 전자상거래 시장에서 선두 그룹에 있
는 업체를 살펴보면, 라자다 인도네시아(1), 토꼬피디아(2), 부깔라빡
(Bukalapak)(3), 블리블리(Blibli)(4), 쇼피(Shopee)(5), 징동닷컴(6), 일레
브니아(Elevenia)(7), Qoo10(10) 등이 있다(*ASEAN UP* 2019).[9] 한국 업체
로는 2011년에 진출한 Qoo10과 2017년 롯데그룹이 인도네시아 재계
2위 살림그룹과 50%씩 출자해 설립한 '인도롯데'에서 운영하는 '아이
롯데(iLotte)'가 있다. SK플래닛은 2014년에 인도네시아 이동통신사인
엑스엘악시아타(XL Axiata)와 함께 합작법인인 '엑스엘플래닛(XL Plan-
et)'을 설립해 오픈마켓인 '일레브니아(elevenia)'를 운영하였지만, 2017
년 하반기에 일레브니아를 살림그룹에 매각하고 인도네시아 장에서
철수했다.

IV. 유통 및 프랜차이즈 관련 규정

앞에서 언급한 것처럼 인도네시아는 1997~8년 아시아 금융위기를 겪
으면서 유통시장을 개방했다. 하지만 일부 영역에서는 여전히 자국의
산업을 보호하기 위해 외국 자본에 대한 투자의 제한을 두고 있다. 인
도네시아 정부는 100% 외국자본을 허용할 것인지(개방 업종), 일정 부
분만 허용할 것인지(조건부 개방 업종), 아님 국내기업에게만 허용(금지

---

9   순위는 매달의 트래픽을 기준으로 산정한 것이다.

업종)할 것인지를 대통령령으로 규정하고 있는데, 이를 '외국인 투자제한 리스트'(negative investment list) 혹은 줄여서 '네거티브 리스트'라고 부른다. 현지어로는 'Daftar Nagatif Investasi(DNI)'[10]이다. 가장 최근에 개정된 DNI는 2016년에 5월(대통령령 2016년 44호)에 발표된 것이다. 인도네시아에서 새로운 사업을 시작하거나 투자를 할 때 가장 먼저 확인해야 할 것이 DNI이다. 일반적으로 DNI에 규정되지 아니한 업종은 외국인 투자가 100%가능한 것으로 해석된다. 하지만 DNI에 의해 규정되지 아니한 업종이라도 인도네시아 투자조정청(BKPM)에 문의하여 확인을 받는 것이 좋다.

DNI는 전반적으로 소매 분야에서 현지 중·소기업을 보호하려는 움직임과 규제를 통해 외국계 기업의 활동이 인도네시아 경제에 실질적인 도움을 줄 수 있는 방향으로 강화되고 있다. 현재 인도네시아 정부는 1,200제곱 평방미터 이하 슈퍼마켓과 400제곱 평방미터 이하 미니마켓(편의점 포함) 부문은 100% 국내 자본만 허용하고 있다. 백화점의 경우 판매면적이 400제곱 평방미터에서 2,000제곱 평방미터의 경우 외국인 투자비율을 최대 67%까지만 허용하고(몰에 입주하되 단독입주 불가), 2,000제곱 평방미터 이상의 경우에만 외국인 투자를 100% 허용한다. 그 외 100% 국내자본만 허용하는 업종으로는 장식품 소매, 골동품 소매, 수상 운송장비 및 부품 소매, 슈퍼마켓 및 미니마켓 이외 소매, 백화점 이외 소매, 섬유 소매, 어린이 게임·장난감 가게, 화장품 소

10　2007년에 처음으로 제정된 Negative List는 인도네시아가 경제성장과 빈곤 타파를 목적으로 대통령 훈령 6조로 경제정책 패키지를 발표하면서 투자환경 개선을 위해 외국인 신규투자에 대한 Negative Investment List를 제정한 것이 처음이다. 그 후 2010년, 2014년, 2016년 개정이 있었다.

표 3 외국 자본에 대한 투자제한

형태	상점 크기*	투자제한
미니마켓/ 편의점	400 이하	100% 국내자본만 허용
슈퍼마켓	400-5,000	·400이상~1,200이하는 국내자본만 허용 ·1,200이상은 외국자본 허용
백화점	400 이상	·400이상 2,000이하는 최대 67%까지만 외국자본 허용 ·2,000이상 외국자본 허용
하이퍼마켓	5,000 이상	외국자본 허용
도매 아울렛	5,000 이상	외국자본 허용

* 단위: 제곱 평방미터

출처: 대통령령 No.1 111/2007; 대통령령 No.44/2016

매, 신발류 소매, 전기제품 소매, 식품과 음료 소매 등이 있다. 생산과 연계되지 않은 유통업과 창고업의 경우 외국인 투자비율이 최대 67%까지 허용된다.

상점의 크기뿐만 아니라 현대적 유통매장과 전통시장 사이의 거리도 고려해야 할 사항이다. 이는 지방정부의 관할 하에 있는데, 자카르타의 경우 주지사령(No.44/2003)에 따라 미니마켓은 재래시장의 반경 500m 밖에 위치해야 한다. 발리의 경우 덴파사르 시장령(No.49/2011)에 의해 1,000m를 넘어야 한다. 물론 무역부 공무원의 말에 따르면 자카르타의 경우 이러한 규정이 모두 준수되기는 어려운 실정이라고 한다.[11]

한편 현대적 유통의 경우 회사가 소유할 수 있는 매장의 최대 수를 150개로 제한하고 있다(무역부 규정 No.68/2012). 만약 150개 이상으로 매장을 확장하기 원할 경우 초과되는 매장은 반드시 프랜차이즈화해야 한다. 150개를 초과하는 매장의 경우 전체 매장수의 최소 40%를

---

11   인도네시아 무역부 중소기업 담당자와의 인터뷰(2015년 8월)

프랜차이즈 상점으로 계약을 맺어야 한다. 더불어 직영점 및 가맹점에서 사용하는 원자재, 설비, 상품의 80%를 국내에서 조달해야 한다. 주 사업을 보조할 수 있는 상품을 판매할 수 있지만 전체 판매의 10%를 초과할 수 없다. 예컨대 식당으로 등록된 매장에서는 음식과 음료 외의 상품 판매가 전체의 10%를 초과할 수 없다(무역부 규정 No.53/2012).

이러한 규정들에는 경쟁력 있는 외국 자본을 통해 유통 산업을 활성화시키면서도 동시에 경쟁력이 없는 자국의 중·소기업을 보호하려는 의도가 내포되어 있다. 또한 외국계 기업의 활동이 인도네시아 경제에 실질적인 도움을 줄 수 있도록 환경을 조성하려는 정부의 노력이 함축되어 있다.

V. 소비문화의 특징

제각기 다른 성향을 가진 수많은 사람들이 모인 소비자 집단의 특징을 설명하는 것은 매우 어려운 일일뿐만 아니라 현실적으로 불가능하다. 게다가 군도로 이루어져 있고 300개도 넘는 종족으로 구성된 인도네시아의 경우 더욱 그러하다. 그럼에도 불구하고 특정 소비자들에게서 발견되는 공통된 특징이 존재하고 이러한 특징을 분명하게 파악해서 생산에서부터 유통, 마케팅까지 적용하는 것은 소매 산업에서 매우 중요한 부분이다. 따라서 소매 및 유통이라는 관점에서 눈여겨봐야 할 소비 패턴에 주목해 보고자 한다.

최근 한국의 소비자 트렌드가 매우 개인적이고 자기중심적인 형태로 변하고 있는 반면 인도네시아는 가족 중심적(family-oriented)인 소비를 지향하고 있다. 홉스테더(Hofstede) 문화 차원 이론(cultural dimensions theory)에 따르면 인도네시아는 개인주의-집단주의 차원에서 매우 집단주의적 성격을 보이고 있다.[12] 즉, 개인은 사회적인 규범에 순종할 것을 요구받는다. 소비를 통해 개인의 만족을 추구하기 보다는 가족의 삶을 향상시키는 데 더 초점을 두고 있다. 가족 중심적 소비를 조금 확대해보면 인도네시아인들이 기본적으로 쇼핑을 누군가와 함께 하는 것을 굉장히 선호함을 알 수 있다. 인도네시아어로 함께함을 '끄버르사마안(kebersamaan)'이라고 하는데, 특정한 공간에 함께하면서 무엇인가를 공유하는 것을 좋아한다. 이는 자연스럽게 쇼핑이라는 행위와 여가라는 행위가 혼합되는 결과를 낳게 된다. 이러한 '유희적 소비를 즐기는 인도네시아인들을 이해하기 위해서는 '농끄롱(nongkrong)'이라는 단어를 이해할 필요가 있다. 이 단어는 본래 'tongkrong'이라는 단어에서 왔는데, 단어 그대로의 뜻은 '쪼그려 앉다'라는 의미다. 하지만 '농끄롱'이라는 단어는 이보다 넓은 의미로 사용되는데 '잡담하기', '수다 떨기', '함께 어울리기' 등으로 번역할 수 있다. 영어로는 흔히 'hang out'으로 번역되지만 'hang out'보다는 훨씬 광범위한 의미를 가지고 있다. 농끄롱은 부정적으로 이해될 수도 있지만 인도네시아 사회의 접착제 같은 역할을 하는 중요한 개념으로서 함께하는 소비문화를 이해하는 데 중요한 단어이다(이지혁·이수현 2017).

유희적 소비가 가장 잘 반영된 장소가 쇼핑몰이다. 자카르타의 경우 경제 수준에 비해 지나치다 싶을 정도로 대형 쇼핑몰이 많이 있는

---

12 https://www.hofstede-insights.com/country-comparison/indonesia/ 참조.

데 이는 쇼핑몰이 단지 소비를 위한 공간이 아니라 여가를 즐기는 공간으로 이용되기 때문이다. 최근 한국도 쇼핑몰 문화가 확산되고 있지만 그 정도에 있어서 아직 큰 차이가 있다고 생각된다. 한국의 백화점 구조를 보면 1층의 경우 명품 매장 혹은 잡화점이 있고, 그 다음 층부터 일반적으로 여성복, 남성복, 스포츠 및 유아복 등 각 층에서 구매할 수 있는 물건이 구분된다. 보통은 지하 혹은 제일 높은 층에 식당이 몰려있거나 영화관이 있다. 이는 쇼핑몰에서 여가 활동을 한다고 할지라도 여전히 목적 지향적인 소비를 하고 있다는 것이다. 하지만 인도네시아의 쇼핑몰은 음식점, 커피숍 등이 여러 층에 분산되어 있을 뿐만 아니라 층마다 특정 상품이 구획되어 있지 않다. 또 흥미로운 것은 인도네시아인들에게 백화점이란 쇼핑몰의 일부분을 차지하는 한 공간으로서, 한국과 마찬가지로 특별한 상품을 구매할 의도를 가지고 쇼핑을 하는 공간이라는 것이다. 대표적으로 마타하리(Matahari), 소고(Sogo) 등이 이러한 공간에 해당된다. 유희적 소비는 실질 구매로 이어지지 않는 경우도 많이 있기 때문에 경영자 입장에서는 이들의 유희적 행위가 실제 구매로 이어질 수 있는 방법을 고민해야 한다. 베블런(Veblen)이 언급한 과시적 소비를 하고 싶지만 경제적 상황이 이를 뒷받침하지 못하는 젊은층에서 실질적 구매 없이 공간만을 이용하는 경우가 빈번하게 목격된다.

　　한편 인도네시아 소비자들은 위험을 기피하는 성향이 매우 강하고 브랜드에 대한 충성도가 높다. 특히 식음료의 경우 로컬 브랜드를 매우 선호하는데 인도네시아인들이 좋아하는 브랜드 중 실제로는 외국 기업의 브랜드임에도 불구하고 로컬 브랜드로 생각하는 경우가 왕왕 있다. 즉, 상품의 이름을 현지어로 사용할 경우 실제 기업이 외국 기업인지 로컬 기업인지에 대한 깊은 이해 없이 로컬 기업으로 간주하는 경향이 있다.

지난 십여 년 동안 이슬람 경제가 부상하고 있는 것도 주목해야할 부분이다. 이슬람 경제는 금융에서 시작해서 점차적으로 소비문화 전반으로 확산되고 있다. 할랄은 새로운 기회이자 무역 장벽으로 다가오고 있다. 사실 한국의 입장에서는 기회보다는 장벽으로 작용할 가능성이 크다. 이는 한국이 이슬람과 관련해서 새롭게 진출할 수 있는 영역은 한정적인데 비해 기존에 할랄인증 없이 판매하던 상품들이 이젠 인증을 받아야 하는 상황으로 바뀌기 때문이다. 한국 이슬람교중앙회(KMF, Korea Muslim Federation)에서 발행하는 할랄인증은 아직까지 인도네시아 할랄인증기관(MUI)과 교차인증이 되고 있지 않다.

인도네시아에서는 2014년 9월에 할랄을 법으로 강제하는 '할랄제품보장법'을 제정하였고, 5년간의 유예기간이 종료되는 2019년 10월에 법안이 발효될 예정이다. 2019년 발효될 '할랄제품보장법'은 할랄과 관련된 제품의 범위를 "음식, 음료, 의약품, 화장품, 화학제품, 생물학 제품, 유전공학 제품 등과 관련된 물건이나 서비스 그리고 일반인에 의해 착용되고 이용되며 효용이 있는 물건"으로 정의하고 있다(법안 1조 1항). 할랄제품보장법의 실행으로 인해 야기될 할랄인증 체계의 변화를 정리해 보면, 우선 (1)할랄인증을 의무적으로 받아야할 제품이 확대되고, (2)할랄 기준에 부합하지 못하는 제품에 대해 할랄이 아님(non-Halal)을 명시해야 하고, (3)제품을 만드는 데 사용되는 원재료의 할랄여부뿐만 아니라 공급망(supply chain) 전체가 할랄인증 대상에 포함되고, (4)제품 생산을 총괄하는 관리자가 무슬림이어야 한다(김형준 2017). 하지만 할랄제품보장법이 실행되기까지 여러 가지 형태로 수정을 요구하는 목소리가 있었고, 할랄인증을 받아야 하지만 시도조차 하기 어려운 영세 기업이 많이 있어서, 인도네시아 정부도 우려를 표

명하였다. 아직 시행령이 나오지 않았기 때문에 어떤 수준에서 실행이
될지는 미지수이다. 다만 기존에는 할랄인증을 받은 제품에만 할랄이
라고 표시하던 로고를 사용했는데, 2019년 10월부터는 할랄이 아닌 제
품에도 할랄이 아님을 표시하는 로고를 사용해야 할 것으로 전망된다.

2017년에는 일부 한국라면에서 돼지고기 성분이 발견되었다는 이
유로 유통되었던 라면이 전량 회수되었던 사건이 있었는데, 이는 할랄
이 민감한 사안으로 대두되고 있음을 단적으로 보여준 사례다. 2017년
6월 인도네시아 정부는 한국에서 수입된 라면에서 무슬림들이 금기시
하는 돼지 유전자(DNA)가 검출됐다는 이유로 삼양 우동(U-Dong) 라
면, 삼양 김치라면, 농심 신라면 블랙, 오뚜기 열라면 등 한국 라면 4종
류에 대해 수입허가를 취소하고 유통된 제품 전량을 회수하도록 했다.
인도네시아 식품의약청(BPOM)은 유통되는 한국라면의 성분을 분석한
결과 일부에서 돼지의 DNA가 검출됐음에도 불구하고, 해당 제품에 돼
지고기가 함유됐다는 스티커를 부착하지 않아 피해를 유발했기 때문
에 소비자를 보호하는 차원에서 해당 제품을 즉각 회수한다고 밝혔다.
이로 인해 인도네시아에 유통되는 상당수의 한국제품 수입을 담당하
는 M유통은 큰 어려움을 겪기도 했다.

소매 및 유통과 관련된 한국기업에게는 이슬람 경제의 부상이 부
담으로 작용할 수 있지만 이슬람 상품과 관련된 산업은 큰 성장을 기
대하고 있다. 영국의 여성 무슬림 작가인 쉘리나 잔모햄드(Shelina Zah-
ra Janmohamed)는 2016년도에 『M세대: 젊은 무슬림이 세상을 바꾼다
(*Generation M: Young Muslims changing the World*)』라는 책을 출판했다.
이 책에 따르면 젊은 무슬림 세대들은 단순한 할랄이 아닌 그 이상의
윤리적이고 도덕적인 것을 요구하고 삶에 대한 태도에 있어서도 훨씬
적극적인 모습으로 살아가려고 한다. 예컨대 인도네시아 도시에 거주

표 4 국가 및 영역 별 밀레니얼 상호작용 볼륨

	Islamic Finance	Halal Food	Modest Fashion	Halal Travel	Halal Media and Recreation	Halal Pharmaceuticals and Cosmetics	Total
인도네시아	37,500	4,200	68,500	4,600	4,200	7,800	126,800
말레이시아	60,600	7,400	5,300	1,900	1,400	8,100	84,700
파키스탄	4,000	1,200	1,500	500	48,500	200	55,900
미국	2,500	6,800	1,100	1,500	2,200	500	14,600
필리핀	400	7,700	1,200	100	200	4,300	13,900
인디아	1,800	2,500	500	300	5,200	–	10,300
사우디아라비아	900	600	900	100	5,300	–	7,800
영구	600	2,700	400	300	1,000	100	5,100
터키	–	–	–	–	4,900	–	4,900
아랍에미리트	300	300	200	–	3,000	–	3,800

출처: *Thomson Reuters* 2017.

하는 교육받은 젊은 중산층 여성들 중에는 화려하고 세련된 히잡을 즐겨 착용하는 사람이 많다. 무겁고 종교적인 무게감이 있는 중동의 히잡과 달리 이들의 히잡은 매우 화려하고 다채롭다. 세련되고 화려한 히잡에서 신앙심 그 이상으로 자신의 정체성을 드러내려는 욕망과 동시에 경제적 부를 과시하는 측면도 엿보인다.

이슬람적 소비와 관련하여 인도네시아가 이웃의 말레이시아나 다른 몇몇 이슬람 국가(UAE, 바레인, 사우디아라비아)보다 선도적인 위치에 있는 것은 아니다. 하지만 늘 그렇듯이 잠재력은 엄청나다. 톰슨 로이터(*Thomson Reuters*)에서 매년 발간하고 있는 '글로벌 이슬람 경제 현황 보고서(State of Global Islamic Economy)'는 매년 글로벌이슬람경제지표(GIEI, Global Islamic Economy Indicator)를 발표하는데, 이 지표에서 점수로 환산되는 영역은 할랄 식품, 할랄 금융, 할랄 패션, 할랄 관광, 할랄 미디어 및 레크리에이션, 할랄 의약품, 화장품 등 7개이다. 인도네시아는 할랄 패션(2위), 할랄 관광(4위)를 제외하고는 10위권 안에 있지 않다. 그런데 1980년부터 2000년대 사이에 태어난 세대를 지칭하는 밀레니얼(millennier)이 소셜미디어(페이스북 기준)에서 이슬람 경제와 관련하여 무엇인가를 업로드하거나 코멘트를 단 데이터를 트랙킹(tracking)한 자료(*Volume of millennial interactions recorded by country & sector*)에 따르면, 7개 영역에서의 상호작용 점수를 모두 합산했을 때 인도네시아가 1위이다(*Thomson Reuters* 2017). 이는 인도네시아의 무슬림 밀레니얼이 실질적 구매력만 뒷받침되면 엄청난 소비자 집단이 될 가능성이 있다는 것을 보여준다.

VI. 극복해야 할 장벽

글로벌 컨설팅 회사에서 발간되는 보고서를 읽는 독자들은 당장 인도네시아에서 무엇인가를 시작해야 할 것 같은 착각이 들 수 있다. 거시 환경 분석의 핵심 요소-인구통계 요인, 경제적 요인, 기술적 요인, 문화적 요인, 정치적 요인-들이 매우 긍정적으로 묘사된다. 거대한 성장 잠재력, 새롭게 등장하는 젊은 중산층, 외곽 도서 지역으로 확산되고 있는 현대적 유통 등 모두 미래 지향적인 것에 초점을 두고 있다. 그런데 이를 되짚어 생각해 보면 현재의 가치보다는 미래의 가치에 역점을 두고 투자를 하라는 것이다. 미래의 가치를 보고 투자하는 것도 장기적인 안목에서 중요하지만 현재의 생존이 시급한 많은 외투기업이 마냥 미래를 보고 기다릴 수 있는 것은 아니다. 사전조사와 현지에 대한 깊은 이해 없이는 진입하기 매우 어려운 시장이 바로 인도네시아이다. 그런데 의외로 인도네시아 시장을 너무 쉽게 생각하고 짧은 시간에 수익을 얻을 수 있다는 조급증에 철저한 사전조사 없이 사업에 착수하는 경우가 많이 있다. 특히 지인의 개인적인 체험에서 얻은 한정되고 주관적인 정보만을 믿고 사업을 시작하거나 사업자가 발로 뛰는 현지조사가 아니라 문서를 통한 사전조사만 실시하고 사업을 시작했다가 예상치 못한 변수에 어려움을 겪는 경우가 자주 목격된다. 따라서 6장에서는 인도네시아에 투자함에 있어서 중요하게 그리고 신중하게 고려해야 할 사항에 대해 살펴보고자 한다.

1. 시장의 분절화

우선적으로 생각해야 할 사항은 거대한 인도네시아 시장이 분절되어 있다는 것이다. 인도네시아는 세계에서 세 번째로 넓은 영토를 가진 미국보다도 조금 더 넓게 퍼져있는 군도국가이다. 한국인들이 한반도를 언급할 때 한라에서 백두까지라는 표현을 자주 사용하듯 인도네시아인들은 인도네시아군도를 지칭할 때 '다리 사방 끄 므라우께(Dari Sabang Ke Merauke)'라고 말한다. 수마뜨라 섬의 제일 상단부터 빠뿌아까지를 가리키는 말로서 이 거리는 8,514km에 이른다. 흔히 접할 수 있는 인도네시아 소비문화에 대한 내용이 군도 전체에 대한 것이기보다는 자바 및 일부 대도시에 한정된 것일 가능성이 높다. 발전에 편차가 매우 크기 때문에 인도네시아 전체를 하나의 시장으로 생각하는 데에는 무리가 있다. 지난 10년 동안 인도네시아의 최저임금이 많이 오르면서 현지인들의 저렴한 인건비를 바탕으로 노동집약적 공장을 운영하고 있는 한인기업인들이 매우 힘들어하고 있다. 하지만 내수 시장을 겨냥해서 진출하려는 기업들에게는 현지인들의 소득 상승이 긍정적인 요소이다. 그런데 최저임금의 경우 한 국가 내에서 주별뿐만 아니라 주의 하위 행정구역인 도·시별로도 다르게 적용된다. 일반적으로 임금이 가장 높은 편에 속하는 자카르타의 경우 월 최저임금이 3,940,972 루피아이고 가장 낮은 지역에 속하는 족자카르타의 경우 1,570,922루피아인데, 이는 자카르타의 절반에도 미치지 못하는 수준이다. 자카르타와 다른 지역과의 차이, 자바와 외곽 도서의 차이, 인도네시아 서부와 동부의 차이가 크게 존재한다.

2. 낙후된 인프라

시장의 분절화에 크게 한 몫 하는 것이 낙후된 인프라 시설이다. 군도 국가라는 지리적인 특성과 식민 지배 때부터 시작된 자바 위주의 경제개발정책으로 외곽 도서 지역의 인프라는 아직도 열악한 수준을 벗어나지 못하고 있다. 인도네시아는 2017년 기준 GDP 대비 물류비용이 약 24%에 달한다. 인도네시아의 인프라 수준은 2018년 144개 국가 중 52위로, 지난 5년 동안 조금씩 개선되고 있지만 아직도 주요 경쟁국의 수준에 미치지 못하고 있다. 전직 대통령인 유도요노(Susilo Bambang Yudhoyono) 시절부터 인프라 개선은 국가의 중요한 사안이었으며, 조꼬위(Joki Widodo) 대통령이 후보시절부터 강조한 중차대한 사업이다. 현 조꼬위 정부 동안 많이 개선되고 있지만, 여전히 많은 부분에서 사

표 5 아세안 주요국가 인프라 순위(144개국)

아세안 주요국가 인프라 순위(144개국)				
싱가포르	말레이시아	태국	인도네시아	베트남
2위	22위	43위	52위	79위

출처: *World Economic Forum* 2017

업에 필요한 자금을 조달하지 못해서 원래 목표에 미치고 못하고 있다.

세계은행(*The World Bank* 2010)의 자료에 따르면 40피트(FEU) 컨테이너를 자카르타에서 싱가포르까지 운송하는 데 드는 비용이 US$185 달러인데 반해 국내운송인 자카르타에서 빠당(Padang)까지의 비용은 전자의 3배가 넘는 600 달러에 달한다. 인도네시아의 가장 큰 항구에서의 컨테이너 드웰 타임(dwell time)은 8일로서 이는 홍콩 2일, 싱가포르 1.1일에 비해 매우 길다(*Oxford Business Group* 2014). 전체 운송의 1/3 이상을 담당하는 육로 운송도 경쟁력을 갖추지 못하고 있는데, 차량으로 100km를 이동하는데 소요되는 시간이 2.6시간으로 주변국인 태국(1.4), 중국(1.2)에 비해 열악하다. 무엇보다 유료도로 건설이 매우 더디게 진행되고 있다. 1978년 처음으로 유료도로를 건설하기 시작한 이래로 지금까지 36년 동안 완공된 도로는 1,000km에도 미치지 못한다. 매년 겨우 27km에 해당하는 도로가 증설되고 있다. 인도가 하루에 평균 11km의 도로를 건설하는 것에 비하면 매우 열악하다(Zain 2015). 지난 2001년부터 2010년 사이에 전체 차량의 수가 3배 증가했음에도 불구하고 도로 확장은 1/4 수준에 그치고 있다. 설상가상으로 전체 도로 네트워크의 80%를 차지하는 지방도의 상당부분이 불량한 상태다(*OECD* 2013). 영국의 자동차 윤활유 공급업체인 카스트롤 매그나텍(Castrol Magnatec)의 조사(*Magnatec Stop-Start Index* 2014)에 따르면 세계 78개의 도시 중에서 교통체증이 가장 심각한 도시가 자카르타이고 네 번째가 인도네시아의 2대 도시인 수라바야다(*Oxford Business Group* 2015). 지표는 GPS의 데이터를 토대로 운전자가 '가다(start)-서다(stop)'를 반복한 횟수를 계산한 것으로 자카르타는 일년에 평균 33,240회, 수라바야는 29,880를 기록했다. 이것은 자카르타에서 운전에 사용되는 시간 중 27.22%를 도로에서 허비(idling)한다는 것을 의미한다(Parameswaran 2015).

3. 규제와 법률 해석의 모호함

새로운 시장에 진입할 때 규정을 확인하는 것은 기본 중의 기본이다. 갑작스런 규정의 변경은 사업에 큰 변화를 초래할 수 있다. 또한 규정을 어떻게 해석하느냐와 규정이 현실에서 그대로 적용되는지도 늘 불확실성을 초래하는 문제들이다. 계약서를 현지적 맥락에서 이해하고 받아들이는 것도 중요하다. 계약서에 명시된 내용을 전적으로 신봉하기 보다는 계약이 지속적인 흥정과 타협, 그리고 재해석의 여지가 있음을 인지해야 한다. 이는 외국인에게만 해당되는 것이 아니라 인도네시아 내국인에게도 해당되는 것으로서 법적 절차에 호소하기 보다는 타협과 양보를 통해 합일점을 찾아야 한다(국제노동협력원 2009). 계약 시 최악의 경우를 대비하여 법적인 요건을 잘 갖추고 있어야 하지만 이러한 법적 규정만으로 문제 해결이 이뤄지지 않을 수 있다는 것을 인식하고, 협상이라는 관행을 통해 문제를 해결하는 자세가 필요하다.

규정의 변화가 사업에 큰 영향을 초래한 사례로 세븐일레븐의 편의점 사업 철수를 꼽을 수 있다. 세계 최고의 편의점 회사인 세븐일레븐은 2009년 인도네시아에 진출하여 기존의 편의점에 카페와 레스토랑을 혼합한 하이브리드 편의점을 선보이면서 젊은층에게 큰 인기를 끌었다(이지혁·이수현 2017). 특히 무슬림이 절대다수를 차지하는 인도네시아에서 음주문화를 접할 곳이 없었던 젊은층에게 세븐일레븐에서 판매하는 주류와 음악, 그리고 무료 와이파이 등은 새로운 농끄롱 공간으로 다가왔다. 그런데 2015년 인도네시아 당국은 자국 내 편의점에서 알코올을 판매하는 것을 금지하는 규정을 제정하였다. 주류 판매가 매출의 15%를 차지했던 세븐일레븐에게 새롭게 바뀐 규정은 매출 감소에 지대한 영향을 미쳤다. 한편 인도네시아에서 소매점, 레스토랑, 카페는 각각의 허가가 필요한 사업인데 세븐일레븐의 경우 식당 허가를 받고 서로 다른 업종이 혼합된 형태의 사업을 추구하였기 때문에 이를 허가한 자카르타 내에서만 출점이 가능했다. 소매점의 허가를 받기 위해서는 무역부의 허가를 득해야 하는데 소매점의 경우 외국자본의 투자가 허용되지 않기 때문에 이를 회피하기 위해 세븐일레븐은 자카르타 지방정부의 관광청에서 관할하는 음식점의 허가를 받고 편의점과 카페 및 레스토랑이 혼합된 형태의 매장을 운영하였다. 이러한 법률적 허점을 이용할 수 있었던 이유는 법을 적용하고 해석함에 있어서 중앙 정부와 지방 정부의 상충이 존재했기 때문이다. 자카르타가 아닌 다른 지역에 출점하기 위해서는 자카르타에 최소 250개의 매점이 있어야 했는데, 이는 이미 미니마켓이 과밀한 자카르타에서 너무 많은 수였다. 설상가상으로 현지의 미니마켓이 세븐일레븐과 유사한 형태의 편의점을 개점하기 시작하면서 세븐일레븐의 매출은 급감하였다. 이러한 복합적인 이유로 세븐일레븐은 2017년 6월 인도네시아에서 전면 철수를 결정했다.

세븐일레븐과는 대조적으로 한국의 GS 리테일의 경우 인도네시아에 편의점으로 진출하려고 몇 년간 사전조사를 실시했지만, 외국자본으로 편의점 시장에 진출할 수 없는 외국인 투자제한 규정 때문에 편의점 사업을 철회하고 외투가 가능한 1,200m² 이상 규모의 기업형슈퍼마켓(SSM)으로 사업을 변경했다. 사전조사를 통해 이미 현대적 유통이 포화상태인 자카르타를 피하면서도 자카르타 주변 지역인 광역자카르타(JABODETABEK) 지역 중 중·상류층과 외국인이 많이 거주하는 지역에 입점하여 회사가 타깃으로 하는 고객을 확보했다. 현재 5개의 점포를 운영하고 있는데 매번 새로운 점포를 신규 오픈할 때마다 지역 경찰, 정치인, 지역의 유지 등을 초청하여 적극적으로 홍보하는 동시에 이들과 긴밀한 관계를 형성하고 있다. 또한 지역의 특성에 따라 5개의 점포에 있는 상품 구성을 차별화 하고 있으며 슈퍼마켓 안에 기도실과 어린이 놀이 시설을 만들어 현지 문화를 적극적으로 수용하면서 동시에 새로운 문화를 선도하고 있다. 한국 라면에서 돼지고기 성분이 발견되면서 소비자들이 할랄인증에 민감해지자 인도네시아울라마협의회(MUI)에서 발급받은 할랄인증서, 한국이슬람중앙회(KMF)에서 발급받은 할랄인증서, 그리고 심지어 현재 할랄인증이 진행되고 있다는 서류를 라면 판매 선반에 부착하여 현지 소비자들에게 할랄인증을 위해 적극적으로 노력하고 있음을 보여주고 있다. 인도네시아의 할랄 발급 기관인 MUI와 한국의 할랄 발급 기관인 KMF는 서로 교차인증을 체결하지 않았기 때문에 한국에서 발급받은 할랄인증은 사실 큰 의미가 없다. 그럼에도 불구하고 GS 슈퍼마켓이 한국에서 발급받은 할랄인증이라도 적극적으로 홍보하는 이유는 그만큼 할랄에 신경을 쓰고 있음을 어필하기 위한 조치이다.

4. 히든 코스트(Hidden Cost)와 현지화 비용(Liability of Foreignness)

사업을 하면 늘 예상치 못한 비용이 발생한다. 한국에서 사업할 때 일어나지 않았던 일들이 혹은 일어나더라도 쉽게 해결되었던 일들이 해외에서 사업을 할 때는 전혀 다른 방향으로 전개되는 경우가 많다. 인도네시아에서 사업에 실패했거나 현재 어려움을 겪고 있는 기업인들은 이구동성으로 한국에서 사업할 때 예상치 못했던 많은 비용들이 발생한다는 것을 강조한다. 인·허가의 어려움, 금품을 주지 않으면 일이 처리 되지 않는 문제, 세관을 통과하는 데 상당한 시간이 소요되는 점,

신뢰할 수 없는 계약서 등에서 야기된 현지인들에 대한 부정적인 시선이 팽배하다.

인도네시아 홈쇼핑에서 일명 '도깨비 방망이'이라고 불리는 믹서를 판매해 크게 성공한 대표의 경험담을 인용하자면, 인도네시아 사업 초창기 홈쇼핑에서 믹서가 절찬리에 판매되자 택배 직원에게 한 번에 다량의 물건을 할당하고 배달을 지시했는데, 일부 직원이 배달 상품을 가지고 사라지는 일이 발생했다고 한다. 이는 배달해야 할 상품의 단가가 자신의 급여를 상회했기 때문에 발생한 일로서 차후 오토바이를 이용해서 3개씩 배달하도록 하였다고 한다. 이는 한국에서는 전혀 예상치 못한 것으로서 배달에 소요되는 시간적 비용과 더불어 한 번에 많은 물량을 배달할 수 없기 때문에 추가적인 연료비 상승의 문제를 야기한다. 유사한 맥락에서 'Cash on Delivery'를 선호하는 문화 때문에 반품이 많이 발생하는 것도 예상치 못한 비용일 수 있다. 사업자의 입장에서 COD 방식의 가장 큰 문제는 소비자들이 쉽게 구매를 취소할 수 있다는 것이다. 상품을 받아 보고나서 현금으로 지불하는 방식이기 때문에 구매를 취소할 가능성이 미리 결제를 한 경우보다 훨씬 높을 수밖에 없다. 판매자 입장에서 보면 COD 결제 방식이 상당한 시간과 비용 낭비를 초래할 가능성이 높다(Luckman 2013).

부패가 인도네시아만의 문제는 아니지만 사업을 하는 외국인이 체감하는 부패의 정도는 현지인보다 훨씬 더 높다. 한인기업인들뿐만 아니라 인도네시아에서 사업을 하는 대다수의 내·외국인들은 부패의 문제에 직면하고 있는데, 이를 어떻게 볼 것인가에 대해서는 상당한 시각차가 있다. 현지에서 오랜 시간 기업을 경영했던 기업인들은 금품을 요구하는 관행이 매우 팽배해 있음을 인정하면서도 이를 잘 활용하면 사업에 도움이 될 수 있다는 생각과 이러한 관행이 어느 정도는 예측할 수 있는 것이기 때문에, 이를 사업에 필요한 경비로 인식하는 경향이 강하다. 즉 부패를 현지의 문화로 인식하려고 한다. 반면 신규 진입을 계획하고 있거나 기업주가 아닌 실무에 있는 법인장 혹은 간부들은 이러한 관행에 대해 매우 부정적인 입장을 보이고 있으며, 특히 신규로 진입한 투자자의 경우 얼마의 금액을 요구하는지 알 수 없어 당황스러운 경우도 왕왕 있다(이지혁 2018).

인도네시아의 부패를 구조적인 측면에서 살펴보면 2001년부터 지방분권화가 이루어졌는데 중앙정부에서 통제하던 권한이 상당부분 지방으로 이전하면서 소위 '부패의 지방분권화'라는 말이 등장할 정도로 부패가 심각해 졌다. 능력에 비해 상당한 수준의 권한과 예산을 이양 받은 지방정부는 효율적인 행정시스템의 부족과 이를 관리할 자격을 갖춘 공무원의 부재로 다양한 문제를 야기하고 있다(Sutiyo et al. 2017). 특히 각종 인허가와 법률적인 문제에서 중앙정부의 규정과 지방정부의 규정이 상충하는 경우가 많고, 일부 법률 규정이 명확하지 않아 이를 해석하는 과정에서 많은 부정부패가 발생하기도 한다. 더불어 국가법뿐만 아니라 지역에서 중요하게 여겨지는 관습법(adat)과 종교법이 공존하기 때문에 중앙정부의 일원화된 법체계에 익숙한 한국 사람에게는 인도네시아의 법체계가 매우 생소하게 느껴질 수 있다.

VII. 결론 및 제언

1968년 한국의 첫 번째 해외직접투자가 이루어진 인도네시아는 한인

기업과 오래전부터 깊은 관계를 맺고 있다. 긴 역사만큼 기업 진출의 형태도 시대에 따라 다양하게 변모해 왔다. 처음에는 주로 자원을 확보하는 형태에서 노동집약적 우회수출형 투자로, 그리고 최근에는 인도네시아 내수시장을 겨냥한 소비시장으로의 진출이 주목받고 있다. 소득증대에 따른 소비시장의 확대로 인도네시아는 생산거점뿐만 아니라 소비시장으로서 매력이 있다. 인도네시아의 소비시장은 젊은층이 주축을 이루는 세계 4위 규모의 인구와 글로벌 트렌드를 시간의 간극 없이 바로 수용하고 있다는 점에서 큰 잠재력이 있다. 더욱이 전자상거래, 홈쇼핑, SNS 등 다양한 유통 채널이 확산되고 있기 때문에 해외 기업들에게 새로운 기회의 장이 되고 있다.

동남아에서 한국 상품을 유통하고 판매하는 사업자들에게 한류를 통해 형성된 한국에 대한 역동적이고 고급스러운 이미지는 엄청난 호재로 작용하고 있다. 마치 한류가 하나의 브랜드로 정착하고 있다. K-팝에 열광하는 십대, K뷰티에 눈뜨는 2~30대, K-드라마로 인해 한국에 대한 막연한 동경을 갖고 있는 장년층 등 한국기업에게 우호적인 분위기가 형성되고 있다. 게다가 한국의 대기업들이 하이퍼마켓, 슈퍼마켓, 전자상거래 등으로 진출하고 있을 뿐만 아니라 미용과 관련된 매장들이 쇼핑몰로 진출하고 있다. 한국의 도자기, 밀폐용기 제품 등은 현지에서도 매우 인기 있는 제품이다. 고부가가치 산업인 휴대폰과 백색가전부터 시작해서 미용 상품, 건강 용품 및 식품, 라면을 비롯한 한국음식 등 한국기업이 판매하는 상품의 영역도 다양하게 확대되고 있다.

하지만 로컬기업과 글로벌 기업과의 치열한 경쟁, 낯선 환경에서 필연적으로 발생하는 현지화 비용(liability of foreignness), 한국에서 사업할 때는 발생하지 않았던 히든 코스트 등을 고려할 때 새로운 시장에 진입한다는 것이 결코 녹록치 않다. 더욱이 인도네시아 시장이 분절되어 있고 중산층이 빠르게 성장하고 있지만 아직은 구매력이 선진국에 비하면 많이 떨어지는 것도 사실이다. 게다가 재래시장이 유통 및 소매 시장을 80% 이상 지배하고 있고, 열악한 인프라로 인해 발생하는 물류비용도 매우 높은 편이다. 따라서 투자 전 익숙하지 않은 현지 문화와 정서를 이해하고 극복할 방법, 현지 유통망을 개척하는 데 들어가는 비용, 현지 정부 및 관료들과의 신뢰관계 구축비용, 의사결정 지연에 따른 기회비용, 협상비용 등이 모두 고려되어야 한다.

이와 같은 여건에도 불구하고 현지시장에서 생존하기 위해서는 현지화 비용을 충분히 상쇄할 수 있는 지속적 경쟁우위가 필요하다. 필자가 인도네시아에서 20년 이상 사업을 지속하고 있는 많은 한인기업가들과의 면담을 통해 얻은 교훈은 다양한 변수에도 불구하고 지금까지 사업을 지속할 수 있었던 근본 이유는 기업 특유의 독점적 우위가 존재하기 때문이다. 핵심역량을 갖춘 상태에서 현지에 맞는 전략의 차별화를 시도해야 한다. 일반적으로 소매 산업은 전형적인 국내 산업으로 인식되어 국제화가 매우 어려운 분야로 간주된다. 엔드 유저(end user)를 상대해야하는 소매는 현지의 소비문화에 매우 민감하게 반응해야 한다. 더욱이 소매 산업에 대해서는 인도네시아 정부가 외국 기업의 경제행위가 인도네시아 경제에 실질적인 도움이 되도록 유도하기 위해 각종 규제를 강화하고 있다. 이러한 어려움을 극복하고 한국 상품이 내수시장에서 생존하기 위해서는 정부와 관련기관의 적극적인 지원이 필요하다.

KOTRA를 비롯하여 한국의 지자체 등 다양한 기관들이 한국의 중소기업의 현지진출을 지원하기 위해 박람회를 기획하고 있다. 그런데 실질적으로 업계에 종사하는 사업자들은 박람회가 일회성 행사에 그치는 경우가 대부분이고, 무엇보다 박람회에 전시한 제품을 인도네시아 바이어에게 주지 못하고 전량 회수해서 한국에 가져와야 하는 것이 큰 문제라고 지적한다. 이는 전시품목이 사전에 인도네시아 세관으로부터 통관을 거치고 들어온 물건이 아니기 때문에 전부 회수되어야 한다는 것이다. 소비재 상품은 시장에 노출되는 것이 매우 중요하다고 한다. 그런데 수입상에게조차 주지 못하는 상품은 노출될 기회가 없다는 것이 업계 종사자들의 주장이다. 따라서 박람회가 현지 바이어와 매칭이 될 수 있는 실질적 결과물을 양산하는 방식으로의 전환이 필요하다.

한편 진입장벽의 어려움을 극복하고 현지시장에 직접 진출하는 것이 부담스럽다면 기 구축된 유통망을 적극 활용하는 것도 하나의 방법일 수 있다. 한국기업은 이미 하이퍼마켓부터 슈퍼마켓, 온라인 시장, 홈쇼핑, 유통, 물류 등에도 진출해 있다. 물론 유통 채널을 한국기업으로 한정할 필요는 없다. 다양한 온라인 플랫폼을 활용하거나 홈쇼핑을 활용한 방법으로 상대적으로 쉽게 현지시장에 접근할 수도 있다. 최근에는 '아마존 비즈니스(amazon business)', '페이스북 비즈니스(facebook business)' 등도 B2C뿐만 아니라 B2B 플랫폼을 지원하기도 한다. 한국무역협회가 구축하고 있는 데이터베이스를 활용하는 것도 해외 진출이 막막한 기업에게는 좋은 방법일 수 있다. 한국무역협회는 국내기업과 해외 바이어를 연결하는 B2B 플랫폼인 '트레이드코리아(tradekorea.com)'를 통해 한국의 하드웨어 스타트업의 해외 진출을 돕고 있다. 수출을 희망하는 회사가 트레이드코리아에 등록 후 상품 이미지나 소개 영상을 등록하면 트레이드코리아의 8만 해외 기업에게 상품 정보가 노출된다. 트레이드코리아 내 품목별 전문가는 제품 매칭 서비스를 통해 한국의 스타트업과 해외의 바이어간 계약이 체결될 수 있도록 지원할 뿐만 아니라 바이어 데이터베이스를 활용한 타켓 마케팅도 지원한다.

인도네시아 소비시장은 무한한 잠재력이 있고, 해외 기업에게 기회의 장으로 활짝 열려있다. 하지만 막연하게 인도네시아가 개도국이기 때문에, 도전하면 쉽게 기회가 올 것이라고 생각한다면 큰 오산이다. 기회는 주어진 것(given opportunity)이 아니라 노력해서 획득한 기회인 것(earned opportunity)이다. 무엇보다 인도네시아를 하나의 단일한 소비시장으로 접근하기 보다는 진출하려는 시장이 어떤 세그먼테이션(segmentation)에 속하고 어떤 층을 공략할 것이지를 분명히 해야 한다. 아직도 소득의 전부를 생필품(needs)에 다 소진해야 삶을 지탱할 수 있는 사람, 'needs'를 막 벗어나서 'wants'를 추구하는 중산층, 그리고 화려한 쇼핑몰과 온라인 플랫폼에서 자신에게 편안함(comfort), 그리고 편리함(convenient)을 주는 상품을 추구하는 상류층 등 다양한 소비자층이 존재한다. 현재 인도네시아를 비롯한 동남아 국가에서 공통적으로 발견되는 현상은 중간 단계의 발전 과정을 생략하고 최첨단의 기술을 선진 세계와 동시에 공유하고자 하는 욕구가 매우 크다는 것이다. 마찬가지로 소비시장 한편에서는 아직도 근대화 이전의 모습으로 변화를 거부하는 듯 느림의 미학을 추구하고 있지만, 또 다른 한편은 세계 시장의 트렌드를 빠르게 흡수하면서 글로벌 기업이 생산하는 신제품을 시차 없이 바로 즐기려는 혼종된 모습이 동시에 발견된다. 분명한 것은 인도네시아 소비자들의 한국상품에 대한 기대는 전자의 영역에 속한 것이 아니라는 것이다. 다소 교과서적인 말이긴 하지만 한국 제품이 인도네시아 소비시장에서 성공하기 위해서는 지속적인 비교우위와 차별적인 전략, 그리고 무엇보다 현지인들의 소비문화에 민감하게 반응할 수 있어야 한다.

::참고문헌

국제노동협력원. 2009. 『인도네시아 진출기업 노무관리 안내서』. 서울: 국제
    노동 협력원.

김형준. 2017. "인도네시아 할랄 소비." 오명석·유창조 역, 『인도네시아와 말
    레이시아의 소비문화: 맛과 멋, 공간, 그리고 할랄』. 과천: 진인진.

매일경제. 2018. "마침내 한국 수출시장 1위 된 동남아, 新남방정책 속도내라."
    5월 3일.

부르디외, 삐에르. 2006. 최종철 역. 『구별짓기: 문화와 취향의 사회학 上』. 서
    울: 새물결.

이지혁. 2015. "인도네시아 소매산업과 소비문화: 편의점을 중심으로." 『동남
    아 이슈페이퍼』 통권 13호.

이지혁·이수현. 2017. "인도네시아 하이브리드 편의점의 태동과 소비문화."
    『동아연구』 36(1): 209-252.

이지혁. 2018. "인도네시아 반뜬(Banten)주 로컬정보: 변화하는 기업환경과
    한인기업의 대응." 『동남아 VIP 로컬이슈페이퍼』 통권 5호.

한국무역협회. 2017. "인도네시아의 인구구조와 소비시장." Trade Brief.

ASEAN UP. 2019. "Top 10 E-Commerce Sites In Indonesia 2018."
    https://aseanup.com/top-e-commerce-sites-indonesia/(검색
    일: 2019.04.20)

Bland, Ben. 2014. "Indonesia's Fragile Middle: Close to the Edge." *Beyond-
    brics*. April 15.

Boston Consulting Group. 2013. " Asia's Next Big Opportunity."

Commonwealth of Australia. 2018. "E-Commerce in Indonesia: A Guide
    For Australian Business."

DBS Vikers Securities. 2015. "Industry Focus: ASEAN Grocery Retail."

Janmohamed, Shelina. 2016. *Generation M: Young Muslims Changing The*

World. London · New York: I.B. Tauris.

Keusgen, Tony. 2016. "Indonesia, SE Asia's Digital Powerhouse." *Jakarta Post*. August 9. https://www.thejakartapost.com/academia/2016/08/09/indonesia-se-asias-digital-powerhouse.html(검색일: 2019.02.04)

Luckman, Enricko. 2013. "6 Facts That You Should Know About Cash-On-Delivery In Indonesia." *Techinasia*. October 28. https://www.techinasia.com/facts-cash-delivery-indonesia(검색일: 2019.03.04)

MarkPlus Insight. 2015. "Indonesia Market & Marketing 2015." *Markplus Whitepaper* 1.

OECD. 2013. "Structural Policy Country Notes: Indonesia." Southeast Asia Economic Outlook 2013: With Perspective on China and India.

Oxford Business Group. 2014. *The Report Indonesia 2014*.

Oxford Business Group. 2015. *The Report Indonesia 2015*.

Parameswaran, Prashanth. "Indonesia's Capital Has World's Worst Traffic." *Diplomat*. February 05. http://thediplomat.com/2015/02/indonesias-capital-has-worlds-worst-traffic(검색일: 2018.07.14)

Rovnick, Naomi. 2013. "Why Indonesia Is An Exciting Market For Foreign Investors, And Also One Of The Most Perilous." *Quartz*. March 6. https://qz.com/59866/why-indonesia-is-an-exciting-market-for-foreign-investors-and-also-one-of-the-most-perilous/(검색일: 2019.04.20)

Sutiyo and Maharjan, Keshav Lall. 2017. *Decentralization and Rural Development in Indonesia*. Singapore: Springer.

The Conference Board. 2018. "Global Consumer Confidence Report." 1st Quater 2018 Results."

The World Bank. 2010. "Indonesia on Logistics Reform Path to Greater Competitiveness." January 15.

http://www.worldbank.org/en/news/press-release/2010/01/
15/indonesia-logistics-reform-path-greater-competitive-
ness(검색일: 2019.03.15)

Thomson Reuters. 2017. "State Of The Global Islamic Economy Report."
2016/17.

Trendwatching. 2011. "Citysumers."
https://trendwatching.com/trends/citysumers/(검색일: 2019.03.
04)

Wahyunityas. Sih. Yuliana. and Nugroho, A. Y. Agung. 2015. "Retail Policy
and Strategy In Indonesia." In Mukherjee, Malobi and Cuthbert-
son, Richard and Howard, Elizabeth(eds.). *Retailing In Emerg-
ing Markets*: *A Policy And Strategy Perspective*. London and
New York: Routledge.

World Economic Forum. 2017. "The Global Competitiveness Report 2017-
2018."
http://www3.weforum.org/docs/GCR2017-2018/05FullReport/
TheGlobalCompetitivenessReport2017-2018.pdf

Zain, Winarno. 2015. "President Jokowi's Infrastructure Projects: Quantity
vs Quality." *Jakarta Post*. February 2015.
http://www.thejakartapost.com/news/2015/02/23/presi-
dent-jokowi-s-infrastructure-projects-quantity-vs-quality.
html(검색일: 2015.09.01)

제조업 없는 경제성장의 역설
: 동아시아의 예외, 필리핀 경제의 구조적 특성과 전망

엄은희

I. 들어가며

필리핀은 오랜 기간 '동아시아의 예외'로 인식되었다(Clarete *et al.* 2018). 보다 부정적인 표현으로 아시아의 병자(sick man)로 폄훼되는 경우도 많았다. 이런 평가의 배경에는 제 2차 세계대전 직후 아시아의 신생독립국가들과 상호 비교했을 때 정치·경제·사회문화의 제 측면에서 필리핀은 아시아의 선진국의 면모를 갖추고 있었는데, 1980~90년대를 거치며 다수의 동아시아 국가들이 산업화와 고도성장을 경험하는 와중에 이 국가만 예외적으로 정치적 혼란과 경제사회적 퇴행을 보여주었기 때문이다.[1]

사실 1960년대 필리핀의 정치적·경제적 상황은 다른 아시아 국가

---

[1] 아시아 국가의 경제성장에 대한 비교 연구는 필리핀의 위치를 보다 극명하게 보여준다. 퍼킨즈(PerKins 2013)의 연구에 따르면, 1960-2010년 사이 동아시아 국가들(한, 중, 일)의 일인당소득은 약 12~15배 정도가지 증가하였고 아세안의 주요국(태국, 인도네시아, 말레이시아, 싱가포르)도 6배 정도 증가하였으나, 필리핀은 겨우 2배에 그쳤을 뿐이다.

들의 부러움을 사기에 충분했다. 먼저 정치적인 측면에서 필리핀은 국내적으로 아시아에서 가장 먼저 민주적 선거제도를 도입한 나라(1907년)이자 국제적으로는 아시아개발은행(ADB)과 같은 국제기구를 유치(1966년)하거나 동남아시아의 지역협력체인 아세안(ASEAN) 창설(1967년)을 주도할 만큼 영향력이 있었다. 경제적 역량에서도 다른 동남아시아국에 비해 상황이 매우 양호하였는데, 1960년대 한국과 필리핀을 양자 비교했을 때 양 국 간 경제규모의 차이도 현격하였다(1966년 기준 GDP 비교: 한국 39억 2,800만 달러 vs. 필리핀 63억 7,100만 달러)(이재은 2019).

전후 시대의 격동을 경험한 한국의 중장년층에게 한 때 아시아에서 일본 다음으로 잘 살았던 필리핀이란 기억이 더욱 강렬하게 남아 있을 터인데, 그래서인지 '한국의 장충체육관이 필리핀의 원조로 건설되었다'는 '유언비어'가 오늘날까지도 반복적으로 나타나고 있다(허우영 2013). 1963년 완공된 장충체육관이 필리핀의 원조로 지어졌다거나 필리핀 엔지니어에 의해 설계되고 시공되었다는 풍문은 2010년 한국건축역사학회에 의해 사실이 아닌 것으로 최종 정리되었다. 이 체육관은 서울시의 예산으로 한국인인 김정수가 건축디자인을, 최종안이 구조설계를 담당하였음을 안창모 교수(경기대학교)가 최종 확인하였다. 참고로, 안창모는 한국근현대건축을 연구하는 학자로『건축가 김정수 작품집』을 발간한 바 있다(한국건축역사학회 2010). 하지만 이러한 유언비어는 2011년 말 당시 이명박 대통령이 필리핀 방문 시 교민들 앞에서 발언하면서 이후에도 확대 재생산되었다(디지털타임스 2013/05/20).

하지만 지난 수십 년을 거치며 한국과 필리핀의 사회경제적 역량과 순위가 심하게 역전되었다. 오늘날 한국인들이 인식하는 필리핀의 국가 이미지는 사회 및 정치적 측면에서 대체로 부정적으로 각인되어 있다. 태풍과 지진 같은 자연재해가 빈번한데다가 한국인 대상 범죄가 자주 발생하는 등 한국인들에게 필리핀은 여행하기 위험한 나라라는 인식이 지배적이다. 그런데 ─생각해 보면 이 또한 기이한 지점인데─ '위험한 나라'라는 오명에도 불구하고 양국 간의 인적 교류는 '매우' 활발하다. 관광, 어학연수, 조기유학, 창업 등의 목적으로 필리핀을 방문하는 한국인의 수는 2012년 이후 연간 100만 명이 넘어섰으며, 2017년의 경우엔 필리핀으로 출국한 한국인 방문자가 160만 명을 넘어섰다(한국관광공사 2019). 2015년 기준 필리핀에 거주하는 한국교민의 수도 8만 9천여 명으로 동남아 국가들 중 베트남에 이어 2위이다(외교부 2017). 교민의 절대 다수가 수도인 메트로마닐라를 비롯한 수도권 지역에 거주하지만, 필리핀 군도 전역의 주요 관광목적지와 주요 도시마다 다양한 목적으로 체류 중인 한국인들을 쉽게 만날 수 있다.

이 글의 일차적 목표는 한국의 입장에서 부정적 프레임에 갇혀있는 필리핀에 대한 피상적 이미지와는 달리 최근 필리핀 경제가 거시지표 수준에서 매우 잘 나가고 있다는 점을 보여주려는 것이다. 필리핀은 '제조업의 무덤'[2]이라 여겨질 정도로 수출 제조업과 유관 산업의 발전이 매우 제한적이고, 이는 소위 '동아시아의 호랑이들'의 수출 제조업 기반 경제성장 모델과 매우 다르다. 그런 점에서 필리핀의 최근 경제적 성취와 고성장 기조 유지는 '제조업 없는 경제성장'의 독특한 사례라 할만하다. 사실 필리핀의 최근 사회경제 지표는 이미 1990년대 중반 이후 예외 상황에서 벗어나는 결과를 보여주고 있다. 특히 2010년 이후 필리핀은 6% 이상의 경제성장률을 꾸준히 달성 중이다. 정치적인 측면에서도, 시민사회의 퇴조에도 불구하고, 필리핀은 동남아시아에서 유일하게 1992년 이후 6년 단임제의 평화적 정권 교체가 예외

---

2   필리핀 한인상공회의소장과의 인터뷰(2019년 4월 12일)

없이 이루어져 왔다. 사회경제적 안정이 지속되며 국제사회에서 중상소득그룹(upper-middle income group)에 진입하였다. 전임 아키노 정부에서 발표된 〈필리피노 2040 AmBisyon Natin 2040〉가 보여주듯 필리핀은 2040년 고소득국가 진입을 목표로 발전 중에 있다.

이 글은 최근 필리핀 경제성장의 배경과 특성을 설명하는 것을 목적으로 한다. 물론 경제성장에도 불구하고 국내 및 국제적 차원에서의 구조적인 조건들(예: 빈부격차, 해외교민 송금에 대한 높은 의존도 등)로 인해 경제성장의 혜택에 대한 사회 일반의 체감도는 낮은 편이다. 이에 이 글에서는 필리핀의 최근 경제성장에 대한 해설을 넘어서 그 이면의 정치경제적 구조에 대한 심층적 이해를 제공하려 한다.

다른 한편 경제협력의 측면에서 한국과 필리핀 간 관계는 동남아시아 국가들과 비교할 때 상보성이 그리 높지 않은 편이다. 1980년대 중반 이후 한국-동남아 관계는 대체로 경제적 관계를 중심으로 발전해 왔다. 경제관계는 대체로 무역과 외국인투자를 두 축을 중심으로 하는데 한국의 대동남아 무역과 투자의 측면에서 필리핀의 비중은 상대적으로 낮은 편이다.[3] 구체적으로 필리핀은 아세안 내에서 한국의 5대 교역국(2018년 기준)이지만, 1위국가인 베트남과 비교할 때 20% 수준이다. 사실 한국-아세안 교역의 증가는 대체로 한국-베트남 교역 증가에서 기인하며, 베트남을 제외한 아세안국가들과의 교역 규모는 그다지

---

3 2018년 기준, 양자 교역액은 베트남(638억 달러)〉인도네시아(200억 달러)〉싱가포르(198억 달러) 〉 말레이시아(192억 달러) 〉 필리핀(156억 달러) 순임. 한국의 대필리핀 투자도 2006년과 2012년 한진중공업의 조선소 투자시기를 제외하고 투자 규모가 크지 않다. 2018년까지의 누적 액 기준 필리핀은 한국의 22위 투자대상국임(무역협회 자료를 기초로 정리함).

크지 않다.

한국 경제의 경쟁력은 주로 수출제조업에서 나오고 한국이 대(對)동남아 투자에서도 생산비용 절감을 목적으로 한 제조업 투자가 여전히 다수를 점하고 있는데, 필리핀의 경우엔 유독 한국의 제조업 진출이 제한적인 영역에 머물고 있다. 이에 결론에서는 한국과 필리핀 간 경제협력의 과거를 비판적으로 검토하고 향후 경제협력을 위한 방안과 영역을 제언하는 것으로 글을 마무리 짓게 될 것이다.

II. 필리핀 정치경제의 구조적 특성

1. 필리핀 경제성장의 3국면과 잃어버린 10년

앞서도 언급하였듯, 필리핀은 오랜 기간 '동아시아의 예외'로 비춰져왔다. 동아시아의 신생독립국가 대부분이 2차 세계대전 와중에 큰 피해를 입었던 것은 동일하나 1950~60년대 필리핀의 경제 상황과 일인당 소득은 주변국들에 비해 높았다. 탈식민지 시기 동안 필리핀은 냉전과 내전에 휩싸인 대륙부 동남아국가들과도, 국가사회주의적 자립 노선을 표방한 인도네시아와도 다른 행보를 취했다. 냉전 시기 필리핀은 자유주의 동맹의 수장인 미국과 경제적·정치적으로 매우 긴밀한 관계를 유지하였다.

그러나 1970년대 말부터 필리핀의 경제상황은 침체되기 시작하였다. 1980년대 중반에는 깊은 경제적 위기와 정치적 위기가 동시에 찾

표 1 동남아 주요국의 사회경제 지표 비교(1960년)

국가	1인당 GDP	GDP 대비 무역량	15세 이상 교육년수	25세 이상 교육연수	기대 수명	유아사망율 (인구1천명당)
인도네시아	577	11.6	1.57	1.11	47.0	166.7
말레이시아	1,408	85.7	2.83	2.26	57.9	81.1
필리핀	1,059	38.3	3.46	3.01	57.1	86.5
태국	571	34.9	2.55	2.07	53.3	108.9

* 출처: Clarete *et al.* 2018: 31

표 2 동남아 주요국의 사회경제 지표 비교(2015년)

국가	1인당 GDP	GDP 대비 무역량	15세 이상 교육년수	25세 이상 교육연수	기대 수명	유아사망율 (인구1천명당)
인도네시아	3,834	41.9	7.61	7.26	68.6	25.0
말레이시아	10,878	134.2	10.44	9.75	74.5	6.8
필리핀	2,640	63.0	8.43	8.18	68.0	23.2
태국	5,775	126.8	7.99	7.30	74.1	11.2

* 출처: Clarete *et al.* 2018: 33

아들었는데 특히 1984-86년 사이 GDP는 연평균 15%씩 '자유낙하'하였고, 이는 1986년 민중항쟁(People Power I)의 직접적인 원인이 되었다(그림 1 참고). 마르코스 정권 말기인 1980년대 초의 무역 자유화 시기로 이 기간 동안 필리핀은 광범위하게 민영화와 탈규제화 정책을 실시함으로써 동남아 국가들 중에서 가장 먼저 워싱턴 컨센서스의 신자유화 경로에 접어들었다. 필리핀에서 IMF와 세계은행에 의한 구조조정 프로그램(SAPs)은 남아메리카의 부채 위기보다 시기적으로 앞서 있는데 이는 마르코스 집권기 동안 정실 자본주의와 외채 압력의 강화 등에 따른 필리핀 경제의 구조적 실패가 누적된 결과였다(Hutchcroft 1991). 이 시기 필리핀 정부의 개혁개방 정책은 주로 무역에서의 관세 개혁과 수출용임가공단지 건설을 통한 수출 진흥 정책을 특징으로 한다. 하지만 1980년대 글로벌 경기 후퇴로 인해 필리핀의 총수출은 감

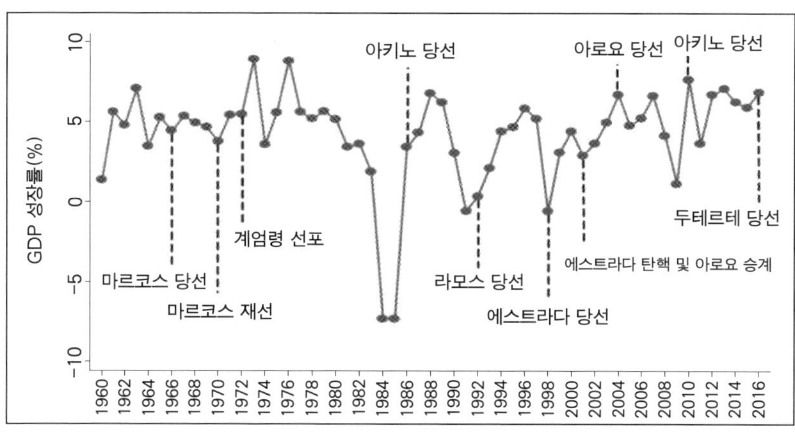

그림 1 필리핀 정권교체와 GDP 변동(1960-2016)

출처: Clarete *et al.* 2018: 21

소하는데, 자유화 정책에 따라 수입은 오히려 확대되면서 필리핀의 국내 산업은 오히려 침식되는 결과를 가져왔다.

민중항쟁 이후 수립된 민주정부 출범 이후에 유약한 정치 체제는 어느 정도 재건되었으나 주기적인 정치적 불안과 연장된 채무협상으로 인해 정치경제적 상황은 계속 요동쳤다. 1980년대 중후반(1985년 플라자 협정 전후)부터 동아시아 지역에서는 동북아에서 동남아로 노동집약적 제조업의 이전을 계기로 대체로 경제적 붐을 맞이했다. 특히 일본의 원조와 투자를 기반으로 경제특구, 항만, 공항, 고속도로 건설 등을 통해 산업 기반이 조성되었고 일본, 한국, 대만의 제조업 공장의 이전이 이어지면서 동남아시아의 산업화와 경제성장에 큰 영향을 미쳤다. 태국, 인도네시아, 말레이시아의 제조업 기틀이 이를 통해 만들어졌으며, 시기적으로 다소 늦었지만 1990년대 이후 베트남도 외자유치-제조업 수출산업 성장을 통해 경제성장의 발판을 마련하였다. 하지만 필리핀은 1980년대 중반에 시작된 정치사회적 혼란과 경기 축소를 겹쳐서 경험하면서 이 시기에 예외적 상황에 처하였다. 그리고 필리핀의 일인당 소득은 1980년대 이루었던 성취를 세기말이 되도록 회복하지 못했다.

　다행히 라모스 정부(1993~1997년) 하에서 필리핀 경제는 연간 5~6%의 경제성장률을 회복한 이래로 달라지기 시작했다.[4] 1997/98년 아시아 외환위기 동안에도 동남아 3국(인도네시아, 말레이시아, 태국)에 비해 큰 영향을 받지 않아서, "병자가 폐렴은 피했다"(Noland 2000)는 평가를 받기도 했다. 2008~09년의 글로벌 금융위기 동안에도 필리핀의 성장은 놀라울 정도로 유지되면서 전통적인 수출지향 경제권과 대조되는 모습을 보여주었다. 특히 2010년 이후 필리핀은 6% 이상의 경제성장률을 꾸준히 달성 중이다.

　클라렛 등(Clarete *et al.* 2018)은 필리핀의 경제 변동을 크게 세 개의 국면으로 구분한다. 첫 번째는 1980년대 이전의 온건한 경제성장기이다. 이 시기 국가성장률은 이웃국가들에 비해 낮고 휘발성이 높았으나 국제 표준에 비해서는 양호했다고 평가받는다. 두 번째 국면은 소위 필리핀의 '잃어버린 10년'으로 평가받는 1980년대다. 1984~86년 사이 이 나라에 닥친 심각한 경제 위기는 회복되기까지 오랜 시간이 필요했다. 이 시기 동아시아의 대부분의 국가가 경제 구조의 개혁개방과 글로벌 경제와의 연계성을 높여가며 급속한 성장을 경험하던 시기였던 때라 필리핀의 경제위기는 매우 예외적인 상황으로 이해되었다. 세 번째 국면은 1990년대 이후의 안정적 성장기이다. 주변국들의 고도성장과는 비교할 바가 못 되었으나 차차 성장률 격차는 줄어들었고 2008년

4　하지만 라모스 정부 하에 필리핀에 진입한 자본은 대부분 단기 수익을 목표로 한 투기성 자본으로 투자 대상은 주로 부동산과 건설 부문에 집중되면서 장기적인 산업 기틀 마련과 산업구조의 체질 개선에는 이르지 못했다는 한계가 있다(엄은희 2008).

이후엔 완전한 회복세를 보여주었다. 그 이후 글로벌 경기 후퇴가 도래했으나 오히려 필리핀의 성장률은 제조업 기반의 다른 국가들에 비해 변동성이 오히려 낮았다. 이 세 시기는 상호 연결되는데, 첫 번째 국면은 마르코스 체제가 정점에 이른 1970년대의 거시경제 정책은 외채 위기와 약탈적 '정실 자본주의(oligarchy capitalism)'의 원인이 되었고, 이러한 구조적 결함이 1980년대 중반 정치경제적 혼란이란 두 번째 국면의 근본 원인이 되었으며, 그 와중에 정치 및 경제의 구(舊)체제가 붕괴하면서 고통스러운 대내외적 전환(세 번째 국면)을 이루어내야만 했다.

2. 경제 탄력성의 회복: 2000년대 이후의 변화

1) 체질 개선을 위한 제도화의 효과

마르코스 체제 종식 이후인 1980년대 말부터 필리핀의 제도 개혁은 진전을 보였다(De Dios *et al.* 2003). 특히 정치적인 측면에서 안정적인 제도가 정착되었다. 아키노 대통령이 임기를 마친 1992년 이후 필리핀은 6년마다 정기적인 대통령 선거를 치러왔으며 지방분권도 안정적으로 이어져왔다. 언론 환경도 대체로 자유로운 편인데 이 두 지점은 권위주의적 정치 체제가 주기적으로 나타나는 주변 국가들과 비교되는 지점이다.

하지만 형식적인 측면의 제도화를 넘어서 관료제, 법률체계, 경찰 행정에서 '심도 있는' 제도개혁은 제한적이다. 국제금융기구와 신용평가기관들은 관료제의 개혁 없이 향후 이 나라가 중상소득 개도국을 넘어서 선진국으로 진입할 수 있을지 우려의 목소리도 적지 않다. 대통령의 임기는 6년으로 제한되어있고 반복적인 정권교체가 이루어졌으나 대통령의 권한이 상원의원을 지명할 수 있을 정도로 막강하여 권력 분권과 상호 견제의 제도화를 어렵게 만들고 있다.

필리핀의 정치를 설명함에 있어 과두제라는 용어가 광범위하게 사용되는데, 국가적 차원뿐 아니라 지방 정부 차원에서의 권력 독점과 승계의 문제가 심각한 수준이다. 그래서 필리핀의 정치 구조와 제도에 대한 학계의 호의적인 평가는 드물다. 정당제도가 안정화되지 못한 채 가문 혹은 지역별 정치 엘리트가 정치를 독점하고 다수의 민중은 시혜적 분배의 대상에 머무는 '후원-수혜 관계(Patron-Client relation)'이 오랜 기간 고착화되었기 때문이다(서경교 2005; 김동엽 2008). 중앙은행(BSP, Bangko Sentral ng Pilipinas)과 필리핀경제구역청(PEZA, Philippine Economic Zone Authority)과 같이 효율적인 조직 운영이 이루어지고 있는 사례도 분명 존재하지만 관료제의 개혁 없이 필리핀의 정치경제의 순항이 지속될 수 있을지는 미지수라는 의견이 지배적이다.

그러함에도 몇몇 제도 개혁의 결과는 현재 필리핀의 거시 경제지표 운용에서 중요한 분기점을 만들어 내었다. 경제적 측면의 제도화에 있어 1993년 BSP의 설립은 필리핀 거시경제구조 운영의 실패와 안정을 나누는 구분선이 되기에 충분하다. BSP 설립 이전 필리핀의 경제 위기는 재정 부실(특히 선거가 있는 해)이 인플레이션을 낳고, 중앙은행은 고정 환율 하에서의 원화의 가치절하와 부채 증대로 이어지는 악순환이 반복되었다. 애초의 원인이 되는 재정부실은 비경제적 프로젝트에 과잉재정을 투여하는 것에서 비롯되었는데, 대부분의 재정 분배가 경제적 고려보다는 대통령의 친인척과 동료집단들의 사익 추구에 활용되었다. 하지만 신설된 BSP는 일종의 '충격 흡수처'로 기능하였다. 필리핀이 1990년대 이후 경제 운용의 안정성이 개선된 것은 BSP 설립 덕분으로 평가될 수 있다(Gochoco-Bautista *et al.* 2003).

2) 경제 개방과 자유화

필리핀은 1940년대 동남아국가들 중 처음으로 '일시적' 보호주의 수단을 도입했는데, 그 뼈대가 40여 년 동안 유지되었다(Power *et al.* 1971). 그래서 다른 동남아시아 국가들과 비교할 때, 필리핀에서는 여전히 농업, 고용, 수출 등에서 보호주의적 기조가 유지되는 편이고 이러한 측면은 해외자본의 투자하기 좋은 나라 순위를 낮추는 원인으로 지목되고 있다. 또한 국제적 평균에 비해 무역 및 외환 체계가 복잡한 편인데, 이는 역으로 국내의 정치경제적 엘리트들에게 지대추구의 기회를 넓혀주는 보호막으로 작동해 왔다. 즉, 필리핀의 보호주의적 무역 및 투자 정책은 국내 기업들에게 특히 우호적이었고, 이에 기초한 정치체제의 부패도 만개하였다. 1970년대 말부터 부분적 자유화 조치가 있었으나 필리핀은 동아시아의 신국제분업 질서와 수출지향 제조업 붐에 합류할 기회를 놓치게 되었다.

필리핀에서 의미 있는 무역 자유화 및 해외투자 관련 수단은 1980년대 말에야 도입되기 시작하였다(Bernardo *et al.* 2008). 그 배경으로는 필리핀국립대학(University of the Philippines) 경제학자들의 십여 년에 걸친 분석, 인도네시아의 자유화 개혁 이후 성취에 대한 각성, 1980년대 초부터 지속된 페소 약세, 라모스 정부의 정치적 지원, 세계은행의 심층 분석 지원 등이 변화의 동력에 힘을 실어 주었다. 무역 개혁으로 일부 제조업 수출 분야의 성과가 나타나기 시작했으며, 반도체를 중심으로 한 전자 업종에서 글로벌생산네트워크(GPNs)에 편입되기 시작하였다. 하지만 제조업 부문의 성과는 기대보다 낮은 편이다. 그 이유는 첫째, 필리핀이 산업화를 추진할 시점에 중국이 노동집약적 외국인 직접투자(FDI)의 막강한 흡수처로 부상했다는 점, 둘째, 경제 제도 개혁의 불안전성(FDI에 대한 제한 조치)와 인프라와 물류 부문의 부실로 인한 해외 투자자에 대한 매력도 감소, 마지막으로 경제 개혁이 시작된 시점인 1990년대 말 이후 에스트라 정권의 실정과 제 2차 민중항쟁(People Power II) 등에 따른 정치적 불안이 확산되었던 점을 들 수 있다.

부연하면 필리핀의 자발적 신자유주의화 시기는 라모스와 아로요 집권기 동안 필리핀 경제는 다수의 국제 자유무역 협정에 적극적으로 참여하고 국가경제 전반에서 외국인 투자를 개방하거나(예: 1995년 광산법 제정 등) 국영기업의 민영화(예: 국영석유기업 페트론이나 메트로마닐라 상하수도 시스템의 민영화 등) 등의 구조개혁이 이루어졌다. 필리핀 정부의 신자유주의적 제도 개혁은 1995년을 정점으로 한다. 1995년은 제 2차 세계대전 이후 국제경제 질서를 지배해 온 냉전 시대의 관세 및 무역에 관한 일반협정(GATT, General Agreement on Tariff and Trade) 체제가 종식되고 국제무역기구(WTO, World Trade Organization) 체제가 출범하면서 새로운 물결의 지구화가 시작된 해로 볼 수 있다. 하지만 라모스 정부에서 추진된 이러한 구조개혁은 필리핀 보수엘리트의 저항과 1990년대 말 아시아 경제위기 그리고 제 2차 민중봉기(People Power II)와 에스트라다 대통령 축출 등 일련의 정치적 위기 속에서 제대로 실현되지 못했다. 라모스 정부가 추진하려고 했던 대부분의 민영화 및 개방정책은 2001년 대통령직을 승계한 아로요(GMA, Gloria Macapagal Arroyo)가 2004년 재선에 성공한 후에야 본격적으로 실행될 수 있었다(엄은희 2008).

소략하면, 지난 30년간 필리핀의 무역 및 투자 부문의 자유화는 부족하지만 점증해 왔으나 인접 국가의 제조업 부문의 성장을 이끌어냈던 투자와 무역상의 개방도는 상대적으로 아직 낮은 편이다. 또한 외국 투자자들의 입장에서 필리핀은 국제 주식시장, 자본기술 수출시장에 대한 접근성은 제약이 많은 편이다(Sicat 2014).

반면 국제시장에 대한 필리핀의 서비스 '수출' 가능성과 접근성은 매우 높은 편이다. 오늘날 필리핀 경제성장과 외환수익의 든든한 두 축인 인력송출(해외이주노동자)에 따른 외환송금과 비즈니스 프로세스 아웃소싱(BPO, Business Process Outsourcing)이 서비스 수출의 주요 동력이다(서비스 수출, 특히 BPO 산업에 대한 논의들은 아래 V장에서 더 상세히 다룬다.).

3) 교육에서의 장점

필리핀이 갖춘 교육 부문의 경쟁력은 이 국가의 초기 경제 발전의 원동력이었다. 광범위한 영어활용도와 반숙련 부문 노동력 풀(pool)에서 필리핀은 주변국에 비해 비교우위를 갖추고 있었다. 상당한 수준의 영어의사소통 역량을 갖춘 중간계층 노동력의 존재는 필리핀 교육체제가 갖은 가장 큰 장점이다. 1986년 이후 형식적 민주주의의 정착에도 국민의 높은 문해률이 기여했으며, 노동의 국제 이주가 확대되면서 국제적 고용기회를 누리는데 있어서도 필리핀의 교육의 효과가 큰 역할을 하여 결과적으로 필리핀은 세계 4대 송금 목적지(중국 〉인도 〉멕시코 〉필리핀 순)가 될 수 있었다.

2000년대 이후 기술 변화가 비즈니스 서비스의 국제화를 가속화시키는 시점, 즉 국제적으로 인터넷 정보망이 확장되는 시점에 필리핀이 글로벌 BPO 산업의 목적지가 될 수 있었던 배경도 이러한 풍부한 양질의 노동력풀에 의존하는 바가 크다(Andriesse *et al.* 2017). 인력 송출과 BPO산업은 정부의 특별한 지원 정책이 없었음에도 양질의 노동력의 존재만으로 이뤄낸 결과라는 점 역시 독특한 지점이다.

하지만 빌라밀(Villamil 2018)이 지적하였듯, 필리핀의 초기 교육 장점은 줄어들고 있다. 글로벌 영어교육과 같은 틈새 민간 영역에서는 여전히 강세를 보이고 있으나 공교육 시스템은 인접국과 비교할 때 발전

의 보폭이 뒤처지고 있다. 강력한 교육 공공 투자를 바탕으로 싱가포르,
말레이시아, 태국 등 다른 나라들의 성장세가 만만치 않은 상태다. 고
등교육 분야에서 동남아 국가들 중에서는 싱가포르가 큰 격차의 정점
에 위치하며 말레이시아가 과거 필리핀의 역할을 상당히 흡수한 편이
다. 그렇지만 필리핀의 공교육 제도 자체는 잘 성립되어 있는 편이다. 따
라서 추가적인 재정지원, 더 나은 설비 지원, 정보통신기술(ICT, Informa-
tion and Communication Technology) 교육과 같은 특화된 지원이 이루어
질 수 있다면 교육 부문의 경쟁력을 유지해 나갈 가능성도 여전히 있다.

3. 구조화된 장애물

1) 경제 산업 구조상의 특성: 서비스 의존적 경제성장

동남아 신흥국들은 대체로 중진제조업국가로의 전환, 즉 산업화를 통
해 경제성장의 기틀을 마련하였다. 하지만 필리핀은 다른 중진국 특히
베트남과 인도네시아와 비교할 때 제조업 기반이 상당히 취약하며 서
비스업의 비중이 상대적으로 높은 편이다. 사실 1960-70년대 필리핀
의 경제 성장은 수출 농업(코코넛과 설탕)에 의해 주도되었다. 하지만 농
업의 생산성(기술축적)과 고용율은 점점 더 낮아졌다(엄은희 2018a).
　　2차 산업인 제조업의 경우 전후방 연계성이 거의 확보되지 않
은 상태에서 원자재의 대부분을 수입하여 대체로 단순 임가공 후 수
출하는 구조에 머물고 있다. 제조업 부문의 성장은 1980년대 이후 상
당기간 무기력한 상태로 유지되었으며, GDP 기여율은 사실상 낮아져
왔다. 필리핀은 포괄적인 수입대체전략을 동남아에서 가장 먼저 시작
한 국가이지만 정작 체제 내부의 한계로 수입대체산업화에 실패하였

다. 이후 수출지향 정책으로 전환을 시도했으나 1980년대 경제위기로 인해 이마저도 여의치 않았다. 1980년대 후반 이후 보다 합리적인 포괄적 무역 자유화 프로그램이 도입되었으나 국내적으로 미비한 통관 절차 및 항만과 도로 등의 인프라의 취약성, 노동시장 규제정책과 외국인 투자 제한은 제조업 부문의 성장을 가로막았다. 그 결과 필리핀은 동아시아 국가들의 경제성장과 빈곤감축의 주요 동력이었던 대규모, 수출지향, 노동집약적 산업화 경로에 편입되지 못했다(Medalla *et al.* 1995/96).

전반적인 수출지향 신업화의 실패는 필리핀 국가 경제의 성장 패턴과 동력에서 세 가지 차별적 효과를 가져왔다. 우선, 서비스 부문이 현재 필리핀의 가계 소득에서 차지하는 비중이 비상하게 높다. 3차 산업으로 분류되는 서비스업은 필리핀 국내 고용의 상당부분을 차지한다. 서비스업 내에서도 기업의 규모, 구성 요소, 지리적 위치, 국제화 지향성에서 매우 이질적 요소들이 결합되어 있는데, 필리핀 경제를 이끄는 BPO 산업이나 금융, 교육, 보건 등의 부문도 서비스에 속하지만, 개별 가계의 입장에서 '최후의 수단'이라할 소규모 자영업이나 광범위한 비공식 영역 역시 서비스업에 속한다. 물론 현재 성장을 강하게 견인하는 BPO 산업의 경우 필리핀의 경쟁력은 인도와 더불어 국제적으로 1, 2위를 차지하고 있다.

두 번째로 필리핀의 수출입 패턴은 주변국과 비교할 때 매우 이질적인데, 상품 수출은 심각한 적자를 기록하고 있는 것에 비해 서비스 수출의 비중은 상대적으로 매우 높다. 2015년 해외필리핀노동자의 송금액은 270억 달러, BPO 산업의 수익은 220억 달러를 기록했다. 이 두 부문을 합한 금액은 상품수출액인 580억 달러에 육박할 정도이다. 이 두부문은 국가 재정보다는 주로 개별가계로 직접 유입된다는 점에서 다음 세번째 특성과도 밀접하게 연결된다. 세 번째로 필리핀은 인도네시아와 함께 동남아에서 대표적인 내수중심 경제를 특징으로 하는데 내수경제가 제조업 활성화에 따른 일자리와 노동계층의 소득증대에서 기인하기보다 송금이나 해외노동자의 송금이나 글로벌 서비스 하청인 IT-BPO 산업과 같은 외부 유입에 의존한다는 점에서 취약성이 크다고 볼 수 있다(엄은희 2018b). 인구의 10분 1에 달하는 해외이주 노동자들에 의존한 송금경제로 외화 유입이 많았고 이렇게 들어온 돈이 주로 가계 수준의 소비에 집중되었는데 외환위기에 대한 탄력성과 1990년대 이후 경제성장은 모두 이를 기반으로 한다. 필리핀의 송금과 BPO는 반숙련 혹은 비숙련 노동집약적 활동에서 비교 우위를 갖추고 있고, 이는 곧 글로벌 BPO 산업의 지형도에서 필리핀의 위치가 부가가치창출에서 낮은 영역에 있음을 의미한다. 이처럼 제조업에 기본한 중하위 노동력의 임금 안정화와 무관하게 외부 유입 요소에 의존하는 성장은 장기적으로 국가의 경제적 건전성에 부담이 될 가능성을 더 크게 남겨두고 있다.

2) 인프라 부실

필리핀은 7,000개 이상의 섬으로 이루어진 군도국가이고 정부의 재정자립도가 낮은 상태에서 공공 인프라에 대한 투자가 미약했고 결과적으로 인프라와 물류 부문의 부실이 심각한 수준이다. 동아시아 내에서 필리핀의 인프라에 대한 투자와 수행성은 매우 낮은 편이다(Llanto 2016). 동남아시아 최대의 도시이자 수도인 메트로 마닐라의 경우 도시혼잡도, 물류의 속도와 질, 전력 가격과 안정성, E-커머스 설비 등에서 순위가 낮다. 부실한 인프라는 글로벌생산네트워크(GPN, Global Production Network)에의 효율적 편입을 저해하며, 고용 창출 기회도 낮추고 있다. 더불어 심각한 교통혼잡은 환경질 악화의 원인이기도 하다. 필리핀의 경우 장기적인 정치 불안과 국가 재정 부실로 인해 적절한 인프라 개발이 지연되어 온 측면도 간과하기 어렵다. 민간 금융이 인프라 투자에 관심을 가지고 있으나 요구되는 규모와 매몰기간을 맞추기엔 자본규모가 작은 편이고, 이에 해외 투자의 도입이 필수적이나 투자 환경에 대한 신뢰도가 낮았다.

다행스럽게 최근 수년 간 경제가 고성장 기조를 유지함에 따라 인프라에 대한 공공 및 민간 투자가 강화되고 있다. 특히 두테르테 정부가 강력하게 추진 중인 인프라 집중 투자 정책(build, build, build Project)에 대한 대내외의 기대가 높다(김동엽 2019). 인프라 부문에 대한 대내외의 기대의 배경으로는 첫째, 필리핀의 수평적이며 안정적 정권교체와 상대적으로 긴 임기(6년)가 인프라 투자의 불확실성을 줄이는 효과가 있다는 점, 둘째, 인프라 개발은 정치의 개입이 필수적이고 재정 건전성은 인프라 투자의 중요한 변수인데 필리핀의 경제가 최근 지속적으로 청신호를 보여주고 있다는 점 등을 들 수 있다. 물론 우려도 동시에 존재한다. 대체로 대규모 인프라 투자는 부패의 원천이라는 점 인프라 개발의 우선순위가 시장합리성보다는 권력 핵심부와의 관계성에 의존한다는 점에서 국제적으로 통용되는 세이프가드의 적용이 요구된다.

표 3 동남아 주요국의 비즈니스 환경 비교

국가	사업용이성 (2016 ㅣ 190개국 중 순위)	GDP 대비 FDI (2015 ㅣ %)	부패인식지표 (2016 ㅣ 176개국 중 순위)	물류수행성 지표 (2016 ㅣ 160개국 중 순위)
인도네시아	91	25.6	90	63
말레이시아	23	40.1	55	32
필리핀	99	19.9	101	71
태국	46	44.8	101	45

출처: Llanto 2016: 250

3) 지대추구 행태와 빈부격차의 고착화

필리핀의 불평등은 식민시대의 경험과 농업 체제의 결과로 그 역사적 뿌리가 깊다. 불평등을 해소할만한 정부의 조치들도 부족했으며, 경제성장에 따른 낙수효과로 빈곤이 줄어드는 비율도 주변 국가들에 비해 낮은 편이다. 경제성장에도 불구하고 빈곤율이 유지되며 사회경제적 불평등이 유지되는 이유는 다음과 같다. 첫째, 농업 경제의 역동성이 낮아 농촌 빈곤층의 대부분이 여전히 현금경제로 포섭되지 않고 있다. 둘째, 대규모 수출지향, 노동집약적 산업화가 부재했다. 셋째, 제조업 미발달에 따라 공식 부문에서 비농업 고용의 증가율은 낮았고, 다른 아시아 국가들이 경험한 잉여노동의 제조업 부문으로의 이전과 그에 따른 광범위한 실질 임금의 증가가 필리핀에서는 나타나지 않았다. 넷째, 양질의 보편교육이나 공공보건에 대한 공공투자가 적어 빈곤층이 노동시장 진입이 용이하지 않았으며, 마지막으로 국가 차원의 재분배 정책(농업 개혁이나 세금제도의 개혁)이 거의 부재했다.

필리핀의 정치와 경제계는 소수 가문으로의 집중도가 매우 높은데, 이는 국가적 부의 불평등에 반영되어 있다. 소수의 '과두엘리트(Oligarchies)' 가문들이 국가의 경제와 정치 영역을 지배하고 있는데, 정치와 경제 간의 결탁이 심각하다(박승우 2007). 이러한 구도가 고착화된 근저에는 국내적으로 적절한 독과점 규제 기구가 부재하다는 점 그리고 적절한 개혁개방과 해외 자본 도입을 통해 국제 경쟁력을 높일 수 있는 기회를 스스로 차단한 점을 들 수 있다. 현재와 같은 과두제 기업들이 필리핀의 국가경제를 장악하고 있는 것은 그 자체로 국가적 비용이다. 정치 및 경제 권력이 지대추구에 몰두할수록 위기는 반복되고, 이는 국가의 발전 기회와 번영을 저해한다(McCoy 2015).

중간층을 위한 직업창출과 그에 따른 경제적 소득의 양극화 완화가 요구되는데, 제조업 부문이 부실하니 대부분의 인력이 해외 노동이 주를 경제적 출구로 삼고 있다. 그나마 해외교민들이 보내오는 송금이 주로 중간층 가계의 보충적 수입으로 유입되어 미미하나마 사회경제적 이동성의 원천으로 작동 중이지만 국가 자체의 체질 개선의 과제는 여전히 지연되고 있다는 점에서 한계가 크다.

III. 아시아의 예외에서 주목받는 신흥국으로: 최근 필리핀의 성장지표들

1. 최근 경제 상황 및 전망

2018년 필리핀 경제성적은 예상보다는 다소 낮았다. 정부는 GDP 성장률 6.8%를 전망했으나 실제는 6.4%를 기록하였다. 2011년 이후 GDP 성장률 6~8%를 기록했던 것에 비해서는 다소 낮아졌지만, 인플레이션 심화와 페소화 가치하락 그리고 농산물 생산 및 수출의 둔화, 세계적인 금융 긴축 등을 고려할 때 필리핀 경제는 선전한 것으로 평가될 수 있다(김동엽 2019).

ADB는 2019년 필리핀 경제 성장률에 대해 6.7%로 전년대비 소폭 상승할 것으로 전망하였고, 그 근거로 다음과 같은 이유를 제시하였다(ADB 2019). 첫째, 해외근로자 송금과 BPO 산업의 지속 성장으로 외한 소득이 견조하게 유지되는 가운데 페소화 약세로 가계 실질소득은 확대되고 있다는 점, 둘째 두테르테 정부의 인프라 집중 투자 정책의 지속에 따라 대대적인 인프라 개발 등에 정부 투자가 유지되고 있다는 점, 세 번째로 2019년 중간선거를 치르면서 정부와 후보자들의 지출이 많아질 것이라는 점 등이다. 필리핀의 최근 4년간 주요 경제지표는 다음과 같다.[5]

표 4 주요 경제지표(2015-2018)

주요지표	2015	2016	2017	2018
인구(백만 명)	101.7	103.3	104.9	106.5
명목 GDP(십억 달러)	292.3	304.5	312.7	335.5
1인당 명목 GDP(달러)	2,874	2,948	2,981	3,150
GDP 성장률(%)	6.1	6.9	6.6	6.4
실업률(%)	6.3	5.5	5.6	5.21
소비물가상승률(%)	1.4	1.8	3.0	2.2
재정수지(GDP대비)(%)	-0.9	-2.4	-2.7	-2.5
총수출(백만 달러)	43,197	43,444	53,472	57,347
對한국수출(백만 달러)	3,252	3,229	3,702	1,388(7월)
총수입(백만 달러)	-66,507	-77,524	-90,654	-95,561
대한국수입(백만 달러)	8,318	7,279	10,593	6,257(7월)
무역수지(백만 달러)	-23,309	-34,079	-37,181	-38,215
경상수지(백만 달러)	7,266	602	450	1,660
FDI(억 달러)	57	79	91	100

1) 민간 소비의 지속

필리핀은 인도네시아와 함께 동남아에서 대표적인 내수중심 경제로 국내소비가 GDP의 60% 후반대를 차지하는 국가이다. 외국인투자자

---

5 필리핀 정부는 실업률을 전체 노동인구의 5.2%인 220만 명으로 추정하나, 시민사회 기반의 민간싱크탱크인 이본재단(Ibon Foundation)은 실업률을 9.8%인 450만 명으로 추정함(*Ibon Foundation* 2019).

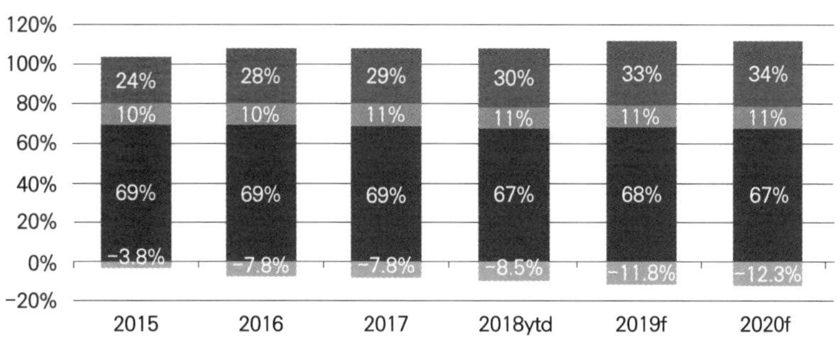

그림 2   경제주체별 GDP 기여율

범례: 투자, 정부, 가계, 수출(위에서 아래 순) / 출처: Mapa 2018

의 입장에서는 생산기지보다는 내수시장으로서의 성장잠재력이 높은 시장인 셈이다. 해외송금과 BPO 산업 활성화 등 유입요소가 많기 때문에 동남아 다른 국가들에 비해 가계부채 문제가 없고, 소비성향이 강한 중산층 규모가 확대되고 있다는 점 역시 특징적이다(오윤아 외 2013).

민간 가계 영역에서는 해외근로자(OFW, Overseas Filipino Worker) 송금이 GDP의 8~10%를 유지하는 가운데, 소득세 인하와 페소화 약세로 가계의 가처분 소득이 증가하여 내수 지속이 유지될 것으로 전망되는데, 민간 기업 영역에서는 부동산과 건설 부문의 호항이 지속되고 있으며 관련된 고용도 늘어나고 있다. 민간 부동산 기업은 도시의 주거용 및 사무용 빌딩 건설이나 쇼핑몰, 관광 레저시설에 대한 투자에 집중하고 있다(민간 건설시장 200억 규모).

2) 정부 지출(인프라 및 선거특수)의 확대

두테르테 정부는 출범 직후인 2016년부터 인프라 집중 투자 정책을 강조하며 향후 5년간 1,680억 달러의 재원을 투입하여 총 75개의 인프

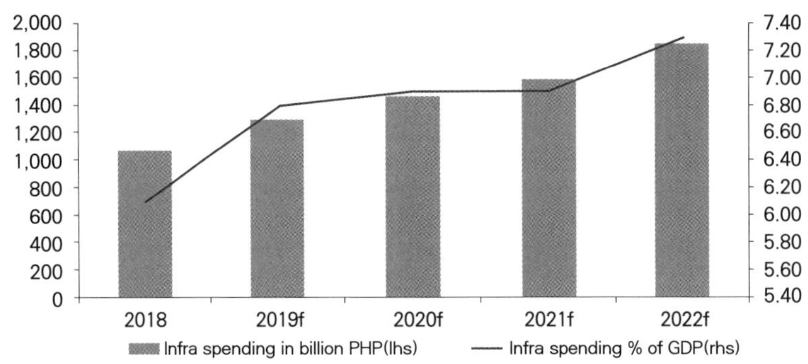

그림 3　2022년까지 필리핀 중앙정부의 인프라 투자 목표

출처: Mapa 2018

라 사업을 추진 중에 있다. 주요 사업으로는 도로, 철도·지하철, 공항/항만, 교량, 수자원 개발 등 대규모 사업이다. 계획 대비 재원이 상당히 부족하지만 부족분은 현재 일본과 중국으로부터의 공적개발원조(ODA, Official Development Assistance) 유치를 통해 해결하려 적극 노력 중이다.

2019년 1월 방사모로 조직구성법이 국민투표가 완료됨에 따라 민다나오 지역, 특히 이슬람 반군과의 내전으로 파괴된 마라위 지역 재건 사업이 추진될 것으로 예상된다. 이에 건설 및 인프라 건설 수요가 증가할 것으로 예상된다. 또한 2019년은 선거가 있는 해로 정부 지출이 크게 늘어 내수시장의 확대에 대한 기대도 크다.

2. 최근 대외 관계의 변화

1) 두테르테 이후의 대외관계

필리핀의 대외관계에서 전통적인 우방이자 무역과 투자에서 가장 중요한 파트너인 미국과의 관계가 가장 중요했다. 그러나 두테르테 대통령 취임 직후 오바마 대통령과 교황에 대한 공격적 인신공격 등으로 인해 정치·외교적 불안이 고조되었다. 두테르테 대통령은 취임 직후 '자주외교'를 표방하여 미국과의 관계를 재정립하고, 중국과 러시아 등과 관계를 강화해 나가겠다는 입장을 표방한 바 있다(김동엽 외 2017). 그렇지만 필리핀에서 전통적인 우방인 미국과 일본의 영향력은 무시할 수 없는 상황이다. 필리핀을 비롯한 동남아 국가들은 최근 중국과의 적극적인 경제협력을 경제성장의 기회로 바라고 있지만 동시에 중국과 미국의 패권 경쟁에서 자칫 피해를 입을 수 있다는 생각에 균형전략 및 아세안 지역협력 강화를 위해 노력하고 있다(오윤아 2018).

2) 미국과의 관계 개선에의 기대감

지난해 11월 11일에 미-필 독립 전쟁 당시(1901년) 미군이 탈취해 간 발랑기가 종(Balangiga Bell)이 필리핀으로 반환되었다. 이 종은 동부 사마르 주 발랑기가 마을의 성당에 있단 종으로, 이 지역을 점령한 미육군에 대한 필리핀 독립군의 기습 공격 시 개시신호로 사용되었다. 이 전투에서 48명의 미군이 살해당했는데, 미군은 이에 대한 보복으로 마을에 대한 공격을 감행 10세 이상 남성 2천 명(일부에서는 1만 명으로 주장)을 살해하고 전리품으로 이 종을 미국으로 약탈해 갔다(*Philippines Graphic* 2018/12/28).

미국에서는 두테르테 정부가 인권을 탄압한다고 비판해 왔으나 필리핀은 이 종에 얽힌 사연을 역으로 내세우며 미국의 위선을 비판하고 미국에 대한 불편한 감정을 표출해 왔다. 발랑기가 종을 매개로 미국과 필리핀의 불화가 표면화된 셈이다. 실제로 두테르테는 이 종이 돌아오기 전까지 미국 방문을 하지 않겠다고 말하기도 했다. 그런데 지난 해 말 종의 반환 그리고 오는 5월 선거 이후 두테르테 대통령의 미국 방문이 이어질 것으로 전망되고 이후 양국 간 동맹 관계의 재확인이 이루어질 것이라는 관측이 지배적이다(김동엽 2019).

3) 외국인 투자 추이 전망

필리핀은 전통적으로 제조업이 취약한데, 이를 개선하기 위해 외국인 투자를 통해 제조업 부흥을 모색하고 있다. 최근 들어 FDI는 증가 추세이나 각종 규제 및 2차 세제개혁안으로 향후 전망은 불투명한 상태이다. 필리핀 정부는 제조업 부흥을 위해 외자기업에게 다양한 인센티브와 세제혜택 제공을 약속하였다. 대표적으로 포괄자동차회복전략(CARS, Comprehensive Automobile Resurgence Strategy)을 통해 향후 6년간 한 모델 당 20만 대를 필리핀에서 제조하는 조건으로 세제혜택 등 인센티브 제공을 약속했다. 하지만 이 정책은 이미 필리핀의 자동차 부문을 지배하고 있는 일본계 자동차기업인 도요타와 미쓰비시에게 더 큰 수혜를 돌아가게 만들어서 한국을 비롯한 다른 제조업투자자들에게는 실효적 이익이 크지 않았다.

현 정부에서 주요 업종의 외국인투자지분 제한(현행 40%) 완화를 언급한 바 있으나 실질적인 조처는 아직까지 없는 상황이다. 오히려 법인세 인하를 목적으로 한 세제개혁 2단계 패키지 프로그램인 TRAIN II가 실시될 경우 외국인 투자관련 인센티브가 대폭 축소될 우려가 있다. 게다가 법인세 인하(현행 30%에서 25%로 축소)를 제외한 조세관련 조치들(예: 부가가치세, 지방세 면제 폐지, 법인세 면제기간 연장 폐지, 원부자재 수입관세 면세기한 도입 등)이 변경될 경우 투자환경은 부정적으로 바뀔 수 있음에 유의할 필요가 있다(*KOTRA* 2018).

IV. 필리핀 산업 및 해외투자 정책

1. 필리핀의 경제특구/해외투자 정책의 변천 과정

특별경제구역(SEZs, Special Economic Zones)은 세계적으로 다양하게 활용되는 주요 경제발전 전략이자 국가 주도의 '예외적 공간 생산 전략'이다(박배균 외 2017). 경제특구들은 대체로 경제 자유화, 외자 유치, 수출 증대를 목적으로 한다. 과거에는 공공이 직접 개발하고 운영하는 규제 완화 및 수출 제조업 지향 경제특구의 형태가 다수였는데, 최근엔 민간 기업이 주도하는 첨단기술이나 혁신 지향 특구도 다수 나타나고 있다(Baissac 2011).

경제특구의 범주는 국가 및 용도에 따라 산업단지(industrial park, industrial estate), 자유무역지구(free trade zone), 수출가공지구(export processing zone), 비즈니스 공원(business park), 혁신지구(innovation zone) 등 다양하게 불리는데, 2015 기준 세계적으로 약 4,300개의 경제특구가 운영 중인 것으로 파악된다(Morrison 2015). 국제적으로 1970년대 이후 후발개도국들이 경제발전을 위한 국가적 전략으로 수출자유지역 제도를 도입하면서 현재와 같은 특구 개발이 전세계적으로 보편화되었다. 특히 동아시아(한국, 대만, 중국)에서의 경제특구의 성공이 다른 국가에서도 유사한 정책을 펼치는데 큰 자극이 되었다. 이는 분명 동아시아 발전주의국가와 중국 모델의 경제적 성취에 따른 효과로 볼 수 있다(Boyenge 2007).

필리핀에서 경제특구에 관한 논의는 1960년대 말 수출지향 산업화 전략의 일환으로 검토되기 시작했다. 최초의 경제특구는 1972년 바타안에 설립된 바타안수출가공지구(BEPZ, Battan Export Processing

Zone)였다.[6] 이어서 루손섬 북부의 바기오수출가공지구(BCEPZ, Baguio City Export Processing Zone)(1979), 세부섬의 막탄수출가공지구(MEPZ, Mactan Export Processing Zone)(1979),[7] 수도 마닐라 남부의 까비테수출가공지구(CEPZ, Cavite Export Processing Zone)(1986)가 순차적으로 건설되었다. 이 네 곳의 1세대 수출가공지구는 모두 중앙정부에 의해 개발되고 운영되었다(엄은희 2018a).

1987년 이후에는 외국인 투자와 관련된 중요한 정책이 도입되었다. 마르코스 독재 종식 직후인 1987년 필리핀정부는 옴니버스투자규범(Omnibus Investment Code, EO 226호)을 발의하였으며, 외국인투자를 관장하는 국가기구인 필리핀투자위원회(BOI, Board of Investment)를 설립하였다. 옴니버스투자규범에 따르며 BOI는 필리핀의 국가경제발전을 위해 투자우선계획(IPP, Investment Priority Plan)을 수립하고, 투자유치를 위해 국내 및 외국 기업들에게 법률이 정한 인센티브를 제공할 수 있게 되었다. 1991년에는 외국인 투자 자유화를 목표로 외국인투자법(Foreign Investment Act, FIA 혹은 RA 7042호)이 신설되었다. 옴니버스투

---

6 참고로, 바타안수출가공지구는 2009년 자유무역항법(NA 9728호)에 따라 필리핀경제구역청의 관할을 벗어나 바타안자유무역항지역(FAB, Freeport Area of Battan)으로 변경되었음.

7 필리핀의 경제특구 중에는 과거 미국의 군사기지가 포함되었다(Casanova 2011). 미군철수 후 경기 쇠퇴 등의 부정적 효과를 줄이기 위하여 필리핀정부는 제조업 수출가공지구(EPZs)을 만들어냈다. 예컨대 세부의 막탄은 베트남 전쟁 당시 미 공군의 군사 기지로 두 번째로 경제특구로 지정되었고, 수빅무역자유항도 미군 철수 후 경제특구로 전환된 사례이다. 참고로, 수빅경제특구의 첫 번째 입주기업은 미국의 통신사인 아메리카 온라인(AOL, America Online, Inc.)로 이 지역의 최초의 BPO 업체였다.

자규범 하에서 외국인 투자자를 특정 영역과 업종으로 제한하는 포지티브리스트 시스템(Positive list System) 방식이었다면, 1991년 이후에는 이른바 네거티브리스트 시스템(Negative list System) 방식으로 변경되었다. 네거티브리스트는 해당업종에 외국인투자 진입을 금한다는 내국인(기업) 보호 규정이지만, 이 목록을 제외하면 외국인 투자 진입이 가능하다는 점에서 투자 자유도는 높아진 셈이다. 1994년 발의된 수출개발법(Export Development Act, RA 7844호) 역시 외국인투자에 호의적인 정책적 변화이다. 이 법은 수출장려를 위해 수출업자(경상사업 매출의 70%[제정당시는 50%] 이상의 재화나 서비스를 해외무역을 통해 창출하는 자)에게 인센티브를 제공하는 것을 주요 내용으로 한다. 대부분의 수출제조업이 외국인 투자기업이라는 점에서 이 정책도 외국인투자자들에게 추가적인 인센티브를 제공하는 셈이다.

1990년대 초 1세대 EPZs를 건설한 이래로 지역 혹은 정부부처 중에 지역의 경제성장을 목표로 유사한 특구 전략을 추진하는 사례가 늘어났다. 기존 군부대, 특히 미군의 기지이전 및 반환 후 토지를 경제적 목적으로 재활성하려는 시도가 대표적이다. 1992년 도입된 기지전환개발법(Bases Conversion and Development Act, RA 7227호)과 2007년 제정된 클락경제특구법(Cleark Special Economic and Freeport Zone Act, RA 7227호)이다. 전자의 법령 하에서는 포트보니파시오의 전환을 준비하기 위한 군부대전환개발청(BCDA, Bases Conversion and Development Authority), 미국의 해군기지가 있었던 수빅 지역을 자유무역항으로 개발하기 위한 수빅만메트로폴리탄청(SBMA, Subic Bay Metropolitan Authority)이 설립되었다. 후자의 법령 하에서는 미국의 공군기지가 있던 클락 지역의 경제개발을 목적으로 클락개발공사(Clark Development Corporation)가 설립되었다. 피나투보 화산 폭발 이후 주필 미군은 주둔에서 방

문으로 군사협력의 방식을 변경하였으며, 이에 따라 제 2차 세계대전
이후 미군기지로 활용되던 수빅항만과 클락공항 및 군부대시설이 필
리핀으로 이양되었다. 두 지역은 각각 심해항구와 국제공항 시설을 갖
추고 있어 다양한 경제활동을 위한 기반시설로 재활용될 수 있는 잠재
력을 갖추고 있었다.

2. 경제특구의 변화(1): 1995년 특별 경제구역법 제정의 효과

필리핀 경제특구 정책은 1995년 제정된 특별경제구역법(Special Eco-
nomic Zone Act, RA 7916호)을 기점으로 크게 변화되었다. 먼저 전국의
경제특구를 관리하는 특별기구인 PEZA가 설립되었으며, 기존의 4대
EPZs는 모두 SEZs로 변경되었다.

법안 제정 이후 경제특구의 운영과 범주의 측면에서 두 가지 중요
한 변화가 이루어졌다. 먼저, 운영상의 변화는 경제특구의 설립과 운
영을 PEZA뿐 아니라 민간이나 지방정부도 담당할 수 있게 되었다. 이
규정을 통해 정부가 직접 건설하고 운영하는 공영특구 이외에 민간에
서 개발하고 관리 권한의 일부만을 PEZA에 이양한 경우에도 PEZA의
경제특구로 인정받고 그에 따른 개발자 면세 혜택 및 투자자 인센티브
를 누릴 수 있게 되었다. 두 번째로 특구의 범주도 전통적인 수출지향
제조업 뿐 아니라 IT, 관광(의료 포함), 농수산업 특화, 물류, 유틸리티
관리 등 다양한 목적과 업종의 특구 개발이 가능해졌다.

이러한 변화는 경제특구의 활성화를 가져왔지만 국내외 투자자를
관리하는 기구가 하나의 통일된 형식이 아니라 지역과 부처 성격에 따
라 병립(부정적으로 해석하면 난립)하는 결과를 가져왔다. 현재 필리핀 외

국인 투자 유치 및 인센티브 제공은 12개의 상이한 투자유치기관을 통해 이루어지고 있으며 각 기간과 특구가 위치한 지역의 특성에 따라 투자기업에게 제공되는 인센티브 역시 상이하다(표 5 참조).

표 5   필리핀의 외국인투자유치 기관

기관명	관할지역	설립시기
필리핀경제구역청 (PEZA, Philippine Economic Zone Authority)	전국	1995
투자위원회 (BOI, Board of Investment)	전국	1987
수빅메트로폴리탄청 (SBMA, Subic Bay Metropolitan Authority)	수빅	1992
클락개발공사 (CDC, Clark Development Corporation)	클락	2007
기지전환개발청 (BCDA, Bases Conversion Development Authority)	BGC외 3개 지역	1992
바타안자유무역청 (BATAAN, Authority of the Freeport Area of Bataan)	바타안	2009
까가얀경제특구청 (CEZA, Cagayan Economic Zone Authority)	까가얀	1995
잠보앙가특별경제구역청 및 자유무역항 (ZCSEZA, Zamboanga City Special Economic Zone Authority and Freeport)	잠보앙가	1995
피비덱 산업청 (Phividec, PHIVIDEC Industrial Authority)	민다나오 따골로안	1974
오로라 퍼시픽 이코노믹 존 오소리티 (APEZA, Aurora Pacific Economic Zone Authority)	오로라주	2007
민다나오무슬림자치지역투자유치위원회 (RBOI-ARMM, Regional Board of Investments of the Autonomous Region in Muslim Mindanao)	민다나오 무슬림자치주	1991
관광인프라투자특구청 (TIEZA, Tourism Infrastructure and Enterprise Zone Authority)	전국	2009

하지만 아래의 12개 투자 인센티브 기관 중에서 실질적으로 의미 있는 활동을 수행 중인 기관은 PEZA, BOI, SBMA, CDC의 4대 투자유 치기관 정도이다. 1996년에서 2015년까지 필리핀에 유입된 FDI 중 위의 4대 기관 중 약 74%가 BOI를 제외한 3개 특구관리청에 집중되었는 데, 이중 제조업 분야 투자액은 절반을 약간 상회하는 54.9%로 집계되 었다(필리핀 통계청 자료).

3. 경제특구의 변화(2): 민간주도 경제특구의 활성화

1995년 경제특구법 제정 이후 필리핀에서는 경제특구 개발에 민간기 업의 참여가 허용되었다. 민간기업이 직접 토지를 소유하고 특구로 개 발 한 후 PEZA에 등록하고 관리 권한의 극히 일부를 제공할 수 있게 된 것이다. 구체적으로 경제특구 개발 민간기업은 PEZA 등록을 통해 우선적으로 수년 간 지방세 및 국세를 면제받게 되며, 경제 특구 개발 완료 후 입주 기업(locator)들이 PEZA가 규정한 다양한 재정적/비재정 적 인센티브를 받도록 유도할 수 있다. 입주기업들의 경우 수출개발법 의 규정에 따라 생산한 서비스와 재화의 70%를 수출하는 기업의 총 경 상수입 중 5%(중앙정부 3% + 지방정부 2%)를 세금으로 납부하면 되는 혜 택을 누릴 수 있게 되었다.

필리핀에서 경제특구 개발은 1995년 관련 법 통과 직후부터 급증 하기 시작하였다. 2017년 말 기준 PEZA에 등록된 특구(개발허가 단계 포 함)은 518개에 달하는데 이 중 3개 공영 특구(카비테, 막탄, 바기오)와 일 부 운영을 보조하는 곳을 제외하고, 총 경제특구의 95.5%가 민간 기업 에 의해 개발되고 운영되는 민간 경제특구이다(*PEZA* 2018).

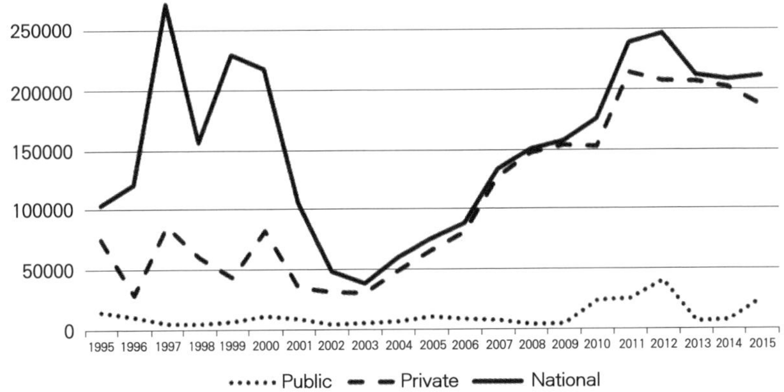

그림 4　공영 및 민간 경제특구 별 FDI 총유입량(단위: 백만 페소)

출처: Dumayas 2018: 509에서 재인용 및 일부 수정

그림 4는 1995~2015년 사이 필리핀으로 유입된 FDI의 총유입량 및 공영 및 민간 특구별 상대적 비중을 보여준다. 1995년 경제특구법 제정 이후 경제특구로 유입된 총 투자액은 급증하였다가 2000년대 이후 급감 후 소강국면에 접어들었다. 이는 1990년대 말 동아시아 외환위기 이후 글로벌 악재와 투자목적국의 경기둔화에 따른 결과로 해석될 수 있다. 하지만 2003년 이후 꾸준한 성장세로 접어들고 있는데, 공영경제특구에 비해 민간 경제특구에 대한 외국인 투자가 집중되었음을 보여준다.

1990년대 중후반과 2003년 이후 현재까지 필리핀에 투자한 외국인기업들의 업종도 차이가 크다. 1990년대의 투자는 반도체를 비롯한 전기전자 업종 등 제조업 및 물류 관련 기업들이 특화된 단지에 입주하는 방식이었다면(예: 깔라바존의 한국의 반도체 기업, 일본의 반도체 기업과 자동차 업종, 수빅 및 클락의 미국계 물류 및 반도체 기업 등), 2003년 이후의 민간특구는 업종으로는 IT-BPO에 기반한 국제화된 서비스기업들이고 투자 지역에 있어서도 대도시 주변의 산업도시가 아니라 마카티, 오르티가스센터, 보니파시오 글로벌시티(BGC, Bonifacio Global City) 등의 대도시의 중심업무지구(CBD, Central Business District)로 집결되어 있다(엄은희 2018a).

　　민간경제특구가 업종의 측면에서 IT-BPO에 집중되고 지역의 측면에서 메트로마닐라의 도심에 집중되는 것은 필리핀 민간 재벌의 부동산 및 건설 분야 점유율의 증대와 동전의 양면을 형성하고 있다. 현재 운영 혹은 건설 중인 필리핀의 IT 공원 및 IT 센터는 대부분 필리핀의 대표적 재벌이자 부동산개발사인 로빈슨토지공사, SM 프라임 홀딩스, 아얄라토지(사), 메가 월드사 등에 의해 주도되고 있다. 이러한 민간 기업들이 도시 외곽의 공단형이 아닌 도심의 고층오피스타워를 경제특구로 개발하여 외국계 기업들에게 분양 혹은 임대하는 방식이 필리핀 경제특구 개발의 최근 트렌드로 자리 잡고 있다(Raquiza 2015).

V. 글로벌 서비스 교역을 통한 성장의 명암

1. 서비스 교역과 필리핀 경제특구의 변화

경제의 세계화는 국제적 차원의 "노동의 공간분업"을 가져왔다. 가장 전형적인 모델이 선진국의 기업이 개발도상국에 새로운 생산기지를 건설하는 방식이다. 투자의 형태로 이루어지는 제조업 이전 모델은 국가 간 임금격차, (노동환경의 상이한 조건을 만드는) 제도적 차이, 개도국에게 제공되는 관세 상의 혜택 등에 의해 가능해졌다. 이러한 제조업 부문의 해외이전은 1960년대 이후 제조업에서의 외주화(outsourcing)와 해외 이전이 발생했는데, 이 당시에는 주로 블루칼라 직종이 선진국에서 개도국으로 이전되었다.

제조업의 국외 이전은 투자 목적국에 경제특구 혹은 EPZs라는 산업 공간을 만들어 냈다. 개도국의 해외투자 유입지에서 특히 노동의 입장에서 분석한 글들은 비판적 논의가 많다. 경제특구는 지리적으로 경계가 있는 장소들로 투자유치국의 관세 및 노동 규범의 작동이 중단된 곳이기 때문이다. 다수의 학자들이 이러한 특구 안에서의 현행법의 유예 혹은 다른 법률 규범의 적용을 "예외적 공간" "등급화된 주권(graduated sovereignty)" 등으로 표현하였다(Ong 2006). 더 나아가 이러한 장소들이 숨겨진 착취의 장소이며 노동자들에 고된 노동조건, 초과 노동시간, 낮은 임금을 강요하는 곳으로 묘사했던 연구도 많다. 필리핀 메트로마닐라의 교외의 경제특구에 대한 연구들도 경제특구의 어두운 측면에 집중하는 경향을 보였다. 예컨대 클라인(Klein 2000)의 연구는 무장한 경비원이 지키는 노동착취공장(sweatshop)에서 일하는 노동자가 대부분 여성이며 소비를 위한 장소는 찾아볼 수 없다는 점을 이유로 카비테의 경제특구를 "순수한 노동의 장소"로 불렀다. 그렇지만 많은 후발산업국들이 수출형 제조업에 특화된 경제특구를 만듦으로써 국가경제 성장의 발판을 마련한 것 역시 부인할 수 없는 사실이다. 한국과 대만 그리고 중국 모델로 대표되는 동아시아 발전모델이 대표적으로 증명하는 결과이다.

그런데 노동 분업은 제조업 분야에서 뿐만 아니라 서비스 분야의 노동에서도 새로운 공간적 분업을 가져왔다(Bryson 2007). 기술상의 진보와 관리기법의 개선에 따라 서비스업무의 내적 분화 및 디지털화가 가능해지면서 서비스 전달(delivery)[8]의 외주화가 가능해졌으며, 이미

8　제조업에서 상품을 만드는 과정을 생산(production)으로 표현하는 반면,

20여 년 전부터 외주의 공간적 범위도 국경 넘어 제 3국으로 이전하는 현상이 폭발적으로 증가하고 있다. 가능한 서비스의 영역도 전화 기술을 통해 '콜센터'에서 가능했던 초기 형태들(예: 불만이나 환불요청 등의 고객서비스, 주문, 예약 등)을 넘어서 웹에 접속된 상태라면 언제나 가능한 다양한 기능들(예: 실시간 채팅, 온라인 기술지원, 인터뷰 전사(transcription), 법률조문 대조, x-ray나 MRI 등 의료 정보 분석, 애니메이션 밑작업 하청 등)로 확대되어가고 있다. 자본과 노동과 기술의 이전 이외에 서비스의 전달 체계 자체도 전지구적인 연결망이 깊어지고 있는 것이다.

전통적으로 서비스는 공급자와 소비자가 한 장소에서 만나 이루어지는 것으로 국제적 분업과 교역이 불가능하다 여겨졌다. 하지만 서비스의 상품화와 ICT 기술의 발달과 더불어 서비스의 공급과 소비가 공간적으로 분리될 수 있게 되었다. 세계적으로 가장 먼저 서비스업의 공간적 분업이 일어난 곳은 영국으로 비영업 업무(back-tasks)가 분리되어 아일랜드로 이전되었다(Breathnach 2000). 이는 비용절감을 위한 선택으로 노동력과 사무실 임대료가 낮으며, 세금 혜택이 주어지는 곳이 목적지로 선택되었다. 서비스업은 고정된 인프라를 요하지는 않지만 그렇다고 장소 선택이 처음부터 유연했던 것은 아니다. 국경을 넘어 분화된 서비스업의 해외하청은 소수의 거대 도시에 집중되는 경향이 있었다.

개발도상국에서 제조업 경제특구는 고급 숙련도를 요하지는 않아 중등교육 졸업자들의 고용이주로 창출되지만, 서비스업 경제특구는 국내 경제와는 연계성이 제한적인 인클레이브(enclave) 형태로 만들어지며, 선진국의 브랜드 고객과의 원활한 소통을 요하기 때문에 고학력의 노동력을 고용하는 형태가 일반적이다(Bryson 2007).

서비스업에서 상품은 생산보다는 전달(delivery)된다는 표현이 주로 적용된다.

이처럼 고학력의 도시 노동력을 유치하기 위해서는 제조업 경제특구와는 다른 업무 환경을 요한다. 제조업 업무의 해외하청과는 대조적으로 서비스 영역은 총고용은 적지만 학력이 높은 이들을 고용한다. 그런데 이러한 고용형태는 국가 전체의 포용적 성장에 있어 불평등을 악화시키는 결과를 낳기도 한다. 필리핀 보다 앞서 글로벌 BPO 산업의 투자 목적지가 되었던 인도를 사례연구한 메자르다와 넬슨에 따르면, 인도의 해외하청 서비스 영역은 '달러 경제'와 '루피 경제'를 분리시키는 결과를 낳았다. 그들의 연구는 인도에서 서비스 기반 경제특구의 개발은 경제발전의 내부적 경계를 낳고, 사회적 지위와 소비와 문화양식에서 뚜렷한 구분선을 그어놓았음을 보여주었다(Mezzadra *et al.* 2013).

현재 필리핀은 세계에서 가장 빠르게 서비스기반 경제특구를 만들어 내는 국가이다. 필리핀의 해외하청 서비스 부문은 과거 식민지 경험에서 배태된 미국과의 관계 속에서 만들어졌다. 특히 음성 기반 서비스(영어권 소비자를 위한 고객지원 서비스)가 미국에서 필리핀으로 이전되었다. '콜센터'로 불리는 이러한 업종은 BPO 업종 내에서 상대적으로 부가가치가 낮은 업종으로 필리핀 전체 해외하청 서비스 부문 고용의 3분의 2 정도를 차지한다(*DoST-ICT Office et al.* 2012). 대부분의 BPO 기업은 대학졸업 이상의 학력을 요구조건으로 한다. 현재 필리핀 정부와 국내 민간기업(특히 부동산 업종)에게 있어 해외하청 서비스는 가장 선호도가 높은 투자우선 영역이다. BPO 기업들은 대체로 도심 내 수직형 경제특구 안에 위치하며 세금 인센티브 등의 혜택을 누리고 있다.

2. BPO 산업의 만들어 낸 도시공간의 변화

필리핀에서는 아주 오랜 기간에 걸쳐 토지전환과 구역 재설정을 통해 소수 엘리트의 손에 토지소유권이 집중되어 왔다(Kelly 1998). 그런데 BPO 부문의 등장과 더불어 부동산 소유자 혹은 개발업자들은 새로운 소득 기회를 얻기 위해 SEZs 정책의 변화를 옹호하게 되었다. 그들은 (마닐라의 부동산 지배자들)은 수평적 공간에서 수직적 공간의 자산가치의 상승을 원했고, 고층빌딩이 경제특구로 지정되는 것을 원했던 것이다. 경제특구로 지정되면, 부동산 개발업자들은 토지세 및 부동산 세 이외에 경제특구에 주어지는 각종 세금상의 혜택을 얻을 수 있기 때문이다. 국내 부동산 개발회사들의 이해관계가 집약되면서 1997년 아시아금융위기 이후 CBD의 부동산 가격이 하락하자 국가기관인 PEZA의 정책에도 변화가 나타났다. 경제특구가 기존의 수평적 공간을 넘어서 최소한의 규모 제약을 충족시키는 선에서 수직공간을 포함시키도록 바뀐 것이다. 이 정책의 변화로 이미 CBD에 건설된 고층빌딩들이 경제특구로 재분류될 수 있었다(Klibert 2015).

애초의 경제특구의 목적에는 수도권 이외의 지방에서의 고용 창출 목적이 컸지만, 특구정책의 허점 혹은 변경으로 메트로마닐라의 중심지에서의 민간 경제특구의 건설이 허용되었다. 이와 같은 인클레이브의 생성은 외국자본에 의해 주도되는 측면이 있지만 필리핀 정부와 국내 부동산 및 도시개발사들의 이해관계로 인해 더욱 강화되었다. 즉, 현재 메트로마닐라의 스카이라인을 바꾸어 놓는 고층 빌딩들의 밀집 현상은 글로벌 자본과 국내자본 간의 공모, 민간 부동산기업들과 특구 관리 정부기관 간의 연대가 없었다면 가능하지 않았던 일이다.

노동과정의 국제적 분업에서 로컬 행위자들은 대체로 생산의 영역에만 종사했다면, 현재 필리핀에서 만들어지고 있는 서비스 기반 경제특구의 경우엔 서비스 상품의 생산 공간으로서의 기능 뿐 아니라 소비의 공간도 함께 창출된다는 점에서 특정적이다. 메트로마닐라에서 만들어지고 있는 서비스기반 경제특구는 기존의 주거 중심 인클레이브 혹은 빗장도시(gated communities)들과 다르다. 메트로마닐라에서 최근 가장 부상하는 신도시인 BGC의 사례가 대표적인데, 이 신도시는 개발 단계에서부터 콜선터와 글로벌 금융사들의 백오피스 뿐 아니라 엔터테인먼트, 쇼핑, 주거지가 동시에 개발되었다. 서비스기반 경제특구는 기존의 생활-소비 공간의 분리를 넘어서 글로벌 수준의 서비스 수출에 특화된 24시간 운영되는 '불이 꺼지지 않는' 경관을 만들어 내고 있다.

민간이 소유하고 높은 수준의 안전과 위생이 보장되는 공간들이 미국식의 근대 모델에 따라 형성되었는데, 그 안에서 콜 센터는 미국의 일과 시간에 맞춰 운영되며 미국식 악센트로 말하는 노동자들이 가득하다. 테마파크와 같은 시설과 볼링, 영화관 등 엔터테인먼트 기회

그림 5 메트로마닐라의 신도시 BGC(상업, 주거, 여가 목적을 동시에 갖춤)

출처: ⓒ 엄은희

와 에어컨이 나오는 쇼핑몰에서 최신 상품을 살 수 있는 공간이 함께 조성되었다. 더 나아가 단순히 서구식의 도시 발전 모델이 적용되는 것을 넘어선다. 필리핀에는 미국식 상류층 문화가 제법 오래 존재해 왔다. 그런데 최근 서비스기반 경제특구가 집중된 도심에서는 이른바 '가상 이민(virtual migration)'(Aneesh 2006) 노동자들이 미국의 일과 시간에 맞춰 일하는 경우가 허다하다. 메트로마닐라에서 인클레이브는 새로운 현상은 아니지만 해외하청 서비스 부문의 외국인투자가 증가하면서 인클레이브가 만들어지는 과정이 증폭되고 있다.

비판적인 학자들인 이 과정에서 필리핀 경제에 대한 낙수효과가 없음을 비판하며 경제의 이중화를 우려한다(Murphy 2011). 그렇지만 BPO 노동자들의 평균임금과 가처분 소득의 증대로 도시 내 소비 방식과 패턴도 크게 바뀌고 있는 점도 간과하기 어렵다. 대표적으로, 소매상(편의점 포함), 식당, 배달, 운송(그랩(GRAP)이나 운더(wunder)와 같은 차량공유 서비스) 등이 큰 수혜를 얻고 있다. 오프라인 식당과 소매상의 경우 운영 패턴도 달라지고 있는데, 뉴욕이 점심시간(정오)에 맞춰 마카티의 밤 근무자들도 새벽 3시에 휴식을 취하게 되고 이들이 갈 만 한 거리의 소매상과 식당은 이 시간까지 영업을 하는 경우가 많다.[9] 전일(24시간) 동안 작동하는 생활양식은 BPO 기업의 입지에서 영향을 미쳤다. 첫째는 스타벅스나 7-Eleven과 같은 편의성이 높은 곳, 둘째는 하루 중 언제든 사용가능한 은행, 고학력의 역량 있는 젊은이들이 많은 곳, 교통이 편리한 곳, 안전한 곳(야간 활동 & 보안)일수록 BPO 기업의

---

9   클리버트(Klibert 2015)의 조사 자료에 따르면, BPO 노동자들은 수입의 41%를 식대에 사용하는데 대부분 BPO 오피스 근처에 위치한 식당 체인에서 소비가 이루어진다.

입지율이 높다.

현재 메트로마닐라에서는 사회문화적 변화(BPO 업종의 확대와 새로운 소비문화)와 건조환경(주거 및 오피스용 혼합 고층빌딩군의 등장)의 변화가 동시에 이루어지고 있다. 이는 자동적이거나 우연적인 것이 결코 아니다. 이는 인클레이브 경제를 구성하거나 개발하는데 적극적인 외국인 투자자들의 매우 전략적인 투자의 산물이다. 이러한 건물의 1층(ground floor)에는 소매점과 쇼핑 공간이, 지하에는 최소 하루 18시간 서빙이 가능한 식당이 입지하는 경우가 많다.

3. BPO 산업의 미래

최근 필리핀 경제에서 BPO 산업의 영향력이 증가하면서 BPO 산업이 국가경제에 어느 정도 도움이 되는지를 둘러싼 논의가 많아지고 있다. BPO산업을 통해 산업 유치국인 필리핀에서 얻을 수 있는 수익은 첫째, 교육받은 노동자들에게 지불되는 임금(BPO 기업의 비용 중 가장 큰 부분을 차지함)과 부동산 임대료이다. 이중 후자가 필리핀 경제의 구조에 미치는 영향에 주목할 필요가 있다. 2006년 무역산업부(DTI)의 통계에 따르면, BPO 기업 운영비의 약 20%가 부동산 영역으로 이전되는 것으로 파악된다. 2000년대 이후 필리핀 상업부동산 개발의 60% 정도가 BPO와 연계된 것이라는 연구도 찾아볼 수 있었다(Salazar 2013). 현재 필리핀 10대 재벌의 대부분이 부동산 개발에 관여하고 있다는 점에서 부 정부 정책의 변화(수직 경제특구의 건설)로 가장 큰 수혜를 얻은 집단은 부동산 소유주들이다.

많은 경우 서비스 기반 경제특구는 외국인 투자자의 이윤 축적을

순위	기업명
1	Ayala Land, Inc.
2	DMCI Homes
3	SM Prime Holdings
4	Megaworld Corporation
5	Filinvest Land, Inc.
6	Vista Land & Lifescapes, Inc
7	Robinsons Land Corporation
8	Federal Land, Inc.
9	Shang Properties
10	Century Properties Group Inc.

출처: Sohlberg 2017

창출한다는 점에서 제조업 기반 경제특구와 유사한 역할을 한다(혹은 그 역할을 이어받고 있다고 볼 수도 있음). 외화수익을 얻는 유용한 경제활동으로 서비스 기반 경제특구는 공장 작업장을 고층 빌딩의 사물실로, 수평의 공장 공간이 수직의 오피스 빌딩으로 옮겨 온 것으로 볼 수 있다. 필리핀처럼 공적 영역보다 민간 영역의 경제적 지배력이 높은 경우 대체로 특구가 위치한 토지의 소유주와 특구 영역 자체가 민간 소유라는 점도 역시 유사하다. 많은 것이 바뀐 듯 보이지만 동시에 구조적으로 부가가치와 경제적 잉여를 흡수하는 세력이 변화하지 않았고 그들의 권력기반도 여전히 강력하다. 그런 점에서 본 연구가 제목에서 주장한 경제성장의 구조적 역설이 여전히 힘을 발휘하고 있다.

VI. 요약 및 전망: 두테르테노믹스가 가려는 길과 장애물들

이 글은 필리핀의 정치경제의 구조적 특징에 대한 이해를 바탕으로 2000년대 중반 이후의 역동적으로 성장하고 있는 필리핀 경제 상황에 대한 비판적 접근을 해 보는 것을 목표로 하였다. 한국 사회 일반의 인식과는 달리 필리핀의 최근의 성장세가 매우 견조하다는 점 그리고 부정적으로만 비춰지는 두테르테 대통령에 대한 대중적 지지가 여전하다는 점은 우리의 대(對) 필리핀 인식에서 반드시 수정되어야 할 지점이다.

하지만 본문에서 상세히 설명하였듯, 필리핀 정치경제는 구조적으로 많은 결함을 지니고 있다. 경제적 성장에도 불구하고 해외투자자들에 대한 투자매력도를 떨어뜨리고 필리핀 국민 일반에게도 경제성장의 체감도가 낮은 이유는 이 나라의 고착된 정치경제적 불평등한 상황에서 포용적 성장을 추진하기에는 정부의 역량과 의지가 부족한 점 그리고 최근의 경제성장이 국내 산업에 의한 경제성장이 아닌 해외 유입요소에 의해 견인된다는 점 등에서 그 원인을 찾아볼 수 있다. 정리하면 필리핀 경제는 1) 심각한 빈부격차(절대 빈곤률 비중: 인구의 28%), 2) 높은 실업률, 3) 부가가치와 생산성이 낮은 서비스업에 대한 편중, 4) 취약한 제조업, 5) 낙후된 농업, 6) 만성적 투자부족과 같은 구조적 취약성을 여전히 안고 있다. 이러한 구조적 문제가 해결되지 않는 상황에서 유입요소 개선에 따른 현상이라는 점에서 현재의 경제성장이 언제까지 가능할 수 있을지 낙관적으로 보기만은 어렵다.

정치적인 측면에서의 고착성은 2016년 5월 로드리고 두테르테 대통령이 39%의 득표율로 당선되는 예상 밖의 결과를 보여주며 약간의 균열을 만들어 냈다. 그는 한편으로는 철권자라는 인상과 권위주의적 정책으로 우려를 낳고 있으나 다른 한편으로 포퓰리즘적 수사에 능력을 보여주면서 기존의 정치인들과는 다른 힘 있는 지도자로 대중들의 지지를 여전히 유지하고 있다. 당선 직후 대내적으로는 마약과의 전쟁을 선언하였으며, 대외적으로는 전통적인 우방인 미국과 거리 두기를 시사하며 민족주의를 내세우거나 미-중 간 등거리 외교정책을 선언하면서 기존과는 다른 모습을 보여주었다.

두테르테 정부 하에서 향후 이 국가의 정치적·경제적 향배는 어떻게 전망될까? 먼저 경제지표는 긍정적으로 전망된다. 해외이주 노동자 및 교민의 송금 규모가 유지되고 있으며, 마약과의 전쟁 등 권위주의적 통치에도 불구하고 외국인투자의 규모도 유지되고 있는 중이다. 두테르테 대통령이 강조하는 '인프라 집중 투자 정책'로 인해 인프라 투자와 개발의 황금시대가 지속되고 있는 점 역시 거시 경제 운영에서 장기적으로 긍정적인 신호로 읽히고 있다. 두 번째로 2019년 5월 중간선거의 결과가 중요한데, 그 결과는 두테르테 대통령의 후반기 3년 국정 운영에 큰 영향을 미칠 중요한 의미를 지닌다. 전통적으로 필리핀의 중간 선거는 집권 대통령에게 유리한 국면으로 국회와 지방행정이 조정되는 양상을 보여 왔다. 이번 선거에서도 두테르테 대통령을 중심으로 한 옷자락 효과로 집권 세력에게 유리한 결과가 나올 것으로 예상하는 이들이 많다. 두테르테 대통령 자신도 올 초 신년사를 통해 5월 선거에서의 승리에 대한 자신감을 드러낸 바 있다(*ABS-CBN News* 2019/01/01). 5월 19일 공식 선거결과는 예상대로 두테르테 진영의 승리로 결론이 났다. 12명의 상원의원 중 친두테르테 정치동맹이 9명이 당선됨으로써, 두테르테가 대선공약으로 제시했던 많은 정책들이 구체화될 동력을 얻게 되었다. 그의 공약 중에는 인프라와 복지 등 정부 재정 확

그림 6　2016년 취임식장의 두테르테와 그의 자녀들

출처: ⓒ 필리핀대통령공보실

충을 위한 세제 개혁을 비롯한 일련의 경제정책과 방사모로 무슬림자
치구 수립과 헌법 개정을 통한 연방제 개헌 등이 대표적이다.

　　필리핀의 경제성장이 해외의존도가 높은 만큼 대외 관계 개선을
위한 노력은 필수적이다. 두테르테 대통령은 취임 초기에 전통적 우방
인 미국에 비해 중국이나 일본 등 동아시아 국가들과의 관계 개선에
보다 치중한 측면이 크다. 하지만 미국과 계속 불편한 관계로 남아 있
을 수는 없는 노릇이다. 전통적인 우방으로서의 관계 이외에도 미국은
최근 필리핀 경제의 주요 축인 BPO 산업의 가장 큰 투자국(약 70%)이
기 때문이다. 참고로, PEZA의 보고에 따르면, 투자승인 기준으로 2016
년에 BPO 유관 투자는 크게 감소하였고, 이로 인해 미국과의 관계 개
선을 요구하는 필리핀 재계의 목소리가 커지고 있다. 필리핀 정부는

재정축적과 형평성 제고를 위한 정책 수행성이 낮은 편이며, 인프라가 취약하고 정치환경도 불안요소가 여전히 있는 편이다. 최근 민간과 정부의 투자확대 정책과 이를 기반으로 한 인프라 및 재정지출 확대 정책이 어느 정도 효과를 내고 있지만, 세 번째 국내 정치와 관료사회 및 제도 혁신이 뒷받침되지 않는다면 이로 인해 경제성장의 발목이 꺾일 수도 있다는 역설적 상황이 현재 필리핀 사회를 진단하는 대내외 전문가들의 공통된 인식이다.

그렇다면 이러한 상황 속에서 한국은 필리핀과 어떠한 협력의 미래상을 그려갈 수 있을까? 경제협력의 측면에서 한국과 필리핀 간 관계는 동남아시아 국가들에 비해 이질적이다. 제 2차 세계 대전 이후, 특히 1980년대 중반 이후 한국-동남아 관계는 대체로 경제적 관계를 중심으로 발전해 왔다. 경제관계는 대체로 무역과 외국인투자를 두 축을 중심으로 하는데 한국의 대동남아 무역과 투자의 측면에서 필리핀의 비중은 상대적으로 낮은 편이다. 한국 경제의 경쟁력은 주로 수출 제조업에서 나오고 한국이 대(對)동남아 투자에서도 생산비용 절감을 목적으로 한 제조업 투자가 여전히 다수를 점하고 있는데, 필리핀의 경우엔 유독 한국의 제조업 진출이 제한적인 영역에 머물고 있어 경제관계에서의 상보성이 그리 높지 않은 편이다.

올 초에 한국의 대 필리핀 투자에서 가장 큰 축을 차지해 온 수빅 지역의 한진조선소(HHIC-Phil Inc.)가 사업 부실의 여파로 회생절차(법정관리)를 신청하면서 필리핀 내 한국투자기업들 뿐 아니라 한국 내 본사인 한진중공업에게까지 부정적 여파를 미쳤다(안정준 외 2019).[10] 이

---

10 한화로 약 2조 원 정도가 소요된 대규모 제조업 투자였고 초기에는 조선업의 불모지였던 필리핀을 세계 조선수주액 4위 국가 까지 끌어올리는 실적을

투자는 결국 국내의 산업은행과 필리핀의 주요은행으로 구성된 채권단이 출자전환을 통해 한진조선소의 소유권을 완전히 이양 받으면서 거우 해결국면에 접어들게 되었다. 수빅조선소 사건 이후 필리핀 내 한국기업들 사이에서는 '필리핀은 제조업의 무덤이라는 사실이 다시 한번 증명되었다'는 하소연이 나오기도 했다. 이 사례에서 보듯 필리핀의 제조업은 국내자본뿐 아니라 해외자본에게도 쉽지 않은 시장이다.

그러함에도 제조업에서 새로운 가능성을 찾을 이유 역시 자명하다. 한국 기업들의 경쟁력을 갖춘 영역이면서 동시에 필리핀의 입장에서도 제조업의 발전은 저숙련 노동자들에게 상대적으로 안정적이며 건전한 생산직 일자리를 제공한다는 점에서 의의가 있다. 필리핀처럼 경제 구조가 서비스산업 및 외부 유입요소에 의존하는 국가에서는 균형 발전을 위해서라도 제조업 육성은 필수적 선택일 수 있다. 물론 이를 위해서는 필리핀 정부 차원의 보다 많은 노력, 예컨대 산업활동의 노동 이외 비용(관세, 물류, 인프라 등)을 줄이는 것과 산업별·업종별 전후방 연계성을 확대할 수 있는 다양한 인센티브 조치가 필요할 것이다. 우리 투자자의 입장에서는 대기업과 중소협력업체이 동반 진출하는 일정 규모 이상의 투자와 제조업 생태계 구축을 고려해 볼 수 있을 것이다.

다른 한 편 양국 간 경제관계에서 있어 제조업 부문 이외의 영역에서의 협력을 모색해 볼 필요도 있다. 필리핀은 농업 부문에서의 경쟁력이 낮고 서비스 부문에서는 독특하게 높은 경쟁력을 갖춘 영역

보여주기도 했다. 하지만 대외적인 수주악화와 현장에서의 노동 부문의 다양한 사건사고의 여파와 생산성 관리 실패로 2016년 이후 자본잠식에 들어가기 시작했다.

(IT-BPO 산업) 등이 있다. 농업 부문의 국가 경쟁력을 높이기 위한 기술 이전과 새로운 중산층을 겨냥한 축산 및 친환경·유기농 시장에 접근하기 위한 노력이 필요할 것이다. 서비스 영역에서 필리핀이 가진 경쟁력은 원활한 영어구사력과 글로벌 서비스 원청기업들이 밀집한 미국 시장에 대한 접근성에서 유래한다. 이 영역에서의 한국과 필리핀의 상보(win-win) 가능성은 아직까지는 잘 드러나지 않는다. 하지만 필리핀의 ITC 혁신을 위한 한-필 간 기술이전 사업이나 비음성기반 BPO 업종(게임 및 애니메이션, 디자인, 소프트웨어 개발 등)에서는 한국과 필리핀 간의 협력의 가능성이 열려 있음에 유의할 필요가 있다.

두테르테 정부의 '강한 국가' 모델은, 다양한 불협화음과 부정적 효과에도 불구하고, 필리핀 사회의 고착화된 불평등 구조에 일정한 파열을 만들어내고 있다. 그 균열의 장에서 한국과 필리핀 간 새로운 협력 모델의 틈새를 발견할 수 있는 창의적인 노력이 모아질 때 올해로 70주년을 맞이한 한-필 관계도 한 단계 성숙할 수 있게 될 것이다.

::참고문헌

김동엽. 2008. "필리핀의 정당정치와 민주적 정치발전."『동남아시아연구』
      18(2): 33-67.

김동엽. 2019. "필리핀 2018: 권력 집중, 경기 위축, 자주외교."『동남아시아연
      구』29(1): 79-113.

김동엽·정법모. 2017. "필리핀 2017: 호전적 내치(內治)와 줄타기 외교."『동
      남아시아연구』28(2): 181-212.

박배균·이승욱·조성찬 외. 2017.『특구: 국가의 영토성과 동아시아의 예외공
      간』. 알트.

박승우. 2007. "필리핀의 과두제 민주주의: 정치적 독점의 해체 없는 민주화."
      『민주사회와 정책연구』12: 93-130.

서경교. 2005. "필리핀의 민주주의: 민주화 과정을 통한 고찰."『동남아시아연
      구』15(1): 1-39.

안정준·변휘. 2019. "필리핀 수빅조선소 부실여파에 한진重 자본잠식."『머니투
      데이』2월 13일.

      http://news.mt.co.kr/mtview.php?no=2019021316254717702&
      type=1(검색일: 2019.04.25)

엄은희. 2008. "필리핀 광산업의 신자유주의화: 제도 변화를 중심으로."『동남
      아시아연구』18(2): 69-102.

엄은희. 2018a.『흑설탕이 아니라 마스코바도: 필리핀 빈농의 설탕이 공정무
      역 상품이 되기까지』. 도서출판 따비.

엄은희. 2018b. "필리핀 경제특구의 성격 변화와 까비테 지역의 한국 투자기
      업."『아시아연구』21(3): 51-84.

오윤아·신민금. 2013. "필리핀 경제의 구조적 문제점과 한국-필리핀 경제협
      력 방안."『KIEP 전략지역심층연구』13(3). 대외경제정책연구원.

오윤아. 2018. "중국의 부상에 대한 동남아의 대응."『동서문제연구』30(1):
      83-110.

외교부. 2017. "2017 재외동포현황."

http://www.mofa.go.kr/www/brd/m_3454/view.do?seq=35633
4&srchFr=&srchTo=&srchWord=&srchTp=&
p;multi_itm_seq=0&itm_seq_1=0&itm_seq_2=0&
company_cd=&company_nm= (검색일: 2019.04.25)

이재은. 2019. "그 나라, 필리핀 그리고 빈국①: 70년대까지 아시아 경제 이끌
던 선도국가."『머니투데이』3월 11일.
http://news.mt.co.kr/mtview.php?no=2019030815515718293&
VR (검색일: 2019.04.25)

한국건축역사학회. 2010. "장충체육관 설계 및 시공자에 관한 오해 규명의 글."
『한국건축역사학회 웹페이지』12월 16일.
http://www.kaah.or.kr/board/board_view.jsp?ncode=a003&
num=94

한국관광공사. 2019. "한국관광공사 주요국 출국통계."
https://kto.visitkorea.or.kr/kor/notice/data/statis/profit/board/
view.kto?id=431129&isNotice=false&instanceId=294&rnum=3

허우영. 2013. "장충체육관, 우리 자금과 손으로 만든 '100% 국산.'『디지털타
임스』5월 20일.
http://www.dt.co.kr/contents.html?article_no=20130520020199
76753003 (검색일: 2019.04.25)

KOTRA. 2018.『2019 국별 진출전략: 필리핀』.

ABS-CBN News. 2019. "Duterte to Filipinos on New Year's Day: Reflect,
learn from the past." January 1.
https://news.abs-cbn.com/news/01/01/19/duterte-to-filipinos
-on-new-years-day-reflect-learn-from-the-past

ADB(Asia Development Bank). 2019. *Asian Development Outlook 2019*:
Strengthening Disaster Resilience. ASIAN DEVELOPMENT
BANK.

Andriesse, E. and Kang, J. 2017. "An alternative to 'exodus capitalism'?
Offshore services in Iloilo City." *International Journal of Urban*

Sustainable Development 9(3), pp.333-345, Philippines: DOI: 10.1080/19463138.2017.1326922

Aneesh, A. 2006. *Virtual Migration: The Programming of Globalization.* London & Durham: Duke University Press.

Baissac, C. 2011. "Brief History of SEZs and Overview of Policy Debates." in Farole, T.(ed.). *Special Economic Zone in Africa: Comparing Performance and Learning from Global Experience in Africa.* Washington, D. C.: World Bank. pp.23-57.

Bernardo, R. L. and Tang, M. C. 2008. "The Political Economy of Reform during the Ramos Administration(1992-1998)." *Working Paper* 39. Commission on Growth and Development. Washington, D. C.: World Bank.

Boyenge, J. P. S. 2007. "ILO Database on Export Processing Zones." (Revised). *ILO Working Paper* 251. Geneva: International Labor Organization.

Breathnach, P. 2000. "Globalisation, information technology and the emergence of niche transnational cities: The growth of the call center sector in Dublin." *Geoforum* 31(4), pp.477-485.

Bryson, J. 2007. "The second global shift: The offshoring or global sourcing of corporate services and the rise of distanciated emotional labour." *Geografiska Annaler: Series B, Human Geography* 89 (S1), pp.31-43.

Casanova A P, 2011, "Special Economic Zones and Freeports : Challenges and Opportunities in the Bases Conversion and Development Experience in the Philippines." in C Carter, A Harding(Eds.). *Special Economic Zones in Asian Market Economies.* Abingdon: Routledge. pp.108-123.

Clarete, R., Esguerra, E. F., and Hill, H. 2018. "The Philippine Economy: An overview." in Ramon L. Clarete, Emmanuel F. Esguerra and Hall Hill, 2018. *The Philippine Economy: No Longer the East*

Asian Exception? Singapore: ISEAS-Yusof Ishak Institute. pp.1-52.

De Dios, E. S. and Hutchcroft, P. D. 2003. "The Philippine Economy: Development, Policies and Challenges." in Balisacan, A. M. and Hill, H.(eds.). *Poltical Economy.* New York: Oxford University Press. pp.45-73.

DoST-ICT Office and IPPAP. 2012. *Philippines IT-BPO Investor Primer.* http://www.ibpap.org/publications/research/investorprimer2012

Dumayas, A. 2018. "Analysis of the Performance of Private Economic Zones in the Philippines." *International Journal of Development and Sustainability* 7(2), pp.502-517.

Elefante, F. V. 2018. "The story of the Balangiga bells." *Philippines Graphic* December 28. https://philippinesgraphic.net/the-story-of-the-balangiga-bells/

Gochoco-Bautista, M. S. and Canlas, D. 2003. "Monetary and Exchange Rate Policy." in Balisacan, A. M. and Hill, H.(eds.). *The Philippine Economy: Development, Policies and Challenges.* New York: Oxford University Press. pp.77-105.

Hutchcroft, P. 1991. "Oligarches and Cronies in the Philippine State: The Political of Patrimonial Plunder." *World Politics* 43(3), pp.414-450. (허치크로포트 저·박사명 역. "필리핀 국가와 과두제: 가산제적 점탈의 정치." 동남아 정치연구회(편). 『동남아의 정치와 사회』. 한울.).

Ibon Foundation. 2019. "Inforgraphic: The Real Deal with Unemplyed Filipinos." http://ibon.org/2019/03/the-real-deal-with-unemployed-filipinos-who-are-the-unemployed-and-whats-the-difference/

Kelly, P. F. 1998. "The politics of urban-rural relations: Land use conversion in the Philippines." *Environment and Urbanization* 10(1), pp.35-54.

Klein, N. 2000. *No Logo*. London: Flamingo.

Klibert, J. M. 2015. "Expanding Global Production Networks: The emergence, evolution and the developmental impact of the offshore service sector in the Philippines." *Environment and Planning A* 47(4), pp.884-902.

Llanto, G. 2016. "Philippine Infrastructure and Connectivity: Challenges and Reforms." *Asian Economic Policy Review* 11(2), pp.243-61.

Mapa. N. 2018. "Philippines 2019 GDP outlook." ING.com https://think.ing.com/uploads/reports/Philippines_2019_GDP_outlook_v3.pdf

Sohlberg, M. 2017. "Top 10 Real Estate Developers in the Philippines." Property Guides in *AsiapropertyHQ* December 27. https://www.asiapropertyhq.com/property-developers-philippines/

McCoy, A. W. 2015. "A Tale of Two Families: Generational Succession in Filipion and American Family Firms." *TRANS* 3(2), pp.159-90.

Medalla, E. M., Tecson, G. R., Power, J. H. and Associates. 1995/1996. *Philippine Trade and Industrial Policies: Catching up with Asia's Tigers* 2. Makati: Philippine Institute for Development Studies.

Mezzadra, S. and Neilson, B. 2013. *Border as Method, or, the Multiplication of Labor*. London & Durham: Duke University Press.

Morrison, A. 2015. "Economic Zones in the ASEAN." Technical Report in *ResearchGate*.

Murphy, J. 2011. "Indian call centre workers: vanguard of a global middle class?" *Work, Employment & Society* 25(3), pp.417-433.

Noland, M. 2000. "The Philippines in the Asian Finance Crisis: How the Sick Man Avoided Pneumonia." *Asian Survey* 40(3), pp.401-12.

Ong, A. 2006. *Neoliberalism as Exception: Mutations in Citizenship and Sovereignty*. Durham: Duke University Press.

PerKins, D. H. 2013. *East Asian Development: Foundations and Strategies.* Cambridge: Harvard University Press.

PEZA. 2018. "List of operating economic zones." http://www.peza.gov.ph/index.php?option=com_content& view=article&id=116&Itemid=161

Power, J. H. and Sicat, G. P. 1971. *The Philippines: Industrialization and Trade Policies.* Oxford: Oxford University Press.

Raquiza, A. 2015. "The BPO Industry and the Philippines Trade in Services: Boon and Bane?" in Lambregts, B, Beerepoot, N. and Kloosterman(eds.). *The Local Impact of Globalization in South and Southeast Asia.* Routledge. pp.46-59.

Salazar, T. S. 2013. "BPO sector to affect developers' profitability." *Philippine Daily Inquirer.* February 1. http://business.inquirer.net/105407/bpo-sector-to-affect-developers-profitability

Sicat, G. P. 2014. *Life and Times Through Four Decades of Philippine Economic History.* Quezon City: University of the Philippines Press.

Villamil, W. 2018. "Education and Training." in Ramon L. Clarete, Emmanuel F. Esguerra and Hill, H(eds.). *The Philippine Economy: No Longer the East Asian Exception?*, Singapore: ISEAS-Yusof Ishak Institute. pp.151-190.

II

기업의 문화정치와 언어 자본

/

노동과 문화

베트남 문화정치와 한국기업

채수홍

I. 들어가며 – 베트남경제의 지속가능성과 문화정치

베트남경제가 순항하고 있다. 세계경제가 보호무역과 소비시장의 침체로 답답한 제자리걸음을 한 2018년에도 목표치를 넘어선 7.08%의 경제성장률을 달성했다(*Vietnam News Agency* 2018/12/27). 이러한 고도성장은 베트남이 저가품을 생산하는 세계가치사슬(GVC, Global Value Chain)의 중심으로 확고하게 자리를 잡았고, 건설, 유통, 금융을 중심으로 내수시장이 급성장함에 따라 외국자본의 유입이 매년 증가함으로써 가능했다. 2018년에만 사상최고액인 165억 달러의 외국인투자가 베트남에서 실행되었다(*Vietnam News Agency* 2018/12/28). 이런 성과만을 놓고 보면 외국자본을 활용해서 일자리를 늘리고 경제수준을 향상시키려는 베트남의 개혁개방정책의 전략은 소기의 성과를 거두고 있다고 평가할 수 있다.

베트남경제의 이러한 순항은 이제 한국경제에게도 고려해야 할 중요한 변수가 되어가고 있다. 한국정부가 최근 신남방(新南方)정책에 역점을 두고 있는 이유도 한국의 무역에서 아세안이 차지하는 비중이 중국 다음으로 많으며 그 중심에 베트남이 있기 때문이다. 한국은

2017년 총수출의 16.6%를 아세안을 대상으로 실현하면서 414억 달러의 흑자를 내고 있으며, 이 가운데 316억 달러를 베트남에서 벌어들였다(박번순 2018: 11). 오늘날 베트남에게 한국은 누적투자액 1위 국가이고 한국에게 베트남은 6천여 개의 한국기업과 약 15만 명의 교민이 살고 있는 해외생산기지이자 삶의 터전이다(이한우 외 2019: 194).

나날이 밀접해지는 양국의 관계와 교류에 대하여 현지의 한국기업은 "언제까지 이러한 밀월이 계속될 것인가?"라는 질문을 자주 던진다. 베트남경제가 지속적인 성장을 해내면서 유지될 수 있을 것인지 그리고 한국기업이 언제까지 베트남사회에서 환대받을 수 있을 것인지에 대하여 불안감을 표시하고 있는 것이다. 이러한 질문이 기우만이 아니라는 것은 베트남경제의 여러 불안요소가 표출되고 한국기업의 입지가 흔들리는 사건이 종종 일어나기 때문이다. 예를 들어, 베트남에서 대외적인 리스크가 부각되고 대내적으로 부패, 부실, 과열된 투기, 파업, 시위 등의 문제가 발생할 때마다 한국기업은 걱정을 하게 된다. 한국기업이 누려왔던 노동, 환경, 세금과 관련된 혜택이 축소되고 이전에 용인되던 관행들이 새로운 법과 제도에 의해 규제의 대상이 되는 것도 불안하다. 한국기업이 아직은 베트남경제의 성장에 공헌하면서 동시에 그 효과를 한껏 누리고 있지만 미래에 대해서는 확신을 갖지 못하고 있는 것이다.

베트남과 한국이 공히 가지고 있는 이러한 불확실성은 두 가지로 축약할 수 있다. 하나는 베트남 정치경제의 지속가능성 여부이다. 다른 하나는 한국기업의 현지적응 문제이다. 달리 표현하면, 베트남 정치경제의 미래를 흔들 수 있는 불안요소가 무엇이며, 한국기업의 현지에의 안착은 어떻게 성취될 수 있는가에 대하여 궁금증을 가지고 있는 것이다.

베트남의 정치경제적 지속가능성을 가늠 할 변수는 크게 세 가지,

즉 산업구조 고도화, 대외의존도, 불평등이다(이한우 외 2017: 180-182).

첫째, 노동집약적 산업의 유치와 수출을 주요한 동력으로 고도성장을 성취하고 있는 베트남이 향후 최소 10년 내에 산업구조를 고도화하지 못한다면 정치경제적으로 생존이 가능할 것인지에 대한 의문이 있다. 지금은 값싸고 풍부한 노동력을 바탕으로 외자를 유치하고 일자리를 창출하면서 정치적, 경제적 안정을 누리고 있지만 향후 노동자의 고령화와 임금상승이 필연적이기 때문이다. 이러한 문제를 의식하여 베트남정부도 산업구조조정과 하이테크 산업의 유치를 위해 힘쓰고 있지만 이를 위한 인적, 물적, 제도적 인프라의 부족으로 난항을 겪고 있다. 베트남이 더 이상 저가품 생산기지로서 매력이 없어지고 경제가 흔들린다면 베트남의 정치적 안정이 가능할 지 의문이다.

둘째, 베트남경제의 심각한 대외의존도에 주목할 필요가 있다. 지금은 베트남정부가 해외직접투자(FDI, Foreign Direct Investment) 유치에 심혈을 기울이고 있고 FDI가 많을수록 경제가 탄탄한 것으로 평가받고 있다. 하지만 대외경제에의 종속성은 베트남 정치경제의 상시적 위험요소이기도 하다. 이러한 대외 종속적 경제구조는 상시적으로 세계경제 특히 선진국 시장의 변동에 취약할 뿐 아니라, 장기적으로는 해외자본이탈을 초래하는 정치경제적 환경이 발생할 경우에 재앙에 직면할 수 있다. 베트남 수출에서 FDI기업이 차지하는 비율이 2016년에 이미 70%를 넘어섰다는 점을 고려하면 이러한 예견이 단지 기우만은 아닌 것 같다(*Asian Development Bank* 2016: 163). 실제로 대외종속성의 부정적 효과가 현실화된다면 베트남 인민은 어떤 정치적 대응을 할 것인가? 현재의 관점에 머무른 채 이런 질문을 마냥 회피할 수만은 없을 것이다.

셋째, 베트남의 빈부격차로 인한 불평등이 심화되면서 사회적 통합과 정치적 통치력에 균열이 생기고 있다. 권력이 베트남 공산당과 일부 자본가에 집중되면서 압축성장의 과실이 일부에게 편중되고 있다. 반면, 다수의 인민은 생활수준의 향상으로 인한 만족보다 고된 노동과 가구경제의 어려움에 힘겨워하고 있다(채수홍 2013: 14-19). 개방 초기만 해도 생계경제에서 벗어나고 소비시장의 발전에 박수를 보내던 다수의 인민이 자신의 고된 경제적 여건과 특권층의 과도한 부(富)의 축적을 계속 용인할 수 있을지 지켜볼 필요가 있다.

이상의 세 가지 문제는 모두 베트남사회의 정치와 밀접하게 연계된 경제현안이다. 베트남은 공식적으로 사회주의를 표방하고 있으며 노동계급을 위한 국가를 건설하기 위해 지난한 근대사를 감내해 온 바 있다. 국가의 지배이념도 자주와 평등을 강조하는 마르크스주의와 호치민 사상에 토대를 두고 있다(Kolko 1997). 이러한 논리의 연장선에서 도이머이(Đổi mới)로 통칭되는 시장경제로의 이행도 궁극적으로는 '사회주의로의 과도기'로 상정하고 있다(이한우 외 2017: 167).[1]

또한 지배이념과 실질적인 경제현실의 명백한 모순으로 발생한 문제를 해결하기 위하여 한편으로 강력한 공안 통치를 통하여 인민의 저항을 억누르고, 다른 한편으로 시장경제를 통한 생활수준의 향상을 기반으로 동의를 받아내고 있다(Fforde *et al.* 1996: 258; Nguyen *et al.* 1988: 189-190). 하지만 향후 산업구조의 고도화에 실패하거나 해외자본투자자의 대규모 축소가 이루어져 베트남경제의 지속가능성이 무너진다면 정치상황이 급변할 가능성도 배제할 수 없다.

설령 베트남이 이러한 변수를 극복하고 경제성장을 지속한다고

---

1   이와 관련해서는 2016년 제12차 당대회에서 천명된 베트남 당면과제를 살펴보면 확실하게 드러난다.

해도 불평등과 노동계급의 상대적 빈곤이 심화된다면 베트남의 정치적 미래는 불확실성에 빠져들 가능성이 존재한다. 하지만 이런 비관론은 복잡한 문화정치의 동학을 고려하면서 신중하게 제기될 필요가 있다. 전통적으로 불평등 문제에서 비롯된 정치는 베트남 정부가 공식적으로 해석하고 있는 것처럼 계급과 문화의 관계를 통해 이해되어 왔다(Comaroff *et al.* 2001; Scott 1987). 그러나 세계사에서 인간이 불평등에 저항하고 이를 실질적으로 해결한 사례는 그리 많지 않다. 불평등에서 비롯된 문화정치가 여러 복합적 요인의 영향을 받고 있기 때문일 것이다.

무엇보다 신자유주의의 지배와 함께 노동계급보다는 젠더, 민족, 종족, 환경, 소비 등과 관련하여 벌어지고 있는 '정체성 정치(politics of identity)'의 득세는 경제적 불평등이 한 국가의 정치 갈등의 독보적 원인이 되지 않는다는 사실을 보여주고 있다(Comaroff *et al.* 2001). 베트남에서도 실제 계급 문제보다는 민족, 환경, 소비, 젠더 등의 이슈가 대중의 관심을 끌고 있으며 국가가 통제하기 힘든 저항의 장을 만들어내고 있다. 이런 점을 고려할 때 노동계급이 중심이 된 평등한 국가를 지배 이념으로 표방하고 있는 베트남에서 불평등의 문제가 향후 어떤 문화적인 해석을 통해서 정치적으로 활용될 것인지를 신중하게 지켜볼 필요가 있다.

베트남에서 전개되고 있고 앞으로 전개될 문화와 권력의 관계, 즉 문화정치는 베트남에 진출한 한국기업에게 심대한 영향을 미칠 수 있는 중요한 사안이다. 베트남에서 어떤 이슈를 매개로 어떤 사회집단이 분화하고 서로 갈등하며 정치적 미래를 만들어 갈 것인지가 베트남 진출 한국기업의 미래를 좌우할 것이기 때문이다. 또한 외국계인 한국기업은 현지에서 적응하기 위해서도 노동자가 어떠한 정치적 환경 속에서 언제 저항하고 순응하는 것인지에 대하여 이해할 필요가 있다. 이런 이해가 바탕이 되지 않고는 현지와의 상생을 위한 올바른 관계 맺기와 정치적 실천을 도모할 수 없을 것이다.

이 글은 한국기업이 베트남의 이처럼 복잡한 문화정치를 어떻게 이해하고 대응할 것인지를 탐색하는 시론적 성격을 지니고 있다. 이를 위하여 베트남이라는 국가, 회사가 위치한 로컬 지역, 회사 내부라는 세 가지 다른 수준에 겹쳐 있는 한국기업이 왜 그리고 어떤 정치이슈와 정치과정에 관심을 가져야 하는지에 대하여 설명해보고자 한다. 이를 바탕으로 베트남에 진출한 한국기업이 지역사회(로컬) 그리고 현지 노동자와의 상생을 위하여 어떤 시각에서 문화정치를 펼쳐야 할지 검토해볼 것이다.

II. 베트남 문화정치를 이해하기 위한 시각

베트남의 문화정치를 이해하기 위해서는 기술과 정보의 발전, 정치경제적 조건, 문화의 관계를 다룬 여러 시각이 가지는 유용성과 한계를 먼저 살펴볼 필요가 있다. 여기에 탈-사회주의(post-socialism), 자본주의와 신자유주의, 전지구화(globlalization), 초국가주의, 그리고 네트워크 사회와 같이 작금의 시대를 구분하는 키워드가 각각 문화정치의 어떤 특징을 함축하고 있는지에 대한 설명이 결합될 필요가 있다. 이 글의 목적을 고려할 때 이와 같이 다양하고 복잡한 개념과 시각을 일목요연하게 소개하는 것은 과도한 시도일 것이다. 다만 필자는 베트남의 문화정치를 이해할 때 염두에 두어야 할 다양한 수준에서 다룰 몇 가

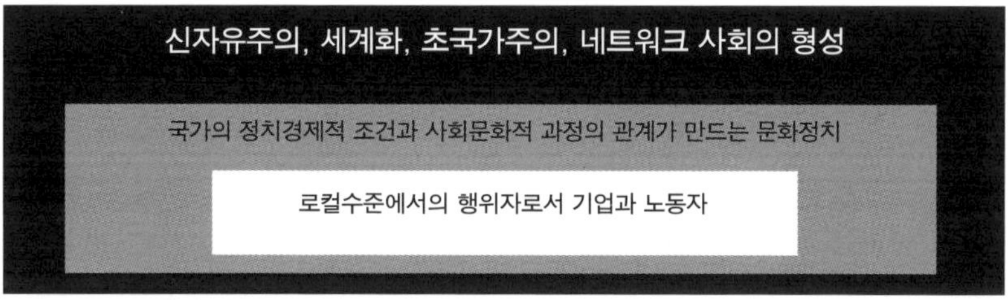

그림 1 문화정치의 요인에 관한 연구의 수준

지 이론적 명제가 있다고 생각한다(그림 1 참조).

문화정치를 다룰 때 가장 어렵고 근본적인 작업은 문화와 정치경제의 선후 관계를 정하는 것이다. 보다 구체적으로 말하면, 베트남에서 국가와 인민 혹은 노동자, 외자기업의 매니저와 현지 노동자, 베트남인과 외국인의 정치과정을 결정할 때 정치경제적 조건과 문화 가운데 어떤 것이 더 선차적이고 근본적인 영향을 미치는가를 판단해야 한다. 문화정치를 다룰 때 흔히 빠지기 유혹은 문화의 차이가 정치과정을 결정하는 요인이라는 함의를 담은 해석을 내놓고 싶은 것이다.

예를 들어, 베트남의 현지인 노동자와 한국기업이 갈등을 빚는 이유가 서로 문화가 달라 오해가 생기기 때문이라는 설명을 쉽게 접할 수 있다. 현지의 한국회사의 매니저들이 현지인과 문제에 부딪힐 때마다 가장 많이 던지는 질문도 "베트남 사람들은 왜 저런가? 민족성과 문화가 우리와 어떻게 다른가?"이다. 베트남 노동자가 노동과정에서 보여주는 행위나 불만을 표출하는 방식이 베트남의 문화와 이를 체화한 민족성 때문이라는 암묵적이지만 강한 믿음을 가지고 있는 것이다.

마찬가지로, 베트남의 노동자는 물론이고 노사문제를 연구하는 베트남 학자들도 문화적인 차이가 양자의 갈등을 일으키는 가장 중요한 원인이라는 분석을 쉽게 내놓곤 한다(예를 들어, Anh 2017; Tran 2016). 외국인 매니저와 베트남 노동자의 언어, 행동, 노동에 대한 관념, 복장,

식습관의 차이가 이들이 서로 갈등을 일으키고 파업을 방지하지 못하는 가장 중요한 이유가 된다는 식의 해석이 자주 통용되는 것이다.

하지만 외국계 기업과 현지인 노동자의 갈등은 정치, 경제, 사회 문화의 영역에서 발생하는 여러 원인의 복합적 결과이며 이 가운데 경제적 이해관계가 선차적으로 중요하다는 것은 노사갈등을 다룬 여러 논문에서 강조된 바 있다(채수홍 2013: 41-42). 유의할 점은 이러한 주장이 노사의 갈등을 경제결정론의 관점에서 이해하자는 것이 아니라는 사실이다. 경제적 원인이 가장 선차적이지만 사회문화적 차이에 기반한 정치과정을 거쳐서 갈등이 표면화된다는 점을 간과해서는 안 되는 것이다.

그럼에도 불구하고, 외국계 기업과 현지인의 갈등이 문화적인 차이 때문에 발생한다는 '문화결정론(cultural determinism)'은 정치경제적 원인이 보다 근원적이라는 사실을 간과한 지나친 주장임을 기억할 필요가 있다. 문화정치를 다룰 때 가장 유의해야 할 점은 문화의 중요성을 보여주면서도 이러한 문화결정론으로 귀결되지 않도록 하는 것이다.

물론 사회과학과 역사학에서 정치과정에서 문화가 수행하는 역할에 주목하게 된 것은 인간이 정치경제적 조건에 정확히 조응하여 행동하지 않기 때문일 것이다. 인간이 어떤 정치경제적 위치에 있는지에 따라 이해관계가 형성되고 이에 따라 어떤 의식을 가지고 어떻게 행동할 것인지가 결정되었다면 문화정치에 대한 연구는 불필요했을 것이다. 인간의 정치적 실천을 이해하기 위해서는 이들의 경제적 조건만이 아니라 이들이 자신의 조건을 해석하는 과정을 살펴볼 필요가 있는 것이다. 문화, 이데올로기, 헤게모니 등의 개념을 다룬 홉스봄(E. Hobsbawm), 톰슨(E. P. Thomson), 그람시(A. Gramsci), 스콧(J. Scott), 윌리엄스(R. Williams) 등이 인간의 정치의식과 실천을 다루는 글에서 자주

인용되는 이유가 여기에 있다.

이러한 학자들이 주장하는 것처럼 인간은 자신의 물질적 혹은 정치경제적 조건을 문화를 통해 이해하게 되며 이 과정에서 정치의식이 싹터 이데올로기로 전환되거나 헤게모니에 의하여 통제되는 양상이 전개된다. 하지만 이러한 과정을 문화정치를 통해 설명하다보면 마치 문화가 정치경제적 조건과 무관하게 또는 이를 조작할 수 있는 막강한 힘을 가지고 있는 것처럼 오해하기 쉽다.

문화는 지배이데올로기나 헤게모니를 작동시키면서 정치조건에 대한 인간의 해석을 변형시키기도 하지만 문화 자체가 사실 물질적 조건 속에서 구성되고 형성된다(Comaroff 2001: 205-207). 노동자가 자신의 경제적 조건을 문화에 의해 해석하지만 동시에 이러한 경제적 조건이 특정 집단의 관념, 규범, 상징, 이데올로기인 문화를 변형시키고 구성시키는 것이다. 따라서 외국계 기업에서 일하는 베트남 노동자의 문화는 지배이데올로기와 전통적으로 내려온 규범과 관념을 답습하는 것이 아니라 새로운 자본주의의 정치경제적 상황과 조건에서 끊임없이 생성된다.

이상의 논지를 정리하면, 베트남에 진출한 한국기업과 로컬의 상생을 문화정치에 초점을 맞추어 논의할 때 문화가 정치에 관여하는 방식을 정치경제적 조건과 무관하게 다루어서는 안 된다는 것이다. 베트남의 성(省)과 시(市)의 관료, 회사의 노동자, 주민 등이 외국기업과 관계하는 방식은 이들이 자신의 정치경제적 조건 아래서, 과거와 연속성을 가지면서도 동시에 새롭게 변화하는 문화를 활용하여 정치를 전개하는가를 보아야 이해할 수 있다는 것이다. 특정 로컬 혹은 지역사회의 한국계 회사에서 일하는 노동자의 노사쟁의와 파업과 같은 정치적 행위를 이해하기 위해서는 이들이 가진 전통적인 문화(즉 규범, 이념, 상징, 관습)만이 아니라 이들이 처한 정치경제적 조건 아래서 생성되고 있는 문화를 동시에 살펴볼 필요가 있다.

이러한 작업은 '이해의 정치(politics of interests)'가 '정체성의 정치(politics of identity)'와 어떻게 교차하면서 의식과 실천을 만들어내는 가를 밝히는 작업이기도 하다(Lee 1998). 특히 1970년대부터 세계자본주의체제가 후기자본주의 혹은 신자유주의로 변형되면서 양자의 관계가 어떻게 변화했는지에 대한 이해가 필요한 작업이다.[2] 후기자본주의와 신자유주의가 대두하면서 후기사회주의 국가인 베트남도 '정체성의 정치'와 '이해의 정치'의 관계에 일고 있는 전지구적(global) 차원의 변화로부터 영향을 받고 있기 때문이다.

주지하다시피, 신자유주의의 도래는 노동과 노동계급을 더 이상 사회구성의 핵심적이고 동적인 토대로 간주하지 않은 문화정치를 만들어내었다. 노동계급과 노동운동의 정치적 중요성이 약화되고 젠더, 민족, 종족, 세대, 환경, 소비 등의 다양한 정체성을 표현하는 문화정치의 시대가 도래 한 것이다. 이로 인하여 계급의식은 줄이면서 계급의 격차는 확대되는 결과가 나타나고 있으며 부의 불평등이 심화되고 있지만, 다수의 정치집단은 이러한 현상을 더 이상 계급과 문화의 관계로 해석하고 재현(representation)하지 않으려 하고 있다(Comaroff *et al.*

2　후기 자본주의와 신자유주의라는 용어는 실질적으로 큰 차이가 없다(Harvey 2005). 양자 모두 생산체계가 포디즘에서 후기 포디즘으로, 국가정책이 케인스 이론에서 후기 케인스 이론으로 변화한 것을 지칭한다. 그럼에도 불구하고 신자유주의라는 단어가 지배적 국가와 계급으로의 정치경제의 집중을 의미하는 훨씬 어두운 함의를 담고 있다(Ortner 2011). 양자 모두 유연한 생산, 노동과 자본 사이의 조정과 관련한 국가의 역할 축소를 설명하고자 하는 시대구분이다.

2001). 최근 몇 십 년 동안 세계가 계급 중심의 거대담론에서 벗어나 생
산의 정치에서 다양한 정체성이 관심사가 되는 문화정치로 전환하고
있는 것이다.

　시장경제로 전환한 베트남의 문화정치를 이해할 때도 자본주의
세계의 신자유주의적 변환의 영향을 고려하는 것은 매우 중요하다. 후
기사회주의 국가인 베트남이 공식적으로는 노동계급을 중요시하는 이
념을 유지하고 있지만, 실제로는 베트남 사회가 이미 불평등의 확대를
용인하고 계급중심의 담론에서 벗어나고 있는 것이 사실이기 때문이
다. 오늘날 베트남에서 목격되고 있는 아래로부터의 저항도 계급투쟁
이 아닌 민족주의, 환경주의 그리고 개발과정에서의 사적 이익을 표방
하고 있다(채수홍 외 2018: 41-44).

　물론 베트남의 공권력이 아직은 인민을 "성공적"으로 통제하고 있
고 산업지대에서의 파업이 일상화되어 있다는 점을 고려해야 할 것이
다. 그럼에도 불구하고 분명한 것은 베트남 인민이 신자유주의체제의
특징인 생산에 대한 소비의 우위, 계급의식보다 다양한 정체성에의 관
심, 불평등의 확대에 대한 용인과 간접적인 저항에 길들여져 가고 있
다는 점이다.

　베트남 문화정치가 신자유주의의 궤도 안으로 진입하고 있는 현
상은 개혁개방정책 이후 베트남 사회가 경험하고 있는 세계화에 의하
여 가속화되고 있다. 베트남이 외자에 의한 발전전략을 수행함에 따라
자본주의 국가의 물질, 자본, 생산관계, 그리고 생산방식이 경제영역의
구석구석에 침투하고 있다. 이와 함께 자본주의의 문화가 인민의 삶을
지배하기 시작했다. 세계의 곳곳에서 일어나는 물질적, 문화적 변화는
여전히 사회주의를 표방하고 있는 베트남사회의 곳곳으로 빠르게 이
식되고 있다.

　세계화가 만들어내고 있는 이와 같은 동질성의 강화과정은 사회주의 베트남의 문화정치의 틀을 획기적으로 바꾸어 놓고 있다. 특권층은 자녀를 서구의 유수한 대학에 보내고 싶어 하고 과시적 소비에 길들여져 있으며, 부의 분배에서 소외되고 있는 다수의 인민은 스마트폰을 통해 영국 프리미어리그 축구에 열광하고 있다. 인민의 삶과 의식을 지배하고 있는 세계화와 신자유주의는 사회주의 베트남의 문화정치를 이해할 때 고려해야 하는 핵심적인 요인이 되고 있다.

　신자유주의와 함께 세계화에서 동력을 얻으며 베트남에서 지배적인 문화양식이 되고 있는 또 하나는 초국가주의(trans-nationalism)이다. 초국가주의는 인간의 '사회적 영역(social fields)'이 일국의 지리적, 정치적, 문화적 경계를 가로지르거나 넘어서서 만들어지고 있는 현상을 지칭한다(윤인진 2008: 7). 베트남의 문화정치도 세계화로 인한 "시공간의 압축"(Harvey 1990: 260)과 일상생활에서 여러 나라의 문화를 경험하는 "아래로부터의 초국가주의"(Smith *et al.* 1998)의 영향으로 점차 초국적 특징을 보여주고 있다.

　베트남 주요도시에는 외국인과 베트남인이 섞여 사는 아파트가 널려있으며, 이곳에 살고 있는 외국인은 조국과 베트남 사이를 오가며 "초국적 가족(transnational family)"(Bryceson *et al.* 2002)을 형성하고 있다. 이들은 다양한 이주동기만큼이나 다선적인 사회적 연결망을 가지고 초국적 삶을 살고 있다. 이러한 연결망에는 베트남인이 포함되어 있기 마련이고, 그 결과 베트남의 거주지와 생활공간에서 외국인과 베트남인이 공유하고 상호작용하는 초국적 사회영역이 구성된다.

　이와 더불어, 베트남 산업화의 중추를 이루고 있는 외국계 기업에서는 외국인 매니저와 베트남인 노동자가 "초국적 일터(transnational work-places)"(Huang 2010:11)에서 사회문화적 교류를 지속하고 있다.

베트남의 문화정치를 이해하기 위해서는 외국인 매니저가 베트남에서 현지인과 섞여 일하면서 실천하고 있는 초국적 특성을 간과할 수 없다(채수홍 2014). 따라서 이 글이 기술하고자 하는 한인기업의 로컬에서의 문화정치는 이러한 초국적 성격을 갖는 삶터와 일터에서 일어나는 정치과정을 의미한다.

이상에서 기술한 세계화와 초국가주의를 가능하게 만들고 있는 가장 중요한 요인은 정보통신의 발전에 따라 급속하게 세계를 지배하고 있는 네트워크 사회의 형성이다(Castells 2010). 소위 정보화 자본주의의 등장으로 디지털 기술과 정보가 세계 구석구석에서 일상의 사회적 관계와 문화에 지배적인 영향을 미치고 있다. 베트남에서도 네트워크 기술은 모든 일상을 바꾸어놓으며 문화정치의 근간을 바꾸어놓고 있다. 베트남의 어느 곳에 가도 길을 걷거나 짬이 나는 시간에 핸드폰에 고개를 파묻고 있는 사람을 쉽게 발견할 수 있으며, 일터에서의 노동과정과 의사소통의 방식도 이전과 사뭇 달라졌다. 무엇보다, 베트남 정부의 통제노력에도 불구하고 베트남 인민이 세계 곳곳의 정보를 디지털 기술을 활용하여 일상적으로 접하게 되었다.

이와 같은 네트워크 사회의 발전은 문화정치와 관련하여 이중적 함의를 갖는다. 베트남인은 세계화가 되는 동시에 지역화(localization)를 동시에 경험하게 된다. 소위 '세방화(世方化, glocalization)'(Kumarvadivelu 2008:45)가 일어나고 있는 것이다. 이들은 정보기술의 영향으로 세계시민으로서의 자질을 갖춤과 동시에 민족주의를 강화한다. 국가의 민족주의적 선동을 비웃으면서도 민족주의적 감정을 일으키는 사건에 쉽게 노출되고 신속하게 집단적 대응에 참여한다. 베트남정부의 자유에 대한 억압에 공포를 느끼거나 역으로 이에 저항할 수 있는 가능성을 동시에 갖추게 된다. 정보기술의 발전과 네트워크 사회의 도래는 베트남 문화정치의 개방성과 민주성을 진전시키면서 동시에 이를 억압할 가능성을 모두 배태하고 있다. 오늘날 베트남의 문화정치에 대한 이해는 이러한 변화의 흐름을 고려하지 않고는 가능하지 않다.

이처럼 베트남의 문화정치에 접근하기 위해서는 몇 가지 이론적 전제가 있어야 할 것이다. 우선, 문화결정론에서 벗어나 정치경제적 조건이 어떻게 문화적인 변화를 만들어내고, 문화가 물질적 조건에 대한 정치적 의식과 실천을 매개하는지에 주목할 필요가 있다. 따라서 이 글은 베트남의 문화적 특징을 제시하고, 한국기업과 베트남인 사이의 문화적 차이를 부각시켜 이들의 정치과정을 설명하려는 기존의 시도와는 방법론을 달리한다.

이와 함께, 베트남의 문화정치를 이해하기 위해서는 세계화, 신자유주의, 초국가주의, 그리고 네트워크 사회의 형성과 같이 베트남 사회를 급속하게 변화시키고 있는 요인을 염두에 둘 필요가 있다. 한국기업이 로컬과의 상생을 위해서는 이러한 변화된 환경에서, 회사, 지역사회, 국가의 수준에서 일어나는 어떤 문화정치를 어떻게 고려해야 하는지 살펴볼 필요가 있다.

III. 한국기업과 국가수준의 문화정치

베트남에 진출한 한국기업 매니저들은 베트남의 문화와 정치에 대한 이야기가 나오면 상당한 관심을 나타낸다. 하지만 이들이 문화정치에 대한 올바른 시각과 정보에 호기심을 가지고 있음에도 불구하고 실제로 대화를 전개하다보면 빠르게 흥미를 잃게 되는 것을 목격할 수 있다. 이는 대화주제가 실상은 자신의 일상과 무관하다고 느끼기 때문일 것이다. 이와 같이 이들이 베트남 문화정치에 관심을 가지고 있지만 흥미를 쉽게 잃는 이유가 있다.

먼저, 이들은 베트남문화를 이야기할 때 베트남인의 인성(personality) 혹은 국민성(national character)을 만드는 관념이나 관습을 알고 싶어 한다. 하지만 이와 같은 문화에 대한 접근은 출발부터 오류를 안고 있다. 이들은 문화를 전통적이고 변하지 않는 본질적인(essential) 것으로 생각하고 이러한 문화에서 양육된 사람들도 고유의 성격을 공유하고 있다고 가정하고 있는 것이다.

이들이 베트남의 문화를 정형화함으로써 성취하고자 하는 것은, 한편으로, 자신이 이해하지 못하는 베트남인의 행동에 "낙인을 찍고", "이름을 붙여주기 위한" 알리바이일 뿐이다(Hall 1991). 자신이 베트남인을 인식하고 평가하는 방식이 옳다는 것을 확인하고 싶을 뿐이다. 다른 한편으로, 이들은 베트남인의 사고체계나 행동양식이 자신과 다른 이국적인 측면을 발견하여 지적 호기심을 충족시키고 싶어 한다. 둘 중 어느 동기에서 출발하든지, 베트남의 문화적 규범과 관습을 정형화(stereotyping)하고 이를 베트남인의 행동양식을 설명하기 위해 곧바로 활용하는 것은 문화를 '구상화(reify)'하고 변하지 않는 본질을 가진 것으로 가정하는 문제를 안고 있다.

마찬가지로 베트남에 진출한 한국기업 매니저들이 베트남의 정치를 논할 때 금방 흥미를 잃는 이유는 국가수준의 정치권력의 변동에 대한 관심에 치우치기 때문이다. 누가 베트남의 정치에서 서열 몇 위이고 이들이 어떤 권력투쟁을 벌이고 있는지에 대해서 관심을 보이지만 정작 이런 정보가 자신의 삶과 어떻게 연계되는 것인지에 대해서는 성찰하지 않기 때문이다.

예를 들어, 2018년에 쩐 다이 꽝(Tran Dai Quang) 국가주석이 사망하였을 때 여러 음모를 가정한 풍문을 옮기거나, 응우옌 푸 쫑(Nguyen Phu Trong) 당서기장의 국가주석 겸임이 권력집중과 보수파의 승리를 의미한다는 식의 가설을 되풀이할 뿐이다. 이것이 자신의 기업 활동에 어떤 영향을 미칠 지까지는 논의를 이어가지 않는다. 정작 베트남의 정치체제와 권력지형이 외국기업의 활동에는 어떤 영향을 미칠 것인지와 같은 자신의 피부에 닿는 정치에 대해서는 대화를 전개하지 않는 것이다.

이런 현실을 감안할 때, 한국기업이 베트남의 문화정치에 대해서 관심을 지속하기 위해서는 자신이 알아야 할 필요가 있는 지식을 선별하고 이에 대한 올바른 관점을 확립하는 것이 시급하게 필요한 것 같다. 국가수준의 문화정치를 논할 때는 문화가 현재의 정치경제적 조건 아래서 끊임없이 구성되고 변화하는 것임을 인식하고, 정치가 어떻게 국가와 권력층의 지배를 위해 이러한 문화를 활용하고, 동시에 어떠할 때 지배층이 원하는 문화적 헤게모니에 균열이 생기는지에 주목할 필요가 있다.

이런 관점에서 볼 때 한국기업이 국가수준에서 베트남의 문화정치에 대하여 던져볼 "실용적인" 질문은 다음과 같은 것이 아닐까한다. 공산당 권력의 원천과 근간은 무엇인가? 공산당 권력체계의 특성이 가지는 장점과 단점은 무엇인가? 공산당을 중심으로 한 권력체계에 대하여 인민은 어떤 인식을 가지고 있는가? 인민은 왜 공산당의 정치지배에 도전하지 않는가? 인민은 공산당의 정책에 동의하는가 아니면 불만을 가지면서도 공권력이 두려워 저항하지 않는 것인가? 만약 후자라면, 인민이 공권력을 필요 이상으로 두려워하는 이유는 무엇인가? 이런 일련의 질문이, 통상적으로 주재원이 대화하면서 흥미를 잃는 질문과 비교할 때, 왜 한국기업에게 필요하고 주재원의 피부에 닿는 것인가를 설명하기 위해서 먼저 이 질문에 답을 시도해보겠다.

베트남이 외국기업을 끌어들여 경제성장을 도모하게 된 것은 통일 이후 사회주의 건설이 계획대로 되지 않았기 때문이다. 특히 미군의 주둔에 의해 유지되던 경제의 붕괴, 인구의 도시집중, 전쟁에 의한 산업기반의 붕괴 등이 일어난 남부의 상황은 심각했다(Bresford 1988: 98-110; Nguyen *et al.* 1988: 160). 무엇보다, 농업 집산화(collectivization)와 공업시설의 국유화를 통해 성취하고자 했던 생계경제의 복원이 생각대로 이루어지지 않았다. 농민의 저항과 원자재의 부족으로 모든 산업에서 생산력이 오르지 않았기 때문이다(Vo Nhan Tri 1990: 72-85).

이로 인하여 권력층을 포함한 대다수 베트남인이 생계의 위협을 느끼거나 최소한 소비재 기근으로 고통을 받게 되었다. 베트남의 개혁개방은 대외적으로 보트피플의 양산과 소비에트 권역에 있던 국가들의 개혁정책으로의 전환과 함께, 대내적으로는 이러한 경제적 어려움 때문에 통치권이 흔들리는 상황에서 불가피한 선택이었다.

베트남 인민이 사회주의 정책의 후퇴와 개혁개방정책을 환영한 것은 이러한 경제문제 특히 소비재의 부족으로부터 탈출할 수 있으리라는 희망 때문이었다. 여기에 더하여 베트남 인민은 잉여생산의 일부에 대한 개인적 소유를 인정하는 개혁의 방향을 긍정적으로 받아들였다. 제국주의 세력으로부터 독립을 쟁취하고, 인민이 평등하고 노동자가 대우받는 사회를 세우겠다는 이상적 이념보다는, 당장 생계에 대한 욕망을 충족시키는 정책을 선호한 것이다.

베트남 개혁개방의 이러한 역사는 인민이 개혁개방정책이 불균등한 발전과 불평등을 심화시키고 있음에도 불구하고 왜 이에 동의하고 있는지 말해주고 있다. 또한 베트남 공산당 정권이 사회주의 '강성개혁(hard reform)'의 시절에 잃어버렸던 인민의 지지와 동의를 오히려 '연성개혁(soft reform)'과 도이머이로 되찾게 되었는지를 설명해준다(Nguyen *et al.* 1988: 189-190).

하지만 도이머이가 단계적으로 완성해가고 있는 시장경제로의 전환은 필연적인 자본주의의 모순을 노정하며 인민에게 새로운 형태의 문제와 고난을 야기했다. 많은 인민이 오토바이, 자동차, 냉장고, 에어컨디셔너 등을 소유할 수 있게 되면서 소비생활이 이전과 비교할 수 없게 풍부해졌지만, 이러한 물품을 여유롭게 소비하기에는 실질임금의 상승이 매우 더디었다. 이로 인하여 다수 인민의 가구경제 재생산이 날로 힘들어지게 되었다(채수홍 2013: 14-17). 그 결과 불만이 쌓여갔으며 노동자는 파업을 비롯한 여러 형태의 시위로 이를 표출하기 시작했다. 오늘날 베트남의 주요 도시에서 택시기사에게 개혁개방의 효과에 대하여 물으면 이처럼 쌓여가는 인민의 불만이 심상치 않다는 것을 감지할 수 있다.

베트남에서는 이처럼 사회주의 정책의 실패로 잃었던 인민의 지지를 되찾게 해준 개혁개방정책이 집권세력인 베트남 공산당에 대한 불만과 저항을 만들어내는 역설이 발생하고 있다. 문제는 인민의 불만이 누적되는 상황에 대한 베트남정부와 공산당의 대응이 마땅치 않다는 점이다. 개혁개방을 멈추는 것은 고사하고 늦출 수도 없기 때문이다. 이미 자본(특히 외국자본)이 이끌고 있는 경제에서 생존하고 있는 절대다수 인민의 일자리가 없어지는 것은 더 큰 재앙을 불러올 것이기 때문이다. 이미 경제개발에 의해 상당한 혜택을 보고 있는 권력층과 지지층이 이익을 포기하는 것도 불가능에 가깝기 때문이다.

이러한 정치적 위기에 대응하여 국가가 취할 수 있는 선택은 한편으로 공산당의 조직을 강화하고 개혁개방정책에서 이익을 얻고 있는 집단으로부터 지지를 확고하게 만드는 것이다. 베트남 공산당은 개혁개방직후인 1990년대 초에 당원의 수가 200만 명 이하로 감소하여 관제언론에서 자주 우려를 나타내기도 했다. 이는 공산당 이념에 대한 관심이 줄고 개혁개방으로 만들어진 기회를 활용하여 돈 벌기에 집중하는 청년세대가 많아졌기 때문이었다. 실제로 필자가 90년대 말에 만난 대다수의 젊은이들은 당원이 되어 활동을 하면 장기적으로 정치적 출세를 할 수 있지만, 단기적으로 외국계 기업에 취직하여 돈을 버는 것이 편하다고 고백했다.

하지만 2000년대 들어 당원의 수가 점증하여 지금은 500만 명을 넘어선 것으로 추정된다(Nguyen 2009). 이는 베트남 공산당이 당원을 늘리기 위하여 여러 노력을 한 결과이다. 베트남 공산당은 사회안정을 위한 조직기반인 당원을 배가하기 위하여 출신성분을 비롯한 당원 자격요건을 대폭 완화했으며 소위 자본가도 당원이 될 수 있도록 문호를 개방했다. 또한 청년세대가 당을 기피하는 원인이 되었던 잦은 회의와 행사도 조정하여 당원활동의 부담도 줄여나갔다.

이와 함께 일반인에게 당원이 되는 것이 장기적으로 이익이 된다는 인식이 확산되고 있다. 이는 공산당원이 중심이 된 관료조직이 여러 이권에 관여하며 월급과는 별도로 부를 축적하는 것을 모두가 알고 있기 때문이다. 대학의 부교수와 교수가 되기 위해서 혹은 국영기업의 고위간부가 되기 위해서도 사실상 당원자격과 여러 단계로 되어 있는 '고급정치(Chinh Tri Cao Cap)' 수업의 이수가 필수이기 때문이다. 이처럼 베트남 집권층은 공산당 문호의 개방과 개혁정책의 이익의 분배를 활용하여 공산당원의 수를 늘리고 조직을 강화하기 위해 배전의 노력을 기울이고 있다.

다른 한편으로, 촘촘한 공산당과 공안의 조직망을 갖추어 인민의 누적된 불만과 정치적 의사표현에 대한 감시와 통제를 강화하고 있다. 예를 들어, 파업이 반정부 시위로 변질될 것을 우려하여 공장노동자의 밀집지역과 거주지인 '냐쪼(Nha Tro)'에 공산당의 세포와 공안을 이용하여 동태를 파악하고 세밀한 정보 수집을 위하여 자율방범대를 조직하고 있다(*Nguoi Lao Dong* 2007/10/31). 베트남에는 이러한 감시조직이 정부차원의 '국가단위 감시 세포조직', 사업장 단위의 '사회여론 세포조직(to du luan xa hoi)', 거주지 단위의 '자치세포조직(to tu quan)' 등으로 촘촘하게 가동되고 있다(Tran 2014: 265-267). 이러한 오프라인 통제와 함께 네트워크 사회에서의 보안을 위해 비판적 블로거의 구속, '륵르엉47(Luc Luong47, 力量47) 보안부대 창설, 그리고 사이버보안법의 실행[3] 등의 조치를 취하고 있다(*VnExpress* 2017/12/11; 채수홍 외 2018: 44). 베트남 공산당 정권은 이처럼 공산당 조직을 강화하고 지지 세력을 규합하면서, 정치적 안정을 해칠 수 있는 정보의 유통과 사회운동의 조직화를 막고 있다.

여기에서 유의할 점은 베트남의 문화정치가 정치적 힘에 의한 문화통제에만 토대를 두고 있는 것은 아니라는 사실이다. 많은 학자들이 베트남은 다른 사회주의국가 특히 중국과 비교할 때 상대적으로 덜 폭력적이고 유연한 정치문화를 가지고 있다고 평가하고 있다(Chan *et al.* 1999). 지역과 파벌을 안배하면서 집단지도체제를 유지하

3　베트남의 사이버보안법은 2018년 국회에서 86%의 높은 지지로 통과되어 2019년 1월부터 시행중이다. 해외에서 베트남으로 서비스를 제공하는 기업의 고객정보 국내 저장과 베트남 사무소 설립, 사용자 인증의 의무화, 공안에의 자료 제출 의무 등을 명시하였다. 한 여론조사에 의하면 베트남인의 절대다수가 사이버보안법에 반대하였다.

고, 정적에 대한 잔혹한 숙청을 자제하는 관례가 지켜지고 있는 드문 사회주의 국가라는 것이다.[4] 실제로 베트남에서는 당의 의사결정이 상명하달의 일방통행으로만 이루어지지 않고 지방자치정부와 공산당 세포(Chi Bo)로부터의 의견이 존중되는 사례를 자주 목격할 수 있다.

베트남에서 폭력적인 시위진압이 흔치 않은 것도 이런 정치문화의 연장선에서 이해할 수 있을 것이다. 베트남 정권은 환경, 토지수용, 노사갈등, 반(反)중국 정서로 인하여 시위가 발생할 때마다 정부나 체제에 직접 도전하는 의사표현이 없는 한 폭력적으로 통제하는 것을 자제한다. 하지만 베트남정부가 적어도 공식적으로는 덜 폭력적인 방식을 고수할 수 있는 것은 인민의 저항이 폭력적이지 않기 때문이기도 하다. 이는 인민이 공권력에 도전하는 것을 극히 꺼린다는 사실에 기인한다. 왜 베트남에서 인민이 공권력을 필요 이상으로 두려워하는지는 학술적으로 밝혀진 바가 없다. 다만 역사적인 경험과 눈에 보이지 않는 강하고 효율적인 공권력의 통제가 원인이 아닐까 짐작해 볼 뿐이다.

베트남의 문화정치와 관련된 이와 같은 필자의 대답에 대한 세부적인 반론도 많이 있을 것이다. 그럼에도 불구하고 필자가 대담하

---

4 2017년에 공산당 정치국원이자 호치민 당위원회 비서인 '딘 라 탕(Dinh La Thang)'의 기소는 베트남의 이러한 관행에 의문을 갖게 만든 사건이었다. 정치국원을 법정에 세운 극히 드문 사건이었기 때문이었다. 이에 대하여 보수파와 개혁파 사이의 암투가 격화된 것이라는 분석이 뒤따랐다. 이와 함께, 2018년 국가주석 '쩐 다이 꽝(Tran Dai Quang)'이 서거하면서 그 자리를 당 서기장인 '응우옌 푸 쫑(Nguyen Phu Trong)'이 겸임한 것도 집단지도체제에 균열이 일어나며 권력이 집중되는 것이 아닌가 하는 해석을 낳았다. 실제로 이런 사건이 베트남의 국가수준의 정치문화의 변화를 의미하는 것인지는 좀 더 지켜볼 필요가 있다.

게 질문을 던지고 답을 시도해본 것은 한국기업이 국가수준의 문화정
치에 대하여 관심을 가져야 하는 까닭을 상기시키고 싶었기 때문이다.
한국기업의 매니저들은 정치권력의 지형과 변동에 대한 관심에서 벗
어나서 정치경제적 상황에서 어떠한 문화적 인식을 매개로 정치적 위
기의 가능성이 존재하는지에 유의할 필요가 있다.

현재 베트남은 국가수준에서 개혁개방의 정책에 대한 인민의 동
의가 누적되는 불만에 의해 상쇄되고 있는 상황이다. 베트남 공산당
정권의 문화적 헤게모니에 균열이 일어나면서 지지 세력의 조직화와
통제를 통하여 안정을 유지하고 있다. 인민의 불만이 누적되고 있는
상황에서 한국기업은 시장경제와 사회주의 이념을 결합한 베트남 체
제의 모순이 어떻게 작동할 것인지, 사회주의 정권이 이를 지속적으로
관리해나갈 수 있을지를 주의 깊게 지켜볼 필요가 있다. 베트남의 국
가수준의 문화정치의 안정이 외국기업에게는 현지와의 상생을 도모하
기 위하여 고려해야 할 전제조건이기 때문이다.

IV. 한국기업과 로컬수준의 문화정치

베트남에 진출한 한국기업의 주요한 관심사는 노동력의 원활한 수급,
임금상승, 노동현장의 관리, 생산품에 대한 수요(order)일 것이다. 노동
자를 구하지 못하고 이직률이 높아 라인을 다 돌리지 못하고 있다. 임
금이 너무 자주 많이 올라 오래 못 버틸 것 같다. 노동자의 숙련도와
생산성이 오르지 않아 애를 먹고 있다. 경기침체로 오더가 충분하지

않다. 베트남의 한국기업을 찾아가면 대부분의 대화가 이런 하소연으로 채워진다. 개혁개방정책에 힘입은 베트남의 본격적인 산업화가 어느덧 25년을 훌쩍 넘어서고 베트남이 '세계생산체계(global production system)'의 저가품 핵심 생산기지로 자리 잡으면서 한국기업의 위의 네 가지 요인에 대한 고민은 점점 깊어지고 있다.

이 가운데 한국기업이 최근 가장 관심을 표명하고 있는 요인은 노동력 수급이다. 남부의 호치민, 동나이(Dong Nai), 빈즈엉(Binh Duong), 바리아-붕따우(Ba Ria-Vung Tau)를 중심으로 대규모 노동력을 흡수하던 외국계 노동집약적 산업이 이제 베트남 전역으로 퍼져나가고 있다. 북부에서는 하노이 북서쪽 지역인 박린(Bac Linh)과 타이응우옌(Thai Nguyen)에 자리 잡은 삼성과 관련 업체들이 공장 인근만이 아니라 북부의 노동력을 대규모로 흡수하고 있다. 인근 항구인 하이퐁(Hai Phong)에서도 LG의 전자공장이 점점 규모를 키워가고 있다. 이밖에도 개혁개방 이전부터 산업단지가 조성되어 있던 북부의 남딘(Nam Dinh)은 물론이고 중부 대부분의 도시까지 외국계 노동집약적 공장이 속속 들어서고 있다. 남부 내에서도 호치민과 인근 성에 노동력을 공급하는 보고(寶庫)였던 메콩델타의 거의 모든 성에 새로운 공단이 들어서며 부지를 구하기 힘든 상태이다.

산업화의 지역적 확산은 점차 각 지역과 공장이 노동력 확보에 사활을 건 경쟁을 벌이게 만들고 있다. 기존 산업지대에 위치한 공장은 이전과 달리 다른 지역에서 이주해온 신규인력을 쉽게 구할 수 없어 애를 먹고 있으며, 신규 지역에 공장을 지어 이전한 회사들도 다른 공장이 들어서서 인력이 부족해질까 걱정을 하고 있다. 아직까지는 대부분의 기업이 오랫동안 근무한 숙련공과 이들과 연계하여 유입되는 인력으로 생산을 유지하고, 새로운 기업도 인력수급의 가능성을 면밀하게 타진한 뒤에 공장을 설립하고 있어 그럭저럭 수급을 맞추고 있는 형세이다. 하지만 향후 노동력 수급은 한국계를 포함한 외자기업의 가장 큰 현안이 될 것으로 전망된다.

한국기업이 자신이 입지한 로컬에 관심을 갖게 되는 것은 무엇보다 이러한 노동력의 수급과 연계되어 있다. 물론 지방자치단체가 부여하는 세제 혜택이나 외국기업에 대한 시각과 태도도 기업이 고려하는 요소일 것이다. 하지만 노동력 수급이 원활하지 않다면 다른 요소는 생각할 이유가 사라진다.

이런 점을 고려하는 과정에서 자칫 놓치기 쉬운 점은 지역에서 공급하는 노동력이 수량으로만 측정할 대상이 아니라는 사실이다. 노동력이 가지고 있는 사회문화적 특성이 회사의 임금과 생산관리는 물론이고 정치과정에도 지대한 영향을 미친다는 사실을 간과하기 쉬운 것이다. 자신이 고용한 노동력이 특정한 경제적 조건, 사회적 관계, 문화적 관념 속에서 살아가고 이러한 특성을 매개로 여러 문화정치를 펼칠 수 있는 노동자라는 사실을 망각할 수 있는 것이다.

예를 들어, 필자가 2011년 이후 연구해오고 있는 빈즈엉 성은 인근 동나이 성이나 북부의 박닌과 타이응우옌과는 경제적, 사회적, 문화적 조건이 다른 노동자로 구성되어 있다. 동나이의 경우 성도(省都)인 비엔화(Bien Hoa)에 개혁개방 이전부터 공단이 존재했으며 북부에서 이주해 온 1백만 명의 가톨릭 신자가 여기에서 노동자로 일하며 원주민과 동일한 지위를 가진 정착민이 된 역사를 가지고 있다. 이러한 배경으로 인하여 공장노동자 가운데 원주민의 비율이 상대적으로 높고 이들의 계급의식과 문화적 자부심이 강하다. 이 때문에 이 지역 노동자는 회사에 대한 충성도가 높지만 노사갈등이 일어날 경우 강하게 단결하는 것으로 알려져 있다.

　반면 2000년대 후반 삼성이 진출하면서 대규모로 확대된 박닌과 타이응우옌은 북부의 산악지대 소수민족을 포함한 하노이 인근의 주민이 노동력의 주를 이루고 있다. 이에 따라 노동자의 다수가 동종업계에서 높은 임금을 주는 삼성과 협력업체에 근무하고 있지만 주거를 비롯한 생활여건이 원주민이 많은 동나이와는 차이가 난다. 또한 인근에서 온 이주민이라 귀향이 잦아 이직률도 높은 편이다.

　이 두 지역과 비교할 때 빈즈엉은 독특한 산업화의 역사를 가지고 있다(채수홍 2016). 빈즈엉은 1996년 싱가포르 자본이 공단을 건설하면서 산업화를 시작하기 전에는 산업지대도 농업지대도 아닌 어정쩡한 지역으로 고무농장, 과수원, 수공예 산업으로 명맥을 유지하던 곳이었다. 이러던 곳이 20여 년의 변신을 통해 베트남의 최대 공업지역의 하나로 발돋움했다. 이와 같은 변화가 가능했던 것은 산업화 초기에는 북부와 중부에서, 2000년대 중반 이후에는 남부의 메콩 델타에서 대규모 노동력이 유입되었기 때문이다. 그 결과 빈즈엉의 공장에서 일하는 노동자의 80% 이상이 베트남의 다른 지역에서 이주한 노동자로 구성되어 있다(채수홍 2016: 553).

　산업화되기 이전인 1997년 빈즈엉에는 약 78만 명이 거주했다. 산업화가 충분하게 진행된 2010년의 공식 인구는 150만 명이었고 비공식으로는 이 보다 20~30만 명이 더 많은 것으로 추정되었다(채수홍 2016: 555). 이런 인구통계를 참조해보면 60~70만 명으로 추정되는 산업노동자의 대부분은 이주민으로 채워진 것이다. 이처럼 빈즈엉 산업노동력의 절대다수가 이주민으로 구성되어 있다는 사실은 이들의 주거와 생활여건이 열악한 이유를 설명해준다.

　이주민과 비교할 때 원주민의 경우에는 대규모 공단건설 과정에서 토지보상을 받고 남은 땅은 공단 밖의 공장에 임대를 놓을 수 있었다. 또한 자신의 집을 개조하여 '냐쪼'라고 통칭되는 셋방을 만들어 임대수입을 올릴 수 있었다. 여기에 더하여 지역의 경제발전으로 생겨난 여러 좋은 일자리를 차지하거나, 불가피하게 공장에서 일하더라도 가족 중에 주택을 가진 사람이 있어 훨씬 나은 여건에서 생활할 수 있었다.

빈즈엉의 이와 같은 산업화의 역사는 이주민이 중심이 된 이 지역 노동자가 왜 다른 지역과 비교할 때 열악한 사회경제적 조건을 가지고 있는지를 설명해준다. 실제로 빈즈엉에서는 노동자 가구의 다수가 월세를 아끼기 위하여 3~4명이 냐쪼에서 동거하고 있다. 이들이 법정 노동시간을 어겨가면서 잔업을 하고 모든 수당을 받으면 2018년의 시점에서 평균 350 달러쯤을 받을 수 있는데, 이 정도 수입으로는 고향의 부모에게 송금하는 것을 계산에 넣지 않더라도 최소한 700~800 달러가 필요한 4인 가구를 재생산해낼 수 없다. 이러한 여건 아래서 결혼을 미루거나, 아이를 덜 낳거나, 공동거주와 공동육아를 활용하여 생계를 유지한다(채수홍 2013: 14-17).

빈즈엉 이주노동자는 이처럼 열악한 생활여건을 극복하기 위해 여러 사회적 관계와 문화적 관념을 활용한다. 가족, 지인, 회사동료의 도움으로 이직이 가능한 회사의 임금이나 노동조건에 대한 정보를 획득하고 파업을 활용하여 임금을 올리기 위해 합심하기도 한다. 다시 말해, 빈즈엉의 이주노동자는 동나이와 같은 지역의 원주민 노동자와는 또 다른 이유로 지인을 중심으로 강한 사회적 연대를 맺고 있으며, 유사한 정치경제적 여건을 토대로 베트남 사회와 외국자본에 대한 적대적 의식을 상당 부분 공유하고 있다. 그 결과 빈즈엉은 베트남의 어느 지역보다 임금인상과 처우개선을 위한 파업이 잦은 곳이 되었다(채수홍 2013).

빈즈엉의 특성에 대한 이상의 간략한 설명이 함축하고 있는 점은 한국기업이 지대한 관심을 가지고 있는 노동력의 수급, 임금인상, 노동현장 관리 등의 문제가 지역수준의 문화정치에 대한 이해 없이는 제대로 해결될 수 없다는 사실이다. 빈즈엉의 사례가 보여주듯이 지역의 노동자가 가지고 있는 경제적 여건, 사회적 특성, 그리고 문화적 특성을 고려해야만 한국기업이 이들의 정치적 저항에 직면하지 않고 공생할 수 있다. 이들이 가지고 있는 의식, 관념, 이념과 같은 문화를 이해하기 위해서는 지역의 역사에 대한 지식이 필요하고 주민의 사회경제적 여건에 대한 관심이 선행되어야 한다. 달리 말하면, 이들이 왜 때론 한국기업에 협력하고 때론 "배신감이 들 정도로" 갈등을 야기하는지를 이해하기 위해서는 이러한 문화가 지역수준에서 형성된 조건과 과정을 살펴 볼 필요가 있다.

한국기업이 자신이 위치한 지역과 자신을 위해 일하는 노동자와 공생하기 위해서는 로컬(지역)수준에서 일어나는 문화정치를 이해하는 작업이 필수적이다. 이때 로컬수준의 문화정치는 지역의 산업화 역사, 지역민의 사회경제적 구성, 지역노동자의 경제적 여건에 대한 이해를 토대로 형성되는 의식과 정치과정을 지칭한다. 국가수준의 문화정치를 논할 때와 마찬가지로 지역의 문화정치를 이해하는 작업은 전통적이고 박제된 지역문화나 지역 권력층에 대한 정보를 획득하는 작업이 아니다. 지역의 문화정치를 이해하는 작업은 지역에서 작동하고 있는 정치경제적 조건이 어떻게 지역민의 문화를 형성하고 그 결과 어떤 정치과정이 진행되는 지에 주목하려는 시도를 통해 가능하다. 한국기업이 로컬과의 상생을 도모하기 위해서는 국가수준의 문화정치 못지않게 로컬수준의 문화정치에 대한 관심과 올바른 이해가 병행되어야 한다.

V. 한국기업과 회사 내부의 문화정치

국가나 로컬수준에 비하여 개별기업수준에서 일어나는 문화정치는 한
국기업이 상당한 관심을 가지고 있고 외면할 수 없는 이슈이다. 일상
에서 '경험에 가깝게(experience-near)' 접하게 되는 회사 내의 문화정
치가 안정적 생산관리와 경영에 직접 영향을 미치기 때문이다. 이미
살펴본 것처럼 기업과 노동자의 균열과 화합을 만들어내는 문화정치
는 개별기업수준에서만 만들어지는 것은 아니다. 국가수준의 정치경
제체제, 이념, 사회운동의 상호작용의 영향을 받고, 로컬수준의 사회경
제적 분화와 이에 조응한 문화에 의해서도 끊임없이 구성된다. 하지만
개별기업에게는 '회사-공장 체제(factory regime)'(Burawoy 1985)내에서
일어나는 문화정치의 과정과 결과가 현안일 수밖에 없다.

　　한국기업과 같은 다국적/외국계 기업의 문화정치를 이해할 때 고
려해야 할 변수는 크게 세 가지이다. 기업의 경제적 여건, 다국적 기업
의 문화적 특수성, 그리고 이런 조건을 토대로 이루어지는 정치과정의
특성이다. 이러한 특성을 순차적으로 살펴보면서 한국기업이 어떤 시
각을 가지고 기업 내의 문화정치를 실천해야 하는 지에 대한 함의를
도출해보자.

　　노동자가 회사와 협력하는지 반목하는지는 자신이 향유하는 임
금, 노동조건, 노동환경에 의해 결정된다. 이들은 절대적으로 가구를
재생산할 수 있고 상대적으로 동종업체보다 높은 임금을 원하기 마련
이다. 식사, 휴식, 노동시간, 위생 등의 노동조건과 강압적이지 않고 의
사소통이 가능한 노동환경을 원한다. 한국기업이 노동자의 이러한 바
람을 충족시켜주면 이상적이겠지만, 가능한 한 이윤을 더 창출하려는

자본의 욕망과는 별개로, 기업의 재정적 여건이 노동자의 요구에 항상 부응하기가 쉽지 않은 것이 현실이다.

임금상승과 노동조건 개선에 대한 노동자의 요구에 선제적으로 대응할 수 있는 한국기업의 경제적 여건은 자본규모, 업종, 생산체계 내의 위치에 따라 상당한 차이가 있다. 물론 이런 범주로 포착할 수 없는 개별기업의 재정여건도 있을 수 있다. 규모가 작은 하청기업의 기업주가 부자일수도 있고, 규모가 큰 서비스업체가 실제로는 재정적으로 쪼들리고 있을 수도 있다. 하지만 일반적으로는 회사의 규모(대기업, 중소기업, 소규모자영업), 업종(제조업, 금융, 건설, 유통), 세계생산체계 내의 위치(바이어, 원청, 하청, 협력업체)에 따라 노동자의 요구에 유연하게 대처할 수 있는 회사의 재정적 여건에 차이를 보인다.

대기업의 경우 베트남 노동자 가운데 관리자는 말할 것도 없고 생산직 노동자의 임금도 중소기업에 비하여 높기 마련이다. 또한 기업의 규모가 클수록 전체 생산비에서 임금이 차지하는 비중이 낮고 복지를 위한 지출에도 부담이 적을 수밖에 없다. 하지만 회사의 규모가 크다고 해도 노동집약적 산업일 경우에는 노동자의 수가 많고 인건비의 절감이 이윤을 좌지우지하기 때문에 노동자의 요구에 쉽게 응하기 힘들다. 따라서 노동자의 요구에 대응하는데 필요한 기업의 경제적 여건은 규모와 업종을 모두 따져보아야 가늠해볼 수 있다.

예를 들어, 대기업인 한국계 은행의 경우 고학력 전문직을 고용하는 까닭에 일단 임금부터 제조업에 비하여 훨씬 높다. 초임이 400-500 달러를 상회하고, 경력직의 경우는 1,000 달러 내외, 관리직의 경우 2,000-4,000 달러까지 받고 일하고 있다. 여기에 각종 복지혜택을 받고 쾌적한 환경의 사무실에서 일을 한다. 노동과정도 제조업에 비하여 훨씬 유연하고 자율적이고 노동통제도 강압보다는 '회사의 헤게모니(corporate hegemony)'(Burawoy 1979; Nash 1989)에 의존한다. 이런 노동조건과 노동환경에서 베트남 노동자와 한국인 매니저는, 다른 업종에 비하여, 타협과 협상을 통한 문화정치를 실행하는 경우가 많다.

베트남에 진출한 한국기업의 다수를 차지하는 노동집약적 제조업의 경우는 금융업이나 유통업과 사뭇 다른 문화정치를 만들어내는 경제적 여건을 가지고 있다. 세계생산체계에서 제조업은 바이어(buyer), 원청(vendor), 하청(subcontractor), 부자재업체가 위계적으로 연결되어 있다. 신발, 전자, 의류, 섬유, 가방 등 베트남 진출 한국기업의 주력업종은 대부분 한국계 원청이 외국계 바이어로부터 주문을 받아, 생산의 일부를 하청에게 맡기고, 원청과 하청은 부자재업체에게 화약약품, 포장재, 부자재 등을 납품받는다.

이러한 위계는 일반적으로 개별회사의 경제적 여건과 밀접한 관련이 있다. 위계가 높은 회사에서 얻은 이윤에서 위계가 낮은 회사의 이윤이 분배되기 때문이다. 원청, 하청, 부자재업체 순으로 이윤을 많이 남기고 노동자의 요구에 응할 수 있는 재정적 여력도 큰 것이다. 이에 따라 하청이나 부자재업체가 원청에 비하여 노동자의 임금이나 노동조건이 열악하고 한국인 경영진과 베트남 노동자가 상생하는 문화정치를 펼치기가 상대적으로 용이하지 않다.[5]

하지만 원청이라고 회사 내에서 유연한 문화정치를 펼칠 수 있는 경제적 여유가 있다고 단언하기 어렵다. 원청은 바이어로부터 납품단

---

5 물론 일반적으로 그렇다는 것이다. 개별 사례를 보면 협력업체가 하청이나 원청보다 자본규모와 이윤은 작지만 재정이 탄탄할 수 있다. 또한 앞으로 서술하겠지만, 하청이나 협력업체는 규모가 작고 노동자의 수가 적어 회사 내의 문화정치를 훨씬 생산적으로 이끌 수 있는 유리한 점도 있다.

가를 낮추도록 끊임없이 요구를 받기 때문이다. 주문을 받으려는 경쟁업체가 많고, 정보사회에서 생산원가의 세부정보가 노출되어 협상이 어려우며, 생산시설과 노동력을 놀릴 수 없는 원청은 점점 박해지는 이윤을 감수해야 하는 경험을 할 수밖에 없다.

이러한 상황에 더하여, 바이어는 자국 정부와 소비자를 의식하여 (원청, 하청 모두 포함) 자사 제품의 생산업체가 스웻샵(Sweat Shop)이 아니라는 것을 입증하려고 노력한다. 소위 컴플라이언스(compliance)를 엄격하게 실시하는 것이다. 적절한 임금, 노동시간, 작업환경, 식사, 휴식 공간은 물론이고 강압적인 생산관리가 이루어지지 않는지 점검하고 기준을 통과한 업체에게만 주문을 낸다. 점점 엄격해지는 서구 바이어의 컴플라이언스는 한국의 생산업체에게 재정적 부담을 가중시킨다. 컴플라이언스에 따른 비용의 상승을 고려하여 바이어가 납품단가를 올려주지는 않기 때문이다. 이러한 비용부담은 한국계 노동집약적 제조업체가 노동자와 상생할 수 있는 문화정치를 실천하는데 부정적인 영향을 미친다.

이처럼 한국기업의 경제적 여건이 공장 내 문화정치와 밀접한 관계를 가지고 있지만 양자가 반드시 조응하는 것은 아니다. 경제적 여건이 양호하다고 공장 내의 갈등이 발생하지 않거나 역으로 경제적 조건이 열악한 기업도 본보기가 될 만한 문화정치를 실천할 수 있는 것이다. 이것이 가능한 것은 다국적 기업에는 사회문화적 특수성이 있고 이에 기반 한 정치과정이 전개되기 때문이다. 이러한 점을 잘 인식하느냐의 여부에 따라 특정 '회사-공장 레짐'(Burawoy 1985)의 문화정치의 향방이 달라질 수 있다.

다국적 기업은 외국인 매니저와 현지인 노동자 사이에 건너기 힘든 문화적 거리감이 존재한다. 이는 양자가 공장 안팎에서 서로 다른 사회적 관계 속에서 살아가고 있기 때문이다. 다국적 회사(공장)에 가면 외견상으로는 외국인 매니저와 현지인 노동자가 의견을 주고받고 친밀감을 표시하지만, 궁극적으로는 자국 사람과 내밀한 관계를 맺고 자국 언어로 삶에 대한 애환을 공유한다. 외국인 매니저와 현지인 노동자는 개인적 호감과는 별도로 서로 다른 사회문화적 세계에 속해 있다.

이에 더하여 베트남의 한국기업에서는 또 다른 특수성이 목격된다. 회사 내의 한국인은 직급과는 별개로 베트남인보다 위계상 우위에 위치해 있고 이러한 인식이 일상에서 부단히 확인된다는 점이다. 회사 내에서 모든 한국인은 모든 베트남인보다 사회문화적으로 우위에 있는 것으로 간주된다. 베트남 매니저가 직급이 높다고 한국 매니저에게 명령을 하는 경우는 극히 드물다. 베트남 노동자도 이와 같은 암묵적인 민족 사이의 위계를 비판하거나 시정하려는 시도가 위험하다는 것을 잘 알고 있다.

베트남 진출 한국기업의 이러한 사회문화적 독특성은 문화정치와 관련하여 부정적 효과를 낳을 수 있다. 우선 회사 내의 일과 연계하여 우위를 확인하는 과정에서 한국인 혹은 한국문화가 베트남인 혹은 베트남 문화보다 우월한 것으로 착각하게 될 가능성이 있다. 이에 따라 한국인 매니저가 회사 내 베트남인에게 화를 내는 것을 쉽게 생각하거나 문화적 모욕감을 주는 사례가 종종 발견된다. 이에 대하여 생각이 전혀 다른 베트남인이 적대감을 갖게 될 것은 자명하다. 또한 이러한 갈등과 반목은 양자가 서로 간에 사회문화적 거리가 엄연히 존재한다는 사실을 확인하는 계기가 된다. 이러한 인식의 공식화와 표출은 양자 사이의 진솔한 의사소통을 가로막는다.

베트남 진출 한국기업의 특수성과 함께 회사 내의 문화정치를 이해하기 위해 기억할 사실은 베트남인 내부에도 사회문화적 분화가 있고 이에 따라 갈등과 '내적 적대감(internal antagonism)'이 존재한다는 점이다. 때론 베트남인 내부의 반목은 동족(同族)을 한국인보다 더 신뢰하지 않는 결과를 낳기도 한다. 이는 기업도 여러 사회적 관계와 문화적 자원을 토대로 권력을 경쟁하는 현장이고, 경쟁대상이 이방인만이 아니라 동족이기도 하기 때문일 것이다. 베트남인 내부의 이러한 분화, 협력, 갈등은 한국기업과 같은 다국적 기업이 이를 어떻게 인식하고 관리하느냐에 따라 다양한 결과를 만들어낸다.

이상의 논의와 같이, 베트남 진출 한국기업과 같은 다국적 기업의 경제적 여건 그리고 내부의 사회문화적 분화와 갈등은 독특한 정치과정을 만들어낸다(채수홍 2003: 164-172). 한편으로는 한국 매니저와 베트남 노동자 사이에 암묵적 위계가 존재하고 한국 매니저는 이를 활용하여 권위를 세우고 관리의 효율성을 높이려한다. 반면 베트남 노동자는 민족 간의 위계를 비웃으면서도 베트남 노동자 내부에서 권력을 가지기 위하여 한국인과 가까운 관계를 유지하려고 한다. 이 과정에서 한국 매니저와 베트남 노동자는 필요에 따라 강하게 충돌하기도 하고 서로를 활용하기도 한다.

한국기업이 베트남 노동자의 욕구를 충족시키기 위하여 여러 노력을 하고 그럴 경제적 여력이 있는 한에서 이처럼 독특한 다국적 기업의 정치과정은 지속될 수 있을 것이다. 하지만 서로의 욕구가 타협점을 찾지 못한 채 충돌하고 회사의 경영여건이 악화되면 양자는 자본과 노동의 적대감을 적나라하게 드러낼 수밖에 없다.

한국기업에서 목격되는 이와 같은 정치과정은 한국기업이 베트남 노동자와 타협하면서 상생하기 위해서는 몇 가지 원칙이 필요하다는 점을 보여준다. 우선, 한국기업의 매니저는 민족과 문화의 차이 때문에 베트남 노동자와의 사회문화적 거리감이 불가피하다는 것을 인식하고 이를 좁히기 위한 관리체계를 확립할 필요가 있다. 베트남인 중간 관리자 특히 인사(HR) 담당자나 노조간부를 매개로 일반 노동자의 의사를 수렴하고 이를 반영하는 것이 바람직하다. 이 과정에서 베트남인 '중재자(middlemen)'(Bailey 1969: 167)에게 적절한 권한을 주어 일반 노동자의 신뢰를 얻도록 하고 이들을 통하여 의소소통을 해나가는 것이다. 중재자 역할을 하는 회사 내의 베트남인을 무시하거나 직접 일반 노동자와 대화를 통해 당면한 사안을 해결하려 하면 신뢰를 얻는데 한계가 있고 오해를 일으킬 가능성이 높기 때문이다.

또한 베트남 노동자 내부에 젠더, 고향, 세대, 친소관계에 따라 사회적 분화가 존재하고 자원에의 접근성을 높이기 위한 권력다툼이 있다는 사실을 눈여겨 볼 필요가 있다. 따라서 특정 베트남인에게 베푸는 호의가 다른 베트남인에게는 불공평한 것으로 간주될 수 있으며 이것이 한국 매니저에 대한 불신으로 이어질 수 있다. 이러한 문제를 방지하기 위해서는 명확한 규정을 만들고 규칙에 의한 관리를 실행할 필요가 있다. 베트남 노동자 사이에 갈등이나 의견의 차이가 발생할 때 규정에 따라 원칙적으로 일을 처리함으로써 이들 내부의 다툼에 휘말리지 않고 신뢰를 유지할 수 있다.

마지막으로, 한국기업은 자신이 타국에 있다는 사실을 망각해서는 안 된다. 한국에서와 동일한 인식을 가지고 베트남인 노동자를 처우할 경우 어느 순간 이방인으로서의 불이익이 어떤 것인지 깨닫게 될 위험이 있다. 이러한 처지에 놓이지 않기 위해서는 베트남 노동자의 경제적, 사회적, 문화적 욕구를 상시적으로 파악하고 이들의 요구를 선제적으로 들어줄 필요가 있다. 또한 문제해결의 과정에서 기(氣)싸움을 하면서 상생의 적기를 놓치지 말아야 한다. 일단 문제가 공장 외부로 전이되고 베트남 관료, 지역노동조합 간부, 언론 등이 개입하게 되면 선제적이고 빠른 해결이 현명했음을 알게 되기 때문이다.

　개별기업의 수준에서 펼쳐지는 문화정치는 기업의 효율성과 지속가능성과 직결되어 있는 중차대한 이슈이다. 문화정치의 전개양상에 따라 평화로운 노사관계의 가능성이 달려있기 때문이다. 이런 점을 고려할 때 베트남 진출 한국기업은 자신의 경제적 여건과 사회문화적 특성이 결합하여 벌어지는 회사 내의 문화정치의 과정에 대한 이해를 시도해야 한다. 이를 바탕으로 현지인 노동자와 상생할 수 있는 효율적인 의사소통 및 관리방식을 고민해야 한다.

VI. 한국기업을 위한 베트남 문화정치의 이해

한국기업이 베트남에 본격적으로 진출한 시기를 1990년대 초로 상정하면 이제 거의 30여 년이 되어가고 있다. 그 동안 한국기업은 베트남의 개혁개방정책과 빠른 경제성장을 위하여 한 몫을 담당하였고 그 대가도 충분히 누려왔다. 베트남의 개혁개방정책은 임금상승과 산업구조조정으로 사양길에 접어들었던 한국의 노동집약적 산업에 퇴로를 만들어주고 새 숨결을 불어넣어주었다. 베트남은 한국기업, 더 나아가 한국경제에 핵심 파트너이며 고마운 존재로 자리 잡았다.

　한국기업이 베트남에서 이러한 성장을 지속하기 위해서는 베트남을 알아야 하고 이를 바탕으로 베트남인과 상생할 수 있는 시각과 전략을 가져야한다. 이를 위하여 무엇보다 필요한 과제는 베트남 문화정치에 대한 이해이다. 문화정치의 생산적 이해를 위해서는 두 가지 시각을 갖출 필요가 있다.

첫째, 문화정치가 전통적이고, 본질적이고, 변하지 않는 박제된 문화의 영향으로 정치가 이루어지는 과정을 의미하는 것이 아님을 성찰해야 한다. 문화정치는 경제적, 사회적, 문화적 요인이 결합하여 만들어지는 정치과정을 지칭한다. 둘째, 베트남의 문화정치는 고립되어 내적으로만 이루어지는 것이 아니라 세계의 흐름에 조응하고 있다는 점을 기억해야 한다. 소비중심의 후기자본주의, 가속화하는 세계화, 신자유주의, 초국가주의의 흐름은 베트남에서도 유효하다. 베트남의 문화정치는 이러한 시대적 흐름과 로컬의 상황이 만나서 만들어지는 '세방화'(Kumarvadivelu 2008: 45)의 과정으로 이해되어야 한다.

이러한 시각과 함께 한국기업은 국가, 로컬, 개별 기업의 수준을 변별하면서 베트남의 문화정치를 이해할 필요가 있다. 또한 각 수준별로 한국기업이 관심을 가져야 하는 세부 이슈를 파악해야 한다. 각 수준별로 개별 사건에 대한 정보를 획득하는 것에 그치지 말고 기업에 영향을 줄 수 있는 변화의 흐름을 세부 이슈별로 읽어내려는 노력이 요구된다.

국가수준의 정치에서 관심을 가져야 할 이슈는 시장경제의 하부구조와 사회주의의 상부구조를 유지하고 있는 베트남 정치체제의 모순과 동학(dynamics)이다(Kolko 1997). 사회주의로의 이행과 개혁개방정책으로의 전환의 과정에서 베트남은 어떤 모순을 축적해오고 있는가? 베트남 인민은 이러한 모순을 어떻게 인식하고 있을까? 베트남정부는 누적되는 모순과 인민의 의식에 어떻게 대응하고 있는가? 이러한 질문을 염두에 두고 베트남정부와 인민이 연계된 사건과 정책의 이면을 읽어내는 작업은 한국기업의 미래를 헤아려보는 중요한 일이다.

로컬수준에서 한국기업은 지속가능하고 효율적인 경영을 위해 국가수준보다 구체적인 문화정치의 이슈들에 관심을 가져야할 필요가 있다. 이를 위하여 자신이 입지한 지역의 산업화의 역사를 훑어보며 지역민의 사회경제적 구성, 지역민의 집단별 분화, 집단별 경제적 여건, 집단별 사회적 관계와 의식 등을 살펴보아야한다. 이러한 이슈들은 지역 노동력의 특성과 지역에 살고 있는 회사 노동자의 삶의 경험과 여건을 이해하는데 긴요하게 활용될 수 있다. 한국기업이 지역에서 노동력 수급, 이직, 임금상승, 파업과 같은 문제의 원인과 대응책을 세우는데 도움이 될 것이기 때문이다.

개별기업수준에서 일어나는 문화정치는 한국기업이 부딪히는 일상의 일부이다. 피부에 와 닿는 문제로 구성되어있고 해결을 시급하게 요구하는 사항과 연계되어 있기 때문이다. 회사의 재정과 노동자의 경제적 여건, 한국인 매니저와 베트남인 노동자의 민족적 분화와 서로에 대한 위계적 인식, 베트남 노동자 내부의 사회적 분화와 권력을 위한 경쟁 등은 개별회사의 정치적 향방을 결정한다. 이러한 요인에 대한 이해가 선행되어야 베트남 노동자와의 불필요한 오해와 갈등을 줄이고 양자가 상생하는 문화정치를 실행할 수 있을 것이다.

베트남의 한국기업을 방문하면 매니저들이 여러 수준에서 일어나는 베트남의 문화정치의 세부사항(표 1 참조)에 대하여 비교적 잘 알고 있다는 사실에 놀라게 된다. 하지만 동시에 이들이 자신이 알고 있는 지식이 기업 활동에 밀접하게 연계되어 있다는 점에 대한 인식이 부족하다는 점을 느끼게 된다. 이들이 베트남의 문화정치에 대한 체계적인 인식의 필요성을 절감하지 못하고 사실 물리적, 정신적 여유도 많지 않기 때문일 것이다. 이런 점을 고려하여, 이 글은 한국기업 매니저들이 자신의 지식을 문화정치와 관련하여 체계적으로 이해하려고 노력해야할 필요성을 보여주고자 했다.

표 1 한국기업이 파악해야 할 수준별 문화정치

문화정치의 분석수준	수준별 이슈	한국기업에의 시사점
국가수준	· 개혁개방의 역사 · 체제의 모순과 변동 요인 · 인민의 체제 인식과 집단행동 · 당과 정부의 인민에 대한 대응	· 베트남 체제의 정치적 미래
로컬수준	· 지역의 산업화 역사 · 지역민의 사회경제적 구성 · 지역민의 집단별 경제 여건 · 지역민의 집단별 사회관계 · 지역민의 의식과 문화적 관행	· 지역의 노동력 수급, 이직률, 임금상승, 파업의 원인

개별기업수준	· 노동자의 경제여건
	· 한국 매니저와 베트남 노동자의
	  민족적-위계적 분화와 인식
	· 노동자 내부의 사회관계와 권력
	· 젠더, 고향, 세대 등과 연계된
	  의식과 문화
		· 개별기업 노사갈등의 원인
		· 생산적인 노사관계 전략

　　베트남에 진출한 한국기업을 장기간 연구해오면서 안타깝고 걱정이 되는 점이 있다. 다수의 한국기업이 베트남에서 많은 이익을 내고 있음에도 불구하고 이를 감사하게 생각하고 그 마음을 베트남인에게 표현하고 보답하는데 인색하다는 것이다. 이는 한국기업이 자본의 관점에서 생각하는데 익숙해져 있고 베트남이 타국이라는 사실을 망각하기 때문인 것 같다. 이러한 사고와 태도를 가지고는 한국기업이 베트남에서 장기적으로 지속하기 힘들 것이다. 이런 문제에 대한 자각이 이루어지지 않는다면 향후 베트남인이 한국기업의 활동을 "약탈적"인 것으로 간주할 가능성도 배제할 수 없다(정귀일 외 2018: 21-22; 이한우 외 2019: 194 재인용).

　　이런 문제를 극복하고 베트남과 호혜적으로 상생하기 위해서 한국기업은 베트남 문화정치를 체계적으로 이해한 바탕 위에서 대응과 실천을 해나갈 필요가 있다. 국가, 로컬, 개별기업의 수준에서 일어나는 베트남 문화정치를 체계적으로 이해할 때 비로소 한국기업은 베트남 노동자에게 무엇이 필요하며, 이들과 어떻게 의사소통을 하고, 이들에게 무엇을 해주어야 하는지에 대한 현명한 인식과 전략을 갖추게 될 것이다.

::참고문헌

박번순. 2018. "신남방지역으로서 아세안과 경제협력 방안." 2018 신흥지역연구 통합학술회의 발표문.

윤인진. 2008. "Korean Diaspora and Transnationalism: The Experience of Korean Chinese."『문화역사지리』20(1): 1-18.

이한우·채수홍. 2017. "베트남 2016: 정치, 경제, 대외관계의 현황과 전망."『동남아시아연구』27(1): 163-191.

이한우·채수홍. 2019. "베트남 2018: 경제성장의 가속화와 정치적 보수화."『동남아시아연구』29(1): 175-203.

정귀일·문병기. 2018. "2020년 2대 수출국으로 도약하는 베트남." *Trade Focus* 12: 1-23.

채수홍. 2003. "호치민 다국적 공장의 정치과정에 관한 연구."『한국문화인류학』36(2): 143-182.

채수홍. 2013. "베트남 살쾡이 파업의 양상과 원인: 남부 빈즈엉(Binh Duong)을 중심으로."『동남아시아연구』23(3): 1-48.

채수홍. 2014. "호치민 한인 공장매니저의 초국적인 삶: 일터와 거주생활공간을 중심으로."『비교문화연구』20(2): 47-94.

채수홍. 2016. "산업화의 역사, 사회경제적 분화, 그리고 노동자의 저항: 베트남 남부 빈즈엉 성의 민족지적 사례."『비교문화연구』21(1): 541-583.

채수홍·이한우. 2018. "베트남 2017: 경제, 정치, 대외관계의 현황과 전망."『동남아시아연구』28(1): 21-51.

Ahn, J. H.. 2017. "Nguyen nhan gay mau thuan van hoa trong quan he giua quan lys Han Quoc va cong nhan Viet Nam qua dieu tra xa hoi hoc va phung an giai quyet(사회학적 조사를 통해 본 한국인 관리자와 베트남 노동자 사이의 문화적 모순의 원인 및 해결방법)", *Journal of Korean Studies*.

Asian Development Bank. 2016. "Asian Development Outlook 2016 Update: Meeting the Carbon Growth Challenge."

Bailey, F. G. 1969. *Strategems and Spoils: A Social Anthropology of Politics*. Shocken Books.

Bresford, M. 1988. "Issues in Economic Unification: Overcoming the Legacy of Separation in Postwar Vietnam." D. G. Marr and C.P. White (eds.), *Dilemmas in Socialist Vietnam*. Cornell University Southeast Asian Program. 95-110.

Breyceson, D. and V. Vuorela (eds.). 2002. *The Transnational Family: New European Frontiers and Global Networks*, New York: Berg.

Burawoy, M. 1985. *The Politics of Production: Factory Regimes Under Capitalism and Socialism*. Verso.

Castells, M. 2010. *The Power of Identity*. Wiley-Blackwell.

Chan, A., T. Kerkviliet, and J. Unger (eds.). 1999. *Transforming Asia Socialism: China and Vietnam compared*. Rowman & Littlefield.

Comaroff, J. 2001. "Of Revelation and Revolution." J. Vincent (ed.), *The Anthropology of Politics: A Reader in Ethnography, Theory, and Critique*. Blackwell. 203-212.

Comaroff, J. and J. Comaroff. 2001. "Of Revelation and Revolution." J. Vincent (ed.), *The Anthropology of Politics: A Reader in Ethnography, Theory, and Critiques*. Blackwell. 203-212.

Fford, A. and S. D. Vylder. 1996. *From Plan to Market: The Economic Transition in Vietnam*. Westview Press.

Hall, G. 1991. *African in Colonial Louisiana: the Foundation of Afro-Creole Culture in the Eighteenth Century*. Louisiana University Press.

Harvey, D. 1990. *The Condition of Postmodernity*. London: Wiley-Blackwell.

Harvey, D. 2005. *A Brief History of Neoliberalism*. Oxford University Press.

Huang, S. 2010. "Rethinking Transnational Migration in/out of Asia: Existing Concepts and Fresh Perspectives." *ASEAN-ROK Workshop Paper*. 8-21.

Kolko, G. 1997. *Vietnam: Anatomy of a Peace*. Routledge.

Kumaravadielu, B. 2008. *Cultural Globalization and Language Education*. Yale University Press.

Lee, Ching Kwan. 1998. *Gender and the South China Miracle: Two Winds of Factory Women*. University of California Press.

Nash, J. 1989. *From Tank Town to High Tech: The Clash of Community and Industrial Cycles*. State University of New York.

Nguoi Lao Dong. 2007. "Thanh lap 6 to CN tu quan(6개의 노동자 자율방범대 창립)." October 31.

Nguyen, Hai. 2009. "Do South Koreans Know that there are 5 millions of Vietnamese Communist Party Member in Vietnam in 2018?" https://www.quora.com/Do-South-Koreans-know-that-there-are-5-millions-of-Vietnamese-Communist-party-members-in-Vietnam-in-2018. (검색일: 2019.04.20)

Nguyen, Khac Vien and Huu Ngoc. (eds.). 1988. *From Saigon to Ho Chi Minh City: A Path of 300 Years*. The Gioi Publishers.

Ortner, S. 2001. "On Liberalism." *Anthropology of This Century: Current Issue 1*. http://aotcpress.com/author/sherry Ortner.

Scott, J. 1987. *Weapons of the Weak: Everyday Forms of Resistance*. Yale University Press.

Tran, Ngoc Angie. 2014. *Ties That Bind: Cultural Identity, Class, and Law in Vietnam's Resistance*. Cornell University Press.

Tran, Thi Thu Luong. 2016. *Korean-Vietnamese Cultural Specifications: Similarities and Differences*. Ho Chi Minh City: Vietnam National University Ho Chi Minh publisher.

Vietnam News Agency. 2018. "FDI disbursement up despite a decrease in registered inflow." November 28.

Vietnam News Agency. 2018. "Vietnam's GDP growth rate in 2018 highest in 11 years." December 27.

VnExpress. 2017. "Communist Party Chief Laments Political Apathy among 'A Segment' of Young Vietnamese." December 11.

Vo Nhan Tri. 1990. *Vietnam's Economic Policy Since 1975*. Institute of Southeast Asian Studies.

베트남의 고학력 노동시장과 미래:
한국어 전공자를 중심으로

육수현

I. 들어가며 – 베트남의 고학력 노동인력의 문제점

베트남은 지금 날로 늘어나는 고학력, 숙련 노동자의 부족 문제를 해소하기 위한 방안 모색에 골머리를 썩이고 있다. 변화하고 있는 세계 경제와 미·중무역 갈등, 외국인직접투자(FDI) 기업의 투자 확대, 4차 산업의 도래는 더 이상 기술개발, 기술이전, 고학력, 숙련 노동자 육성을 미룰 수 없는 당면 과제로 만들고 있다.

베트남 학생의 대학진학률이 현재 41%라고는 하지만 최근 들어 상승한 추세이고, 이마저도 4년제 대학은 낮은 편이다. 고부가가치 기술을 이전받기 위한 준비가 부족하다는 예측을 가능하게 하는 배경이다.

베트남과 경제적 친밀도가 날로 강해지는 한국도 베트남에서 산업을 지속하기 위해서 고학력 숙련노동자의 필요성을 인식하고 있다. 매년 상승하고 있는 베트남의 인건비와 물가상승률의 상호작용으로 인해 저렴한 임금이라는 이점만으로 향후 10년을 내다볼 수 있을지 장담할 수 없기 때문이다.

기업이 수익을 내기 위해선 생산비를 절감하는 것이 우선적인 해결책이기 때문에 2008년부터 베트남 북부 박닌성에 자리를 잡은 삼성의 경우, 베트남 국내에서 부품생산을 하기 위해 노력 중이다. 실제로 삼성은 R&D센터를 건립하는 등 1차 벤더를 키우기 위한 부품소재산업 육성에 공을 들이고 있다. 기술이전에 대한 강력한 열망에도 불구하고 실제로 운영을 할 여력이 되지 않는 현실에서, 베트남 정부 역시 두 팔 벌려 환영할 소식이었다. 그러나 기술이전을 위해서 필요한 자본은 둘째치고, 인력 육성조차 되지 않는 베트남의 현실에서 고부가가치 기술 습득, 고학력 노동자 고용, 숙련 노동자 활용 등은 쉽지 않은 일이다.

이러한 배경에서 베트남의 고학력 노동시장의 현실과 미래를 준비하기 위한 사례로 베트남에서의 한국어 전공자의 성장을 중심으로 살펴보려 한다. 1993년부터 베트남에서 시작된 한국어 교육은 현재까지 25개 대학에 한국학·한국어과를 개설하였고, 그 중 대다수가 4년제 대학교이다. 학생 수는 1만 345명, 남부 5,340명(51.6%), 북부 3,574명, 중부 1,431명이며, 강사의 수도 258명(전임강사 140명, 비전임 118명)이다. 한국어와 한국문화를 세계에 소개하고 한국어 보급을 효율적으로 수행하려는 목적을 지닌 공공기관인 세종학당재단에서 운영하는 세종학당도 베트남 내에 15개(중국과 일본에 이어 세계 3위)이고, 베트남 내 주요도시에 문을 연 사립어학원 역시 점차 증가하고 있는 추세다.

한국어 능력자 노동시장은 베트남의 중요한 고학력 노동력의 일부로서 한국과 베트남의 경제관계의 밀접도와 한류라는 문화적 요인에 의해 성장한 시장이다. 한국 정부와 베트남 정부 그리고 한국 기업과 베트남 학계의 노력이 상호작용하여 발전한 고학력 노동시장이다.

이 글에서는 한국어 노동자 시장의 사례가 베트남 고학력 노동자 시장의 형성과 미래에 대한 단초를 마련해줄 수 있을지 논의해볼 것이다. 이러한 배경에서 첫째, 베트남의 고학력 시장의 현주소를 살펴보고 둘째, 정치경제적·사회문화적으로 변화하는 베트남에서 한국어가 어떻게 지금과 같은 성장을 이뤄낼 수 있었는지 설명하면서 베트남에서 한국어 전공자를 배출할 수 있었던 한국어·한국학 교육의 확산 과정을 설명한다. 셋째, 실수요자 시장의 확대가 한국어 전공자 육성과 한국어·한국학 교육계에 어떠한 결과를 가져왔는지 이야기하며, 마지막으로 베트남의 고학력 노동자를 양성하기 위한 한국기업과 학교 그리고 정부의 역할을 제언하고자 한다.

II. 고학력 노동시장의 현재

포괄적·점진적 환태평양경제동반자협정(CPTPP)이 2018년 12월부터 발효되고 난 후 더 많은 FDI기업들이 미국과 중국의 무역전쟁을 피하기 위해 중국에서 베트남으로 생산기지를 이전하고 있다. 다양한 수준의 기업이 베트남에 정착하게 되면서 외국인 투자 유입의 증가와 동시에 고급 인력에 대한 수요 역시 증가할 것으로 예견되고 있다.

베트남 맨파워(Manpower Group) 연구조사에 따르면 2018년 베트남의 숙련노동자 실업자 수는 90만 명보다 조금 더 높다. 50만 명의 노동자가 현재 단기파견으로 외국에서 일을 하고 있기 때문인데, 베트남으로 돌아오는 내년에는 이들은 다시 실업자가 될 것이라고 전망하고 있다(*Vietnam Manpower* 2019/05/03).

이와 관련해 최근 노동보훈사회부(MOLISA, Ministry of Labor-Invalid

and Social Affairs)는 "대다수의 숙련 노동자들이 베트남으로 돌아왔을 때 다시 단기로 해외에서 일할 기회를 얻거나 실업자가 되는데, 그들이 가진 기술을 활용할 수 있는 적절한 직업을 찾을 수 없기 때문이다"라고 이야기 했다.

베트남경제정책연구원(VEPR, Vietnam Institute for Economic and Policy Research)은 거의 61%의 숙련노동자가 현재 해외에서 얻은 기술·지식과는 관련 없는 곳에서 일을 하고 있다고 밝혔다. 일본으로 연수를 가기 전에 5.26%였던 실업상태가 연수를 마치고 돌아온 후에 11.4%로 올라간다는 점을 통해 베트남 내 숙련 노동자의 일자리가 마련되어 있지 않다는 점을 지적한 것이다(*Vietnam Manpower* 2019/05/03).

부족한 숙련노동자는 노동 생산성에도 영향을 미치는데, 베트남의 빠른 GDP 성장률에 비해 베트남의 노동 생산성은 낮다. 2015년 베트남 통계청(GSO)은 베트남의 노동생산성이 싱가포르의 5%, 말레이시아의 20%, 태국의 35%, 필리핀과 인도네시아의 50% 수준에 머물러 있다고 지적했다(*KOTRA* 2018). 낮은 노동생산성에 비해 점차 오르고 있는 임금은 FDI 기업들의 베트남 이탈 현상을 가져올 수 있기 때문에 베트남 정부가 경계하는 지점이다.

불균형적으로 집중된 노동집약적 산업(제조업이 70% 이상)이 야기한 베트남의 노동 시장 현실에서 베트남 정부 역시 노동 생산성을 올리기 위한 고학력·숙련 노동자 양성의 필요성을 인지하고 있다. 또한 이들이 일할 수 있는 하이테크 관련 산업을 발전시키기 위한 노력을 서두르고 있다.

15세 이상의 베트남 노동자는 5,350만 명이고 그 중 숙련된 노동자들의 수는 995만 명(18.6%)정도다. 이는 현재 베트남의 전체 노동력의 81.4%가 비숙련된 노동자라는 의미이기도 하다(*Vietnamnet*

2019/01/30). 베트남 비즈니스 포럼의 인적자원위원회(Human Resources Committee at the Vietnam Business Forum) 위원장인 콜린 블랙웰(Colin Blackwell)은 FDI 기업들이 베트남의 값싼 노동력에 매력을 느끼고 투자를 가속했지만, 이제는 숙련된 노동력이 보장된 중간 소득 국가이자 고학력 노동자가 풍부한 국가로 승부해야 한다고 제안했다.

이러한 배경에서 베트남 사회 내부적으로도 국가와 기업이 인적 자원을 개발해야 한다는 압박이 공유되고 있으며, 더 나은 교육과 직업 훈련을 위한 기초 작업이 시작되고 있다.

이러한 당면 과제를 해결하기 위해선 낮은 노동 생산성, 숙련노동자의 부족 또는 일자리가 없다는 객관적 사실 외에도 이들의 낮은 교육수준이라는 본질적인 문제를 먼저 생각해보아야 한다.

베트남 통계청의 2016년 자료에 따르면 전체 노동력 중 대학 및 대학원 이상의 학력을 가지고 있는 사람들이 9.1%만 차지하고 있었었으며, 전문대를 포함해도 전체 12%가 되지 않았다(*General Statistics Of-*

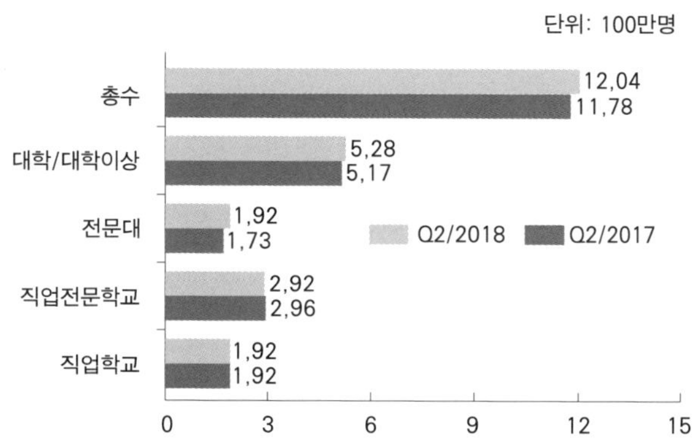

그림 1　기술전문능력 보유 노동인력(2017년 2분기-2018년 2분기까지)

출처: 2018년 2분기 베트남 노동 시장 업데이트 정보

기관: 노동 부상병 및 사회부, 통계총국

fice of Vietnam 2016).

2018년 2분기 통계 자료에 따르면 3개월 이상 교육을 받고 자격증을 보유한 만 15세 이상 노동자의 수가 1,204만 명이며 2017년 2분기에 비해 267,000명이 증가하였다. 그 중에 2~3년 대학이 11.37%, 4년 대학 및 대학 이상이 2.2%, 직업학교가 0.02% 증가하였고, 전문대학은 1.47%로 2년째 감소하였다.

위와 같은 통계 자료에 따르면 (2018년 2분기 기준) 대졸 이상 실업자의 수는 126,900명이며 2.47%를 자치한다. 2~3년 대졸 실업자의 수는 70,800명으로, 3.82%를 자치한다.

이러한 상황에서 고학력·숙련 노동력을 양성하기 위해 국가와 기업이 함께 노력을 해야 한다는 점엔 이견이 없다. 그래서 베트남의 경제적 환경에서 국가단위의 기술개발이나 인력개발이 이루어지기 어렵다는 점은 큰 문제점이기도 하다. 의지가 있다 하더라도 실제적인 실행능력이 부족하다는 점이 큰 걸림돌이 되는 것이다.

앞서 설명한 것처럼 한국어 능력자 노동시장은 FDI 증가와 함께 성장한 시장이다. 공공외교로서의 한국어 교육, 한류진출 등의 노력과 한국기업 진출 확대로 인해 급속도로 증가한 한국어 가능 인력 수요증가가 현재의 한국어 노동력을 육성한 것이다. 확실한 수요를 바탕으로 베트남 정부와 민간단체 그리고 기업이 함께 협업을 한 결과인 것이다.

수요가 앞섰다는 특징은 확실한 시장 형성 이유가 되기도 했지만 초기 한국어 교육환경에는 적지 않은 어려움을 가져오기도 했다. 수요를 따라갈 한국어능력자를 배출하기에 베트남 내 교육환경이 뒷받침되지 못했기 때문이다. 현재적 맥락에서도 완벽하게 고학력 노동시장으로 성장했다고 단언하기 어렵다는 평가도 있다. 그러나 베트남내 한국어교육시장의 주역들은 그들이 가지고 있는 자원을 활용해 환경을 이겨

내기 위해 다양한 방면으로 노력을 하였고, 현재와 같은 결과를 가져올
수 있었다.

　다음 장부터는 베트남에서 한국어 교육시장이 발전하게 될 수밖
에 없었던 이유를 시작으로 제대로 된 교재와 강사, 커리큘럼 없이 시
장이 원하는 한국어 구사자를 배출하기 위해서 대학교육이 어떠한 변
화를 시도했고 그 한계는 어떠한 것인지 순차적으로 다룰 것이다.

III. 베트남 내 한국어 전공자 시장 형성과 확대

빠른 시간 안에 한국어 가능자가 많아졌다는 것은 결과적으로 현재의
베트남은 한국어를 배우고 사용하는 두 가지 현실이 잘 맞아떨어지고
있는 상황인 것이다. 공공외교적 목적을 위한 한국어 보급도 역할을
하였겠지만, 한국기업의 급속하고도 큰 규모의 진출이 실제적인 베트
남 내에서의 한국어의 경제적·사회적 수요를 급증하게 한 주요 요인
으로 해석할 수 있다.

　베트남과 한국의 상호영향적인 경제관계는 다양한 수치를 통해 예
상할 수 있다. 2018년 기준으로 베트남에는 6,000개 이상의 한국 기업이
활동하고 있다. 1992년 한국과 베트남의 수교 이후 양국의 무역규모는 6
배 증가했고, 1988년 이후 지금까지 한국의 베트남 FDI는 약 62조 원으
로 일본, 대만보다 앞서 있다. 2008년 이후부터 북부에 자리를 잡은 삼성
전자는 2017년 12월 베트남 리포트가 발표한 베트남 500대 기업에서 1
위를 차지했고, 베트남 GDP의 28%(파이낸셜뉴스 2019/03/13)를 차지한다.

그 결과 한국은 베트남의 제 1 투자국, ODA 공여 제 2위 국가로 발돋움하였다.

깊어지고 가까워지는 두 나라의 관계는 물적 교류는 물론 인적 교류도 증가시켰고, 2017년을 기준으로 약 15만 명의 한국인이 베트남에 거주하고 있다. 비약적으로 늘고 있는 한국인을 위한 한국 식당, 마트, 학원, 학교, 미용실, 여행사 등 편의시설이 우후죽순처럼 생겨나는 중이다. 또한 현지에서 베트남 여성과 결혼을 하거나(2017년 현재 남부 호치민시에만 3,000쌍 이상이 존재), 취업을 위해 베트남 현지대학에서 유학을 하는 학생도 점차 많아지고 있다. 현재 베트남에 있는 한국 기업에 취업하는 베트남인은 150만 명이 넘는다. 대표적으로 삼성 베트남법인은 16만 명의 베트남 근로자를 고용하는 베트남 제2위의 기업이 되기도 하였다.

이에 조응하여 한국으로 이주한 베트남 노동자와 유학생의 수도 날로 증가하며, 2018년 기준으로 47,705명의 베트남 노동자와 32,795명의 베트남 유학생이 한국에서 체류 중이다. 이들은 관광, 경영, 언어, 건축, 약학, 환경, 에너지 등 다양한 분야에서 학문을 배우는 중이다. 유학 후 베트남에 진출해서 활동하고 있는 삼성, LG, 두산중공업, 한국전력공사 등에서 일을 하거나 다른 외국계 기업 또는 국영기업에서 일을 할 미래재원들이다.

비단 한국에서 유학을 하고 있는 베트남의 젊은 세대만이 미래인력은 아니다. 역사적으로 베트남에 한국기업이 진출했던 초기부터 중요한 역할을 했었던 존재가 있는데, 한국어 전공자들이다.

베트남과 한국의 관계가 밀접해짐에 따라 필요성이 더욱 두각된 한국어 전공자의 경우 대다수가 대학졸업자라는 특징을 가지고 있다. 고등학교에서 제2외국어로 배우는 과목에 한국어가 아직 보급되지 않왔고,[1] 한국의 공공외교정책으로 1993년부터 대학에 개설된 대학에서 배출한 고학력 노동자다.

이러한 한국어 전공자 시장의 확대는 베트남 내부적인 노력으로만 완성되었다고 볼 수는 없다. 한국어 보급을 위한 한국정부의 노력, 케이팝(K-pop)이라는 자연스러운 문화콘텐츠의 교류, 한국기업의 수요 등이 삼박자를 이루어서 완성된 것이다.

1. 한국기업 진출과 경제적 언어 한국어

한국어가 베트남에서 인기를 얻게 된 이유는 베트남 내부의 정치경제적·사회문화적 변화와 관련이 있다. 1986년 베트남 공산당 제6차 대회에서 제기된 개혁개방정책(Đổi mới/斅贊)은 베트남 전쟁과 사회주의로의 체제전환으로 인해 쇠락의 길을 가던 베트남 사회를 변화하게 만든 사건이다. 시장경제도입을 시작으로 주변 국가들과 외교관계뿐만 아니라 서방국가와도 교류를 회복하면서 외국 자본을 적극적으로 유치하게 되었고, 베트남 사회는 하루가 다르게 변화했다. 한국 역시 베트남의 발전과 변화에 한 몫을 하였다.

1992년 12월 22일 한국과 베트남이 다시 수교를 맺으면서 두 국가의 경제적·문화적 교류는 시작되었다. 1993년부터 투자신고 건수는 전

1　베트남 정부의 「2008-2020 국민교육체계에서의 외국어학습·교육」사업의 지침에 따라 베트남의 주요 도시인 호치민과 하노이에서 2016-2017년 전후로 정규교과, 방과후 등으로 한국어 수업이 진행중이며, 2018-2019년까지는 한국의 교육부의 지원과 함께 중학교에 한국어 수업을 진행하면서 교재를 개발하는 등 시범사업을 진행중이다.

년도의 두 배에 이르렀는데, 한국에게 베트남은 풍부한 젊은 노동력이 있는 "아시아의 마지막 미개척지"(경향신문 1993/04/19)이자 기회의 땅으로 비춰졌기 때문이다. 삼성, LG, GS, 포스코, 현대, KEPCO, SK등 한국의 대기업들이 베트남에 자리를 잡고 활발하게 활동하고 있다.

최근 한국 기업 투자는 '노동집약 산업에서 설비중심 고부가가치 산업', '개별 소규모 투자에서 대형화와 대중소기업 동반투자', '호찌민시 인근 남부 집중투자에서 하노이시 인근 북부 투자'로 전환되었다. 예컨대 대기업 중심의 부품소재 산업으로 투자영역 확대 등이 이루어졌고, 그 결과 북부 박닌(Bắc Ninh)성과 타이응우옌(Thái Nguyên)성에는 세계 최대 규모의 삼성휴대전화 제조공장이 들어섰다.

한국자본이 대거 베트남으로 진출하면서 한국어를 필요로 하는 사회적 수요가 덩달아 급증하였다. 하지만 한국어를 교육하거나 보급하는 체계가 갖춰지지 않았기 때문에 공급이 수요를 따라가지 못했다. 그러다보니 한국어를 할 줄 알면 "실력이 좋건 나쁘건 베트남 회사보다 돈을 많이 주는 회사에 들어갈 수 있다"(Phương, 여, 1982생, 교원), "한국어를 전공하면 영어를 전공한 사람보다 초봉이 거의 두 배가 된다(Han, 여, 1990생, 회사원)"는 말이 공공연하게 나돈다. 한국어가 경제적 이익을 얻을 수 있고, 나아가 사회적 신분을 이동하는데 일조하는 문화자본으로 이해되는 것이다.

2016년 기준으로 대학졸업자의 16% 이상이 실업상태에 놓여 있는 상황에서(*Dan Tri* 2016/12/03) 다른 전공에 비해 상대적으로 안정적인 미래를 보장해 줄 한국어는 한국(어) 전공 베트남 청년에게 사회적 이동이라는 열망을 실현시켜줄 지름길로 이해된다.

한국의 對베트남 투자가 확대되고, 한국과 베트남의 경제교류가 밀접해지면서, 베트남 사람들에게 한국은 '경제가 발전한 나라', '잘사는 나라'라는 이미지가 형성됐다. 한국 기업 진출은 대기업에서 중소기업 심지어 자영업까지 분야와 규모가 다양해졌고, 그에 따라 취업의 기회도 늘어나게 됐다. 한국어는 베트남 사람들에게 취업 100%의 언어이자, 경제적 가치를 가지고 있는 언어가 된 것이다.

2. 한류의 유행과 문화적 언어 한국어

한국기업의 진출과 더불어 1997년부터 불기 시작한 베트남에서의 한류의 바람은 베트남 사람들에게 한국이 문화적으로나 일상적으로 더욱 친숙한 존재로 받아들여지는 계기였다. 베트남은 한류 1기 국가에 해당하며, 동남아시아 국가 중 가장 먼저 한국 드라마가 소개되고 광범위한 인기를 끌었던 국가이다(김수정 2013: 28).[2]

〈느낌〉, 〈첫사랑〉, 〈내사랑 유미〉, 〈아들과 딸〉, 〈의가형제〉 등이 1997~1998년 사이에 베트남에 소개되었다. 이후에는 〈모델〉, 〈가을동화〉, 〈천국의 계단〉 등의 드라마가 인기를 끌었고, 2004년 말 〈대장금〉은 베트남 및 아시아지역에 한류의 자리를 굳건하게 만들었다. 한국 드라마의 초기 베트남 진출은 '한국 정부의 우호적 문화교류의 일환으

---

2 방송한류는 '90년대 후반부터 동아시아 지역에서 일어난 방송프로그램, 특히 드라마에 대한 선호 현상이며, 일본과 중국을 시작으로 1990년대 후반에는 태국, 베트남과 같은 동남아시아에도 한국 드라마가 진출하였다. 일반적으로 한류는 1기의 한류 생성(1997-2000년대 초), 2기의 한류 심화(2000년대 중반), 3기의 한류 다양화(2000년대 후반 이후)로 시기가 구분된다. 베트남은 중국, 대만과 함께 한류 1기에 해당하는 지역으로 한류를 빠르게 받아들였던 국가였다(고정민 2009).

로 일부 프로그램을 무상 제공했고, 베트남 시청자들의 호의적인 반응
에 현지 한국 기업이 문화 마케팅 차원에서 적극 지원하면서' 가능하
였다(윤재식 2004: 71). "특정 나라에 대한 신뢰(trust), 공신력(credibility)
부여, 그리고 믿음(belief)은 그 나라에서 온 사람과 제품에 대한 선호
를 창출"(김장현 2012: 5)하기 때문이다.

그러나 천편일률적인 한국 드라마의 내용이 주는 식상함과 "대중
문화물의 흐름이 한국에서 동남아로 흐르는 일 방향적 교류 현실"(김
수정 2013: 43)은 2004년 대장금을 기점으로 한류의 열기를 식히는 결
과를 가져왔지만, '케이팝'의 등장으로 한류는 새로운 국면을 맞이했다.

2007년 11월 가수 비가 베트남에서 첫 콘서트를 성공적으로 개최
한 후 동방신기, 슈퍼주니어, 소녀시대, 2NE1, 빅뱅, 샤이니, JYJ 등의
케이팝아이돌 스타의 음악이 소개되고 인기를 얻게 되면서 2010년 이후
부터는 '케이팝'이라는 새로운 문화 플랫폼이 생성되었다. 2012년 한·
베수교 20주년을 기념하기 위해 많은 문화행사, 학술교류행사, 케이팝
스타 콘서트 등이 집중적으로 개최되는 등 케이팝과 함께 시작한 '한류
3기'는 '신한류(新韓流)'라 불리며 현재까지 진행 중이다. 신한류를 이끄
는 케이팝은 기존과는 다른 새로운 플랫폼으로서 역할을 하였다.

케이팝의 인기와 함께 드라마, 예능프로그램, 영화와 같은 한국 콘
텐츠가 다시 인기를 얻게 되었다. TV예능 프로그램 촬영이 베트남에서
이루어지거나 한국 프로그램 구성이 베트남으로 수출되어 프로그램으
로 제작되기도 하였다. 2014년 초 한국에서 개봉해 인기를 끌었던 '수상
한 그녀'는 CJ E&M과 베트남 제작사 HK Film이 공동 기획·제작하여
베트남 감독과 베트남 배우가 참여해 영화의 본래 스토리와 유머 코드
를 그대로 반영해 '내가 니 할매다(Em là Bà Nội của Anh)'로 재탄생하였
고, 2016년 최고의 흥행을 기록했다.

드라마·영화·케이팝으로 대표되는 한국 문화콘텐츠는 빠른 서구
화로 인해 유행에 민감해진 베트남의 젊은이들에게 영향을 미쳤다. 한
국 드라마와 음악방송을 통해 접하게 된 '한국 스타일'은 한국의 화장
품, 옷, 액세서리, 머리모양, 가전제품 등을 소비하게 만드는 원동력이
되었다(한국무역협회 2014).

베트남 내에서 한류의 유행과 케이팝이 베트남 젊은 층에게 미친
영향 역시 한국을 '경제가 발전한 나라'임과 동시에 '오빠의 나라', '세련
된 패션'을 연상하게 하는 결과를 가져오기도 했다. 즉 한국어와 한국문
화를 선택하고 즐긴다는 것은 경제적 이득을 얻어 중산층의 반열에 오
르기 쉽고, 유행하는 문화취향을 소비하는 것을 의미하게 된 것이다.

한국 드라마·영화와 예능프로그램의 대중화는 한국적 스토리와
유머코드를 유사하게 하는 등 한국적인 것을 익숙하게 만들었다. 한국
어를 사용하며 돈을 벌고 한국적 생활 방식 등을 하나의 문화적 상징
으로 받아들이면서, 한국어와 한국문화가 베트남에서 사회문화적으로
의미를 갖게 된 것이다.

IV. 한국어 전공자의 현황과 특징

1. 한국어 교육 보급 성과와 특징

베트남에서 한국어·한국학 보급은 한국의 국제교류, 즉 외교적 차원에
서 이루어졌다. 한국의 외교와 문화교류를 위해 1992년에 문화외교 실

행기구인 한국국제교류재단(KF, Korea Foundation)은 프랑스의 알리앙스 프랑세즈(Alliance Francaise), 영국의 브리티시 카운슬(British Council), 독일의 괴테 인스티튜트(Goethe Institut), 일본국제교류기금(Japan Foundation)와 같은 외국 문화외교 기구들의 사업을 벤치마킹하여 1993년부터 해외 대학의 한국어교육 지원(베트남 학자들의 한국어 연구 기회 펠로십, 외국 교육자 한국학 워크숍(2002년부터 시행), 한국어교재 보급 등)을 시작하였다. 2007년부터는 양질의 '한국어·한국학 강좌'의 확대 보급을 위해 한국어·한국학·한국역사·한국 문화 교수를 현재까지 파견하고 있다. 2011년부터는 'KF Global e-school' 사업을 통해 한국(어)학의 온·오프라인 연계 강의 과정을 개설하는 등 적극적인 활동을 계속하고 있다(쩐 지에우 리 2014: 40-43). 그외에도 베트남 내 한국(어)학과의 문화행사, 축제 지원, 중고등학교 한국어 시범교육, 한국단체의 문화예술교류 프로그램 지원, 공공외교사업, 미디어사업(출판, 영상 등)을 담당한다.

베트남에서 한국어와 한국문화 교육은 수교 다음해인 1993년 하노이 인문사회대학교 부전공 과정 개설과 함께 시작되었다. 한국학과가 설립 된 직후에는 베트남에 유학 온 한국 학생, 1975년 이전 남북한에서 한국어를 배운 사람(레 꽝 티엠 2007), 사업차 나와 있던 한국인이 한국어를 가르쳤다. 한국어의 국외보급이 지금처럼 활발하게 이루어지지 않았던 시기였기 때문에 '외국어로서 한국어 교육'과 관련된 교재도 부족했다. 이러한 이유로 베트남 내에서 체계적이고 전문적인 한국어 교육은 쉽지 않았다.

그렇지만 한국의 공공외교정책의 일환으로 진행됐던 해외 한국어·한국학 보급에 힘입어 한국어와 한국문화의 정식 대학과정 개설은 1994년 남부의 호찌민시(Hồ Chí Minh City, 옛 사이공 Sài Gòn City)에 위치한 국립 호찌민 인문사회대학교를 시작으로 2019년 현재까지 총 25개의 대학교로 확대되었다. 이러한 수치는 베트남이 중국과 일본을 제외하고는 현재 공식적으로 한국어·한국학을 전공할 수 있는 대학을 가장 많이 보유하고 있는 나라이며, 동남아시아에서는 괄목할만한 성공을 이뤄낸 곳이라는 것을 의미한다. 이처럼 한국 기업 진출과 한류와 케이팝 열풍 그리고 한국 정부의 외교로서 한국어·한국학 보급 노력은 베트남

표 1   베트남 내 연도별 한국학과 설립 현황: 1993-2019

학교 기관	소속학부(학과명)	설립년도	지역
국립하노이 인문사회대학교	동양학부(한국학과)	1993[3]	북부
국립호찌민 인문사회대학교	한국학부	1994[4]	남부
호찌민 외국어 정보대학교	동방학부(한국어·한국문화학과)	1995	남부
국립하노이 외국어대학교	한국어·한국문화학부	1996	북부
홍방대학교	아시아태평양학부(한국학과)	1999	남부
하노이 대학교	한국어과	2002	북부
락홍 대학교	동방학부(한국학과)	2003	남부
달랏 대학교	국제학부[5](한국학과)	2004	남부
다낭 외국어대학교	한국어학과	2005	중부
바리아 붕따우 대학교	동방학부(한국어과)	2006	남부
사이공관광문화예술대학교	언어학부(한국어과)	2006	남부
반히엔 대학교	동방학부(한국학과)	2007	남부
후에 외국어대학교	한국언어문화학과	2008	중부
투득 기술대	언어학부(한국어과)	2011	남부

----

3   1993년에 처음으로 베트남 대학 내 한국학이 부전공으로 개설되었고, 1995년 학과가 설치되었다.

4   국립 호찌민 인문사회대학교에서는 동방학부 한국학과에서 2010년 한국학과로 승격되었다. 이후 2015년 3월 10일 다시 한국학부로 개편, 한국어교육과, 한국문화·사회과, 한국경제·정치·외교과와 같은 3개 전공학과가 설치됐다(연합뉴스 2015/03/10).

5   달랏대학교의 한국학과는 2004년에 개설되었으며, 2014년 1월부터 영어학, 중국학을 포함한 국제학부로 명칭을 변경하였다(양지선 2014a: 69).

학교 기관	소속학부(학과명)	설립년도	지역
응웬떳탄 대학교	외국어학과(한국어과)	2011	남부
호치민 사범대학교	한국어학과	2016	남부
호치민 기술대학교	동방학부(한국학과)	2015	남부
탕롱 대학교	한국어학부	2016	북부
베-일 외국어와 공예전문대학	한국어과	최근	북부
박하기술전문대학	한국어과	최근	북부
백과기술전문학교 미딩	한국어과	최근	북부
하노이공업대		최근	북부
타이 응웬대	한국어과	2019	북부
하롱대	한국어과	2019	북부
FPT대학 껀터 캠퍼스	한국어과	예정	남부

출처: 현지연구를 바탕으로 연구자 구성

내 한국어학계의 양적인 성장을 가능하게 했다.

이렇게 양적으로 성장한 베트남 내 한국어·한국학 교육계는 다음과 같은 특징을 갖는다. 첫째, 한국학에 대한 심층적인 학습보다 실용적이며 즉각적으로 활용할 수 있는 언어 학습에 초점이 맞춰져 있다는 점이다. 이러한 특징은 한국 기업의 영향이 컸다. 한국 공공외교에서 중요한 역할을 하는 KF와 한국국제협력단(KOICA, Korea International Cooperation Agency)[6]의 노력으로 한국어의 보급과 수요는 어느 정도 수준에 올랐으나, 한국어 자체를 기능적이고 도구적 수단으로만 인식하는 경향을 만들어냈다. 이러한 경향은 결과적으로 한국어·한국학이 보급된 지 20년이 지난 지금 자성적 비판이 일게 하고, 한국 문화와 학술적인 부분의 성장을 저해하고 현지인의 수요를 만족시키지 못해 장기적으로는 한국

---

6 1991년에 설립된, 공적개발원조(ODA, Official Development Assistant)를 담당하는 외교통상부 산하의 기관으로서, 베트남과 교류를 재개하면서 지금까지 많은 활동을 하고 있다.

(어)학의 발전과 미래를 어둡게 만드는 것이다. 이렇듯 한국(어)학의 도구화 경향이 나타나게 된 근본적인 이유는 한국 기업의 투자 확대와 관련이 있다. 한국 기업 진출이 활발해지면서 곧바로 사용할 수 있는 언어 능력만이 우선시되었기 때문이다. 한국어·한국학과가 몰려있는 지역이 한국 기업과 공장이 밀집되어 있는 북부와 남부에 있다는 점은 한국어와 한국 기업의 관련성을 보여주는 근거가 된다.

둘째, 자생적 강사 육성 비율은 높아졌지만 질적인 측면에서 아쉽다는 점이다. 한국어가 베트남에 보급되는 초기인 1996년부터 KOICA는 한국어 강사를 파견하였고, 현재까지도 지속하고 있다. 양적인 성장으로 인해 한국어를 전공한 교원이 늘어났지만, 간단한 통역을 위한 한국어만 능통할 뿐 문화적 소통을 위한 한국어 능력에는 부족함이 있고, 한국 문화, 정치, 경제 등을 가르칠 수 있는 교원이 부족한 형편이다. 유학을 다녀온 한국어 교원들이 점차 늘고 있지만, 한국어 또는 한국학으로 석·박사 학위를 받은 학문적 전문성이 아니라 한국에서의 유학경험에 의존해 강의가 이루어지고 있는 것이다. 이마저도 특정 지역과 학교에만 몰리고 있기 때문에 균등한 또는 질 높은 한국어·한국학 보급이 어렵다.

셋째, 그렇지만 베트남 한국어·한국학 교육계가 발전하고 있는 이유는 교육계 스스로의 노력이 있기 때문이다. 한국어·한국학과 정착 초기 배출된 한국어 교육자들은 그들 스스로가 속한 분야의 성장과 재생산을 위해 한국어 보급에 앞장서왔다. 한국으로의 유학을 적극 권장하거나, 교원들 스스로가 한국과 관련된 연구, 교류 등을 위해 꾸준히 노력하고 있다. 한국 정부가 공공외교의 일환으로 시행하고 있는 '한국어·한국학' 학술활동, 펠로십, 워크숍 등에 적극적으로 참여하려는 움직임을 그 근거로 확인할 수 있다.

언어 교육은 해당 나라의 문화에 대한 관심을 가지게 한다. 그 나라의 상품을 소비하고 그 나라의 언어를 사용하는 사람들과 교류하고 네트워크를 맺게 하여 궁극적으로는 매력을 느끼게 만드는 역할을 한다(박경철 2013: 7-9). 그렇기 때문에 한국 정부 또는 비정부 기관은 한국어교육을 공공외교의 중요한 수단으로 삼았고, 베트남에서 한국어·한국학이 정착하는데 정부, 기업, 민간조직, 그리고 개인까지 중요한 역할을 하면서 한국어와 한국문화가 유행하는 현상을 야기한 것이다.

그러나 너무 언어쪽으로만 치중되는 결과, 한국문화에 대한 잘못된 또는 선택적 이해로 인해 진정한 한국어 학습자 및 활용자를 양성하는 데 부족했다. 또한 좀 더 심화된 단계로의 상승욕구가 결여되는 등 한국어 자체를 도구적으로만 바라보게 하는 상황이 도출된 것이다.

2. 한국어·한국학계의 변화

베트남 내 한국어·한국학 교육계가 전혀 변화를 시도하지 않았던 것은 아니다. 지금도 진행되고 있으며, 교육방식과 교원에서 그 변화를 살펴 볼 수 있다.

한국학 보급 초기에 개인이 지원을 했던 서울대, 연세대 한국어 교재가 후에 KOICA와 KF의 지원을 받았던 것처럼 교재는 좀 더 다채로워졌다. 물론 유통의 문제는 여전하지만 다양한 교육교재가 이용되고 있으며 베트남인을 위한 한국어교육 교재도 제작되어 보급되었다.

그러나 학교와 학생수준에 따라 학습 수준이 다른 상황을 피할 수는 없기 때문에 졸업생들에게 필요한 '비즈니스 한국어'와 같은 과목은 약 50%정도만 이수를 하게 되는 경우가 허다하다. 이러한 이유로 베트남 대학교의 학생 수준에 따라 가르치는 범위가 달라질 수 있기 때문에 다양한 '학생 수준에 맞는' 교재의 필요성이 제기되고 있다(쩐 티 흐엉 외 2013; 양지선 2014b 등).

학생 수준에 맞는 다양한 교재의 필요성은 한국어뿐만 아니라 한국 문화교육에도 해당된다. 양지선(2014: 70-72)[7]은 한국 문화 수업 시간에 사용되는 교재의 유/무와 만족도 연구에서 없음이 61.0%를 차지한다는 조사결과를 내놓았다. 또한 한국 문화 수업 교재에 대한 만족도 역시 전체 응답자 264명 중 83.7%에 해당하는 221명이 만족하고 있지 못하다고 답변했다. 이러한 문제들을 해결하기 위해 보조교재를 활용하거나 인터넷을 활용하기도 한다.

실제로 인터넷을 활용한 교육방식은 인터넷에 익숙한 청년들에게 적합한 방식이다. 베트남 중부에서 한국어를 전공중인 비엣(Việt, 남, 1992)은 인터넷과 스마트폰 보급률과 사용률이 높아지면서 대다수 전공자들은 인터넷을 통해 한국 드라마 및 예능을 보고 한국어 표현을 연습하고, 한국 문화를 습득 한다고 말했다. 유튜브와 한국 영화 및 TV프로그램을 전문적으로 소개하고 있는 'www.phim14.net', 'www.baykorean.net' 등 셀 수 없이 많은 사이트를 통해서 한국을 배운다.

학교 차원에서도 실용적인 한국어 실력 향상과 실제적인 한국문화 습득을 위해 여러 가지 제도를 마련하고 있다. 첫째, 몇몇 국립대에서는 한국대학과 연계하여 한국의 사회와 문화, 역사, 정치, 경제 등을 온라인으로 교육을 하는 등 베트남 내 한국문화 전문 강사의 부족함을 해결하려 노력하고 있다.

둘째, 한국대학 교환학생프로그램과 한국기업 실습프로그램이 운

---

7   전체 응답자 중 있다가 102명(38.3%), 없다가 163명(61.0%)에 해당하였다(양지선 2014a: 71).

용되고 있다. 2000년 이후 2+2 복수학위취득제도(2년은 베트남 내 대학+2년은 외국대학), 1년 교환학생, 단기 어학연수 등과 같은 프로그램이 베트남 대학에 도입되었다. 베트남의 경제성장이 진행될수록 희망하는 사람이 늘어나고 있다. 한국에 있는 대학에 등록금을 내고 생활비도 지출해야 하지만 교환학생프로그램 참가를 원하는 학생은 늘어나고 있다. 베트남 대학교의 학위를 받지 못한다 하더라도, 오히려 한국 대학 학위가 앞으로 더 큰 이익을 줄 것으로 생각하고 있기 때문이다.

한국어를 배우는 현장은 학과교육부터, 인터넷, 한국 TV드라마, DVD, 유학, 현장실습, 아르바이트 등 다양하다. 초기 주입식 학교 정규교육에 국한돼있던 교육방식은 인터넷의 발달로 한국 미디어자료를 활용하거나 한국과의 가까워진 대학, 단체등과 같은 민간단위의 관계를 활용해 교환학생프로그램, e-러닝 프로그램 등을 활용하여 실용적인 언어와 문화를 습득할 수 있는 방식으로 바뀌어가고 있다.

교원의 상황 역시 변화중이다. 실질적으로 이미 여러 해 전부터 베트남 교육환경에서 지적되어왔지만 베트남교원의 급여, 처우는 쉽게 개선되지 못했다. 전임교원의 급여가 월 150-250달러 안팎으로 한국(어) 학과 졸업 후 평균 초임인 400-500달러보다 적은 금액이다. 전임교원은 학교에 따라 1년에 220-260시간을 가르쳐야 한다. 의무 시간 이후부터는 시간별로 따로 수업료가 붙지만 시간당 사립대는 약 9-10만 동(한화 4,000-5,000원)이고 국립대는 3-5만 동(한화 1,500-2,500원) 사이의 금액을 준다. 이러한 급여환경에서 교원들의 겸직은 관행이 되어 있고, 수업준비 부족, 지각, 휴강도 빈번하게 발생하게 한다. 최근에는 사립대학교에서는 급여를 1,000달러까지 올리기도 하지만, 극히 일부이고 여전히 부족하다. 심각하게 낮은 교원의 급여는 자격 있는 전문교원 고용을 어렵게 만든다.

쉽게 오르지 않는 급여 때문에 양질의 교육을 담당할 한국학·한국어를 전공한 고학력 인력들이 외부로 유출되는 일들이 빈번하게 발생한다. 물가 상승률에 턱없이 못미치는 낮은 급여 수준은 국립대학교 전임강사나 교수들로 하여금 보다 높은 수준의 급여와 역동적인 성취감을 얻을 기회가 있는 직종으로 이직하도록 이끈다.

낮은 급여에 비해 교원의 질은 향상되고 있는 추세로 볼 수 있다. 베트남에서 한국(어)학을 전공으로 하는 박사는 손에 꼽히지만, 현재 많은 교원들이 한국에서 석·박사과정을 수료 중이기 때문에 앞으로 계속 증가할 것이다. 상대적으로 석사는 많은 편인데, 중부에 있는 대학과 한국(어)과가 설립된 지 얼마 지나지 않은 사립대를 제외하면 꽤 많은 대학에서 교원 중 50%가 석사학위자다. 게다가 2014년 이후부터 '강사의 학력이 적어도 2명 이상은 석사를 가진 사람이어야 한다'는 규정[8]에 의해, 많은 대학이 석사 강사를 초빙하고 있다.

한국유학 경력을 가진 교원은 선생이자 선배로서 학생들에게 한국어와 한국에 대한 다양한 정보를 습득하는 창구로 중요한 역할을 한다. 이들은 '한국어 학습 방법', '한국유학생활', '한국인과 일하는 경험' 등에 대한 학생들의 요구에 부응해야 한다.

응웬(Nguyên, 여, 1983)은 학부에서 한국학을 전공했고, 한국에서 민속학석사 유학을 다녀온 후 모교에서 교수직을 맡고 있다. 학생들이 그녀에게 가장 많이 물어오는 질문은 한국 생활에 대한 것이다. "한국과 한국환경, 한국사람은 정말 예뻐요?", "생활하면서 어려운거 뭐에요?"등

8　베트남 교육부(MOET)는 2014년 까지 대학에 적어도 한 과에 석사 이상의 학위를 가진 강사가 2명 이상 배치되는 법을 시행했다. 그렇지 못한 과는 더 이상 신입생을 모집할 수 없게 하는 등의 강력한 대응조취가 예고되기도 하였다.

은 베트남 학생들의 단골 질문이다. 학생들은 교재에서 또는 인터넷을 통해서 한국을 간접적으로 경험하지만 실제로 한국에서 생활했던 선생님에게 듣는 것을 더 좋아한다. 강사가 말하는 한국생활, 한국음식, 한국사람, 한국문화, 한국풍경, 한국회사 경험 등은 학생들이 가장 알고 싶어 하는 궁금증의 대상이기도 하면서, 강사 역시 학생들에게 꼭 가르칠 필요가 있다고 생각하는 분야다. 강사들은 어떻게 하면 이러한 점들을 학생들에게 사실에 가깝게 또는 객관적으로 전달할 수 있을지 고민한다. 강사들의 이런 고민은 학생들을 가르치는 교육 과정에 반영된다.

첫째, 학생들에게 한국어와 한국문화를 동시에 교육할 수 있도록 한국에서 했었던 학습 방법, 교재, 교육환경 등을 적용하려 한다. 강사들은 베트남의 강사 위주의 주입식 교육환경에서 벗어나 학생이 스스로 조사하고 토론을 준비하는 수업 방식을 선호한다. 끼에우(Kiêu, 여, 1983)는 한국에서 어학연수와 석사 유학을 하면서 알게 된 한국 대학의 교육 방식을 베트남 학생들에게 소개하고 싶어한다. 스스로 학습하는 방식을 학생들이 어려워하지만, 언어이기 때문에 자기주도적인 방식이 필요함을 주장한다. 이러한 자기주도적인 학습체계를 수업시간 외에서도 갖추기 위해 동아리활동을 학생들에게 권장한다.

두 번째는 직장생활을 위해 좀 더 실용적인 교육방안을 고민하는 강사의 노력이다. 한국과 베트남에서 한국 사람과 생활하거나 일을 해본 선생님에게 배우는 한국생활, 한국회사문화 등은 꼭 배워야만 하는 항목이다. 한국어·한국학을 학습하는 목적은 주로 '직업'과 관련이 있다. 졸업과 동시에 한국 회사에 취업하고 한국인과 일을 하면서 어울려야만 하는 대다수의 재학생들에게 한국인 상사를 어떻게 대해야 하고, 일상생활과 공동체생활에서 어떤 인사 예절이 적합한지에 대한 이해는 중요할 수밖에 없다.

문화만큼이나 실용 한국어 실력 역시 중요하다. 경제 한국어', '사무한국어', '한국어 통·번역', '관광한국어', '실무비즈니스', '경영무역한국어', '비즈니스 한국어', '기술한국어', '무역한국어', '실습, 활용론', '컴퓨터 한국어', '한국직장문화', '문서작성' 등의 과목은 4학년에 집중되어 있다. 대학마다 학생의 수준이 천차만별이라 책 한 권을 모두 끝내지 못하는 경우도 있지만, 취업하기에 앞서 필수적으로 이러한 과목이 증가하는 추세다.

강사들이 이러한 부분에 신경을 쓰는 이유는 학과 설립 초기부터 줄기차게 들어왔던 한국회사와 공장의 한국인 사장이 표현하는 불만때문이다. "대학을 나왔지만 한국어를 잘 못한다", "한국문화와 한국직장문화를 전혀 이해 못 한다", "이럴 줄 알았으면 그냥 영어를 하는 사람을 뽑았다" 등과 같은 피드백(feedback)이 그것이다. 그런데 한국 상사와 직원뿐만 아니라 취업을 한 한국(어)학 전공자 또한 동일한 불만을 제기한다. "학교에서 경영용어 못 배웠어요", "한국사장님에게 어떻게 해야 할지 모르겠어요", "한국회사문화랑 베트남사람이랑 너무 안 맞아요"처럼 한국(어) 전공자 역시 직업과 관련된 교육을 필요로 하기 때문에 강사들은 강의 과정과 내용을 변화시키려 노력한다.

그렇지만 대학마다 차이가 나는 전공자의 기본적인 학습 소양과 한국어 실력 그리고 상이한 한국 문화 이해도, 부족한 교육 시간, 변화하는 한국회사 용어와 기업문화가 반영되지 못한 낡은 교재, 회사 용어에 대한 교원 스스로의 부족한 이해 등으로 정말 필요한 한국어와 한국문화 전달이 강사의 생각만큼 쉽지 않다. 베트남 내 한국어·한국학계 상황이 전공자와 한국인 고용자들의 요구에 부응하기 어려운 것이다.

한국학과 설립 초기처럼 한국인 교원에만 의지하는 시기는 지났다. 한국어·한국학 전공자의 수가 과거보다 늘어난 것처럼 한국어·한국학을 전공한 베트남인 교원이 늘어나고 있다. 지금도 한국에서 유학을 마치고 온 전공자들이 모교에서 또는 다른 학교에서 교원이 되는 것을 기대하며 귀국을 하고 있다(물론 급여 수준이 높은 베트남 주재 한국 회사라는 매력적인 선택지를 염두에 두는 것도 잊지 않고 있다.). 급여는 만족스럽지 못하지만 자유로운 시간활용, 결혼생활의 용이함, 선생님이라는 명예, 마지막으로 회사생활이 주지 못하는 안정감을 찾기 위해 학교로 돌아오는 전공자도 꽤 된다. 어떠한 이유가 되었든 베트남 내 한국 교육계는 한국 유학 경험을 가졌거나 한국 회사 경험으로 잔뼈가 굵어진 전공자들로 대체되어가는 중이다. 그리고 이들은 한국에서 배운 방식으로 또는 베트남에 적합한 방식을 시도하는 등 다방면에서 한국어·한국학계의 변화를 이끌고 있다.

V. 마치면서: 외부의 영향에 따른 고학력 노동시장 성장과 한계 그리고 선택

1. 수요중심의 성장 결과, 실용 한국어 능력자 양상 구조

베트남에서 한국(어)의 붐이 일어날 수 있었던 것은 베트남 사회의 경제적·문화적 변화가 가져온 배경 속에서의 다양한 주체들이 역할 했기 때문이다. 한국 정부의 많은 관심과 지원, 한국어와 한국 문화(직장, 예절 등)에 익숙한 양질의 노동력 양성과 우호적이면서 적극적인 소비자 확보를 원하는 베트남 진출 한국 기업, 새로운 문화적 취향에 목말라 있는 베트남의 젊은 대중, 그리고 이 모든 것을 잘 조합할 한국어·한국학 관계자들이 그 주인공이다. 결과적으로 서로가 상생하는 이해관계를 기반으로 한 공동노력은 베트남 사회에서 한국어·한국학에 대한 경제적·문화적 입지를 확보하게 했다.

하지만 아직 속단하기엔 이르다. 늘어나는 수치에 비해 베트남 내 한국어·한국학을 체계적으로 교육할 수 있는 양질의 한국인·베트남인 교원, 교재가 부족하다는 지적은 여전하다. 또한 현재 교육의 방향이 한국어 교육에만 치중되어 있다는 결점이 지속되는 한 현지 전공자들의 한국학 수요를 만족시키기에는 어려움이 있다. 베트남에서 활동하고 있는 한국어·한국학을 연구하는 학자들 역시 지금 한국어·한국학의 제도화가 완비되고, 제반시설이 수량적으로는 성장했지만, 장래성을 지니기 위해서는 제대로 된 한국학을 키우기 위한 노력이 필요하다고 이야기한다(시사저널 2016/11/25). 이러한 불안정한 성장은 결과적으로 한국어를 활용하고 한국인과 함께 어울려야만 하는 한국어·한국학 전공자들에게 문화 충격과 갈등을 지속하게 할 수 있다.

현재 베트남 내에서 한국(어)학은 여전히 직업을 위한 '한국어 실력 향상'(하인숙 2009: 123)에 치중되어 있다. 경제적 실익을 얻기 위해 직장에서 주로 필요한 통·번역 업무를 준비하는 실용적인 한국어 학습에 집중하고 있기 때문에 한국문화는 제대로 된 학습이 이루어지지 못한다. 한국어 교육은 어느 정도 궤도에 올라 자생력을 갖춘 단계라고 할 수 있지만, 한국학 교육은 아직 보급 초기 단계이다.

대다수의 한국어·한국학 전공자마저 한국의 정치·경제·사회문화를 이해하는 한국통(通)이 되기를 바라기보다, 한국 회사에 들어갈 한국어 실력을 빨리 갖추는 것을 선호한다. 언어와 문화에 있어서도 어떻게 하면 한국 회사에서 적응을 잘할 수 있을 것인지와 같은 실용적이고 즉

각적으로 활용 가능한 부분의 교육을 받고 싶어 한다. 예를 들어 고학년으로 갈수록 한국문화교육도 회사생활 차원에서 한국상사와의 면접에서 무슨 말을 하고 어떤 태도를 보여야 하는지, 그리고 당장 한국인과 일을 하게 됐을 때 무엇을 먼저 해야 하는지를 알 수 있기를 바란다. 언어에 있어서도 마찬가지이다. 전공자 학생들은 한국인 상사를 만났을 때 '안녕하십니까'와 '처음 뵙겠습니다' 중 무엇을 선택하고, 건설, 무역, 서비스, 서무, 은행 등에서 쓰이는 전문 용어에 대해 집중적으로 배우는 것을 원한다.

특히나 요즘세대들은 미디어의 홍수 속에서 살고 있고 쉽게 영향을 받으며, 대부분의 학생은 개인적으로 한국드라마 등을 보거나, 아르바이트를 통해 실용 한국어를 배우고, 실습한다. 특히 한국 드라마나 케이팝에 매료돼 한국을 전공한 학생들에게서 이런 태도는 더욱 두드러진다.

한국(어)학과가 설립됐던 초기와 지금은 환경이 많이 달라졌다. 한국에 한 번도 가보지 않은 전공자보다 한국에서 교환학생으로 또는 유학경험이 있는 교원들의 수가 늘어나고 있으며, 한국과의 연계를 통해서도 교육의 질을 확보하려 노력한다. 베트남 사람에게 맞추어진 교재가 출판되기도 했고, 한국 유학파 교원에 의해 새로운 교육방식과 부교재들이 도입되기도 한다. 영어로 한국어를 배우지 않고 베트남어로 한국어와 한국문화를 배울 수 있는 상황이 되었고, 한국에서 유학을 하고 온 선생님에게 생생한 한국의 이야기를 들으면서, 또는 실제로 한국인에게 배우는 교육 방식으로 점차 바뀌고 있다. 한국어·한국학을 배우는 매체가 다양해지고, 교원의 수준이 상승하고 있는 것은 사실이지만, 질적인 성장을 담보하고 있다고 보기는 어렵다. 문화적 왜곡과 직업을 위한 언어와 같이 기능적인 측면만이 강조되고 요구되어지는 것이 베트남의 한국어·한국학계의 특징이기 때문이다.

그렇다고 베트남 내 한국 회사에서 원하는 수준만큼의 한국어를 구사하고 한국사회와 문화를 이해하고 있는가라는 물음에도 확실한 대답을 내놓을 수는 없다. 다만 베트남 내에서 한국어와 한국문화에 관심을 나타내는 청년층이 늘어나고 있고, 한국어를 배우면 한국 회사에 취직할 수 있다는 인식은 베트남 현대사회를 살아가고 있는 청년들에게 한국어를 선택하게 한다. 그리고 교육계는 이러한 학생들의 바람과 시장의 요구에 의해 실용한국어가능자를 양산하는 구조에 머물러 있는 것이다.

2. 수요만이 아닌 공동의 미래를 위한 노동시장

베트남에서 기술이전에 대한 논의와 구체적 실현을 위해 법으로 이야기되었던 시기는 2006년(베트남 기술이전법 발행)이다. 글로벌화 추세 속에서 과학기술은 각 국가와 기업들의 성패를 좌지우지 할 수 있는 요인이기 때문에 2002년에 기술이전연구센터[9]를 만드는 등 베트남도 기술이전에 서둘렀지만 현실은 더뎠다.

2018년 1분기에서 총 수출액은 1,140억 달러를 달성하였고 그 중에 FDI는 71%정도 차지(원유 수출 제외)한다. 베트남의 주력 수출 제품인 핸드폰, 부품, 전자, 컴퓨터, 장비, 기계, 공구 등은 모두 FDI 기업에서 생산하고 있지만 베트남 기업들이 글로벌 생산 라인에 참여하지 못하고 있는 실정이다. 완제품을 생산하는 FDI 기업들에게 부품, 액세

---

9 기술연구 및 기술이전센터(http://cretech.vast.vn/) 베트남 과학 및 기술학술원이 주관기관이며, 신기술 발굴, 접수, 연구 및 개발, 기술 컨설팅 및 기술이전을 담당함.

서리, 원료 등을 공급하지 못 하기 때문에 베트남 내 주력 수출 제품들의 부가 가치가 아직 낮은 편이다. 베트남 기업의 기술 능력으로는 FDI 기업들이 기술을 수입할 수밖에 없고 혹은 베트남에서 보조 산업 분야에 투자하는 다른 FDI 기업의 제품을 구매해야 하는 함정에 빠져 있는 것이다(*Báo Mới* 2018/06/20).

과학기술부의 보고서에 따르면 2006-2016년 단계에서 베트남 내 기술이전 현황은 아직까지 느린 수준이며 경제·사회 발전 촉진에 기여를 기대할 만큼 되지 못하다고 한다. 연구활동, 기술이전 계약 수 등이 적고, 기술 연구 및 이전 활동에 관심을 가지고 투자하는 기업 역시 많지 않다.

또한 베트남 국내 기업들은 기술능력에 대한 관심이 많지 않고, 국외 사업 기회에 대해서도 별 관심이 없는 상태이다. 베트남 기업 중 R&D센터를 가진 기업이 5%를 불과했고, 80%의 기업은 R&D가 없거나 기술 접근 전략이 없는 실정이다. 베트남이 다른 나라에 비해 기술이전에 대해서 뒤늦게 출발하는 나라이기 때문에 특별 전략이 필요한 환경임은 분명하다.

한국이나 중국에 비해 기업의 기술이전 욕구가 적어 보이는 상황과 국가가 지원해주지 못하는 환경에서 정부는 FDI 기업을 통해 기술이전을 실현하려는 방법을 시도하고 있다. 2012년부터 총리는 2011-2020년 단계 과학·기술 발전전략을 통과시켰고, 2020년까지 하이테크 제품과 기술 활용 제품 등의 가치를 2011년의 GDP에 19%에서 45%까지 올리는 것을 목표로 세웠다. 하이테크 제품과 기술활용 제조업 기업을 베트남에 유치해 그들이 가져오는 장비와 기술을 습득하려는 노력을 하겠다는 것이다.

그러나 자본금이 낮고, 공장과 기계, 장비가 낙후되어 있으며 더

육이 고학력 노동자가 부족한 베트남 기업의 현실에서 과연 어느 정도까지 목표를 달성할 수 있을지 미지수다.

2016년 노동보상병사회부의 통계 자료에 따르면 베트남에는 직업교육을 받은 근로자가 38.5%를 불과하였고 2015년에는 18.1%뿐이었다. 하이테크 경험을 가진 근로자나 고학력 기술자가 있어야 하이테크 시스템을 운영할 수 있다. 낙후 기술 활용아 미숙련 근로자의 일자리 문제를 해결할 수 있지만, 베트남에서 자동화, 로봇, AI 기술이 발달한다면 미숙련 노동자는 일자리를 잃어버리게 될 것이 분명하다. 이러한 환경이기 때문에 고학력 노동력 시장의 양성이 하루 빨리 필요하다.

고학력의 한국학·한국어 노동자 시장이 빠르게 성장할 수 있었던 동력은 수요의 급증에 따른 정부와 민간의 노력의 결과로 볼 수 있다. 물론 한류의 역할을 무시할 수는 없지만 취미가 아닌 전공분야로 발전할 수 있었던 배경에선 실제적인 쓰임이 핵심이다. 하지만 이러한 장점이 오히려 한국학이라는 학문분야의 발전을 저해하는 요인이 되고는 있지만, 한국어로 일하는 것은 고학력 노동자가 하는 분야와 일이라는 것에 공통의 합의가 있었고, 거기에 맞는 급여가 책정되면서 고학력 노동시장이 형성될 수 있었던 것이다.

마찬가지로 기술이전과 관련해서도 확실한 수요가 점차 늘어나는 과정에서 베트남 정부가 한국 대기업에게만 의존하는 기술이전, 기술자 양성교육이 아닌 한국의 대학이 운영하는 산학기관, 중소기업관련 기관 등과의 합의와 네트워크를 통해 하루빨리 고학력 노동자를 양성해 내야 한다.

이미 베트남 박장성에 V-Kist라는 한·베 산업기술대학교가 KOICA의 지원으로 문을 열어 운영을 시작한 것은 환영할 일이다. 이러한 기관을 통해 산학협력사업, LINC+ 사업 등 민관학차원의 기술연구와 고학력의 숙련 기술자를 양성할 수 있는 발판이 될 것으로 본다.

자본, 기술 그리고 교육까지 부족한 베트남 현지 기업을 탓하고, 베트남 정부의 안일한 대처를 비판하는 한국기업인들이 많이 있다. 베트남 내 내부적인 비판도 큰 상황이다. 그리고 대다수의 중소기업들은 이러한 지원체계가 필요하며 중요하다는 것을 알지만 이를 구축하기 불가능한 현실 때문에 적극적으로 동참하지 못하는 실정이다. 그러나 중국업체의 제품의 품질이 점차 향상되고 있고, 현재에도 중국에서 대다수 중간재가 수입되는 상황에서 부품산업으로의 투자를 더 이상 미룰 수 없다는 데는 한국과 베트남 모두 동의하고 있는 생각일 것이다. 그렇기 때문에 서로의 미래를 위해 필요한 움직임이 무엇인지 서로 생각해야 할 때다.

::참고문헌

경향신문. 1993. "베트남 「투자시찰단」 모집." 4월 19일.

고정민. 2009. 『한류. 아시아를 넘어 세계로』. 한국문화산업교류재단.

김문성. 2015. "'한국학 연구 중심되겠다'… 베트남에 첫 한국학부 운영." 『연합뉴스』 3월 10일.

김수정. 2013. "동남아에서 한류의 특성과 문화취향의 초국가적 흐름." 『방송과 커뮤니케이션』 13(2): 5-54.

김장현. 2012. "한류를 통한 국가이미지 제고방안." 『JPI 정책포럼』. 제주평화연구원.

김휘권. 2016. "한국학은 아직 학술적으로 튼튼하지 못하다." 『시사저널』 11월 25일.

레 꽝 티엠(Le Quang Thiem). 2007. "베트남 한국학의 현황과 미래." 베트남 국립하노이대학교 인문사회과학대학 동방학부.

박경철. 2013. "공공외교로서의 한국어 해외보급 현황 및 개선방안 연구: 정규교육과정을 중심으로." 경희대학교 교육대학원 석사학위논문.

산업통상자원부 KOTRA 한국투자기업지원센터. 2018. 『베트남 투자뉴스』 1월 12일.

양지선. 2014a. "베트남 내 한국어 전공자를 위한 한국 문화 교수요목 설계 연구." 경희대학교 박사학위논문.

양지선. 2014b. "베트남 한국어 교육의 질적 향상을 위한 방향 모색." 『한국언어문화학』 11(1): 63-89.

윤재식. 2004. 『한류와 방송영상 콘텐츠 마케팅: 베트남 태국 시장 확대 전략』. 서울: 커뮤니케이션북스.

쩐 지에우 리(Tran Dieu Ly). 2014. "한국 공공외교 정책의 성과와 과제: 베트남을 중심으로." 전북대학교 석사학위논문.

쩐 티 흐엉(Tran Thi Huong) & 응웬 티 투 번(Nguyen Thi Thu Van). 2013. "베트남에서 한국학 교육·연구 어디까지 와 있는가?" 베트남-대진대 국제학술대회 2013년 10월 28-11월 5일.

최갑천. 2019. "베트남 기업우대에⋯ 삼성전자, GDP 28% 기여."『파이낸셜뉴스』3월 13일.

    https://www.msn.com/ko-kr/money/topstories/%EB%B2%A0%ED%8A%B8%EB%82%A8-%EA%B8%B0%EC%97%85%EC%9A%B0%EB%8C%80%EC%97%90%E2%80%A6-%EC%82%BC%EC%84%B1%EC%A0%84%EC%9E%90-gdp-28-%EA%B8%B0%EC%97%AC/ar-BBUHVPU

하인숙. 2009. "베트남 남부지역의 한국어교육 현황: 호치민국가인문사회과학대학교. 외국어정보대학교. 홍방대학교를 중심으로."『동남아시아연구』19(3): 101-135.

한국무역협회. 2014.『베트남 화장품 시장 보고서』. 해외마케팅지원본부.

General Statistics Office of Vietnam. 2016.

    https://www.gso.gov.vn/default_en.aspx?tabid=782

Hoàng Mạnh. 2016. "Cả nước có trên 202.000 lao động trình độ đại học trở lên thất nghiệp(4년제 대졸 실업자 20만 명 넘어)." *Dan Tri* December 3.

Mạnh Bôn. 2018. "Khuyến khích doanh nghiệp FDI chuyển giao công nghệ." *Báo Mới* June 20.

    https://baomoi.com/khuyen-khich-doanh-nghiep-fdi-chuyen-giao-cong-nghe/c/26785409.epi

Vietnam Manpower. 2019. "Jobless at home, 100,000 Vietnam skilled workers in many sectors find jobs abroad from 2018!" May 3.

    http://vnmanpower.com/en/jobless-at-home-100000-vietnam-skilled-workers-in-many-sectors-find-jobs-abroad-from-2018-bl307.html#7MCzTrz00rSsVTFV.99

Vietnamnet. 2019. "Foreign firms in Vietnam face skilled workforce shortage amid FDI wave." January 30.

    https://english.vietnamnet.vn/fms/business/217044/foreign-firms-in-vietnam-face-skilled-workforce-shortage-amid-fdi-wave.html

III

글로벌 기업, 이윤추구를 넘어서
/
외국기업의 지역사회에 대한 사회적 책임

새로운 규제환경, 초국적 민간 규제 이해하기

김의영 · 명재석

I. 들어가며

"**이아고**: 각하, 명예는 모두에게 영혼의 보배입니다. 제 지갑을 훔치는 자는 쓰레기를 훔치는 것입니다. 그 지갑 속의 돈은, 대단한 것이기도 하지만, 아무 것도 아니기도 합니다. 본래 제 것이었던 것이 이제는 도둑의 것이 된 것처럼, 재물은 수많은 자의 종노릇을 합니다. 다만 명예는 다릅니다. 누군가 저의 명예를 앗아간다면, 그는 그 명예로 부자가 될 수는 없겠지만, 저를 진정으로 초라하게 만들 수는 있습니다." (셰익스피어, 〈베니스 무어인 오셀로의 비극〉, 3막 3장, 155~161행, 저자 번역).

"IAGO:

Good name in man and woman, dear my lord,

Is the immediate jewel of their souls.

Who steals my purse steals trash; 'tis something, nothing;

'Twas mine, 'tis his, and has been slave to thousands;

But he that filches from me my good name

Robs me of that which not enriches him,

And makes me poor indeed."

(Shakespeare, *Othello*, 3.3, 155-161)

위 지문은 셰익스피어 희곡 오셀로의 일부다. 악역 이아고가 오셀로에게 치욕의 위험을 암시하는 장면이다. 오셀로는 베니스 공화국의 개선장군이다. 남 부럽지 않은 평판을 가지고 있었다. 하지만 그는 아프리카계 무어인이다. 베니스 백인사회에서는 타자일 수 밖에 없다. 평판의 기반은 의외로 취약했던 것이다. 이아고는 이점을 교묘하게 이용했다. 이아고의 농간에 넘어간 오셀로는, 무고한 아내의 부정을 의심하다가 마침내는 교살한다.

명예, 달리 말하자면 평판은 행위의 주된 동기다. 작고 조밀했던 16세기 베니스에서도 그랬지만, 전 지구를 아우르는 지금의 지구시민사회(global civil society)에서도 그렇다. 더구나 브랜드만 가지고 있으면 생산에 직접 관여하지 않고도 타 기업의 생산물을 팔아 수익을 올릴 수 있는 시대다. 평판은 소모하지 않고 재물과 교환하는 자산, 실로 '영혼의 보석'이 되었다. 브랜드 글로벌 기업들은 디자인과 마케팅, 기업의 사회적 책임(CSR, Corporate Social Responsibility) 등 브랜드의 가치 제고에 집중한다(Navdi 2008; Gourevitch 2011).

좋은 평판에는 종종 악담이 따라 붙는다. 이아고의 중상모략은 오직 오셀로의 파멸을 목적으로 날조한 것이었다. 좋은 평판을 겨냥했다는 점에서는 비슷하지만, 유명 브랜드를 제물로 삼은 국제비정부기구의 명단 공개 캠페인(naming and shaming campaign)은 다르다. 캠페인 의제는 환경, 노동 등 공중의 관심사(public interests)와 맞닿아있다. 구체적인 사실관계들은 과장되었을지언정 완전한 거짓은 아니다(Bartley *et al.* 2014).

사진 1   (왼쪽) 2018년 그린피스 활동가들이 인도네시아 북부 술라웨시에 위치한 윌마르의 팜유 정제공장에서 캠페인을 벌이고 있다.

출처: © Nugroho Adi Putera / Greenpeace

사진 2   (오른쪽) 2009년 SPC(Sweatfree Purchasing Consortium) 회원들이 뉴욕 주정부의 공공조달 프로그램에서 착취공장 제작품을 제외할 것을 주장하며 행진하고 있다.

출처: © ILRF(International Labor Right Forum)

예를 들어, 유명 식품기업들이 불법 개간지에서 생산된 '더러운 팜유(dirty palm oil)'를 사용함으로써, '보전가치가 높은 산림(HCVF, High Conservation Value Forests)'의 파괴를 방조하고, 나아가 오랑우탄 멸종을 가속화한다는 주장이 있다. 다소 과장되었지만 완전한 거짓은 아니다.[1] 서구의 의류 브랜드 기업들(brands)과 소매업체들(retailers)이 베트남, 멕시코 등지의 착취공장(sweatshop)에 기성복(RMG, Ready-Made Garments)을 외주한다는 비난도 있다. 현상의 한쪽 면만 부각하지만 역시 완전한 거짓은 아니다.[2]

---

1   캠페인의 구호로는 훌륭하지만, 경험적으로 확실한 증거를 갖추고 있지는 않다. 원인으로 지목된 오일 팜 단종재배 면적확대와 결과로 지목된 오랑우탄 개체수 감소 사이에는 엄청나게 많은 요인들이 매개되어 있다.

2   모든 의류산업 작업장이 착취공장은 아니다. 하지만 대부분 작업장 노동조건이 열악한 것도 사실이다. 첨언하자면, 그럼에도 불구하고 개발도상국에 의류산업 작업장은 꼭 필요하다. 대량의 노동력을 공식부문으로 흡수하기 때

명단공개 캠페인은 거의 30년째 진행 중이다. 문제 해결이 더딘 것이다. 그렇다고 글로벌 기업들의 명성이 크게 훼손된 것도 아니다. 한 편의 희곡이었다면 응당 있었을 카타르시스가 없다. 이 기묘한 균형은, 실제 현실의 갈등 구조가 훨씬 복잡하고, 때문에 갈등의 극적인 해소 같은 것은 도래하지 않을수도 있다는 것을 암시한다.

이 글은 이러한 '기묘한 균형'의 핵심인 초국적 민간 규제(TPR, Transnational Private Regulation)를 다룬다(Locke 2013). 의류산업의 노동 규제와 팜유 지속가능성 인증제를 사례로, 초국적 민간 규제의 배경과 연원, 그것을 이해하는 관점들, 앞으로의 전망을 순차적으로 다룬다. 결론에서는 해외진출기업이 참고할 수 있는 함의를 제시한다.

내용을 미리 요약하면 다음과 같다. 초국적 민간 규제의 배경은 생산 세계화다. 기존의 일국 소재 수직계열 생산구조가 공정 단위로 분할되어 전 세계 여러 기업으로 재배치된다. 생산과정이 몇 개의 국경을 넘어서자 거버넌스 부족(governance deficits) 현상이 분명해진다. 국제비정부기구들이 적정 거버넌스 공급을 촉구하자, 다양한 이해당사자(stakeholders)이 비국가-시장주도 규제(NSMDR, Non-State Market-Driven Regulation)에 합의한 것이 초국적 민간 규제의 연원이다.

초국적 민간 규제는 새로운 현상이다. 그에 대한 이해방식은 계속 갱신되고 있다(Locke 2013). 지금까지 제기된 관점은, 관념 변화를 축복하는 관념론, 평판 공격에 맞선 기업들의 집단행동에 주목하는 시장론, 제도적 기업가(institutional entrepreneur)들의 흥정과 타협을 주장하는 정치론, 작업장이 소재한 현지의 조건을 강조하는 현지론 등 네 가지다. 이 중 정치론과 현지론은 지금까지도 참고할 만한 관점이다.

문이다. "더 많은 착취공장이 필요하다"는 삭스(Jeffrey Sachs)의 역설(Myerson 1997)은 새겨들을 필요가 있다.

초국적 민간 규제는 생산 세계화가 야기하는 거버넌스 부족이 해소되지 않는 한 계속될 것이다. 다만 정치론이나 현지론의 통찰처럼, 상세한 모습은 지금과 같지는 않을 것이다. 현지 진출 기업들은, 초국적 민간 규제에 수동적으로 끌려가기 보다는 그 정치과정에 적극 대응할 필요가 있다.

II. 생산 세계화와 거버넌스 부족

'캘리포니아 소재 애플사 설계, 중국에서 조립(Designed by Apple in California. Assembled in China)'

애플의 디지털 디바이스 후면에 각인된 문구다. 아이폰 생산에 미국 애플과 폭스콘 중국 법인이 관여한다는 것을 알 수 있다. 부품(components and parts) 수준에서 본다면 그림이 달라진다. 아이폰만 하더라도 공급망에 10여 개 국가, 50여 개 업체가 참여한다(Costello 2018). 바야흐로 생산 세계화의 시대인 것이다.

세계화는 경제 활동을 제 단계들을 범세계적으로 분산 배치하면서도 기능적 통합을 유지하거나 오히려 고도화하는 양상을 말한다(Dicken 2015). 엄밀한 구분은 어렵지만 대략으로나마 경제 영역을 나눈다면, 영역 별로 세계화의 시발점과 동학은 다르다.

예컨대, 금융 영역의 경우, 시발점은 1970년대 정도로 거슬러 올라가고, 그 동학은 '역의 집단행동 논리(the reverse logic of collective action)'이다(Helleiner 1994). 어느 한 국가가 자본이동 규제를 풀면 그 국가만 자본을 쓸어담기 때문에 다른 국가도 규제를 풀지 않을 수 없다는 것이다. 무역 영역의 시발점은 19세기까지 소급할 수 있고, 그 동학은 지배적 수혜자(dominant beneficiary)의 일방적인 공공재 공급(Krasner 1976)이다. 선진 산업구조로 무역에서 거대한 이득을 취하는 패권국가가 일방적으로 관세율을 인하함으로써 국제체제의 무역 개방도를 높인다는 논리다. 생산 영역의 경우 다른 영역에 비해 상대적으로 세계화의 시점이 늦고(백창재 외 2012), 독특하게도 사적 행위자인 기업들의 전략적 선택에 따라 진전되고 있다.

큰 그림은 다음과 같다.[3] 과거 생산은 제 공정들을 일국 내에서 수직통합하는 방식이었다. 최종 생산물은 국제무역망을 통해 국경을 넘어 거래되었다. 실효관세율 인하에 따라 무역 규모는 점점 커졌고, 무역 규모 확대에 따라 국제경쟁은 점점 격화되었다. 국제적 기업들(global players)은 비용절감을 위해 기왕의 수직계열구조를 해체하기 시작했다(feenstra 1998).

새로운 전략은 생산 요소비와 요구 품질수준의 상이한 조합에 따라 기존 수직계열구조를 공정 단위로 분할하는 것이다. 부가가치가 높은 단계는 소유구조 내부에 남기고, 나머지는 소유구조 외부로 외주한다. 외주기업 소재지의 지리적 범위는 오대양 육대주를 망라한다. 그 결과, 지리적으로 이격된 여러 기업들이, 사슬(chain)에 비견될 정도로

3　물론 산업특성(industrial traits)이나 기업전략에 따른 변이가 가능하다. 가령, 1970년대 의류산업 생산 세계화의 동력은 원가절감압력이라기 보다는 다자간 섬유협정(MFA, Multi-Fiber Arrangement)의 쿼타 규제다. 현대자동차그룹처럼 '쇳물부터 자동차까지' 수직통합도를 오히려 높이는 경우도 있다. 하지만 이러한 변이들이 예외적이다. 국제경쟁 격화와 비용절감압력은 대체로 수직계열 해체로 귀결된다.

밀접하게 연관된 순차적 생산과정에 참여하는 글로벌생산체제(global production system)가 형성된다(Gereffi *et al.* 2005).

글로벌생산체제에는 두 가지 도전이 내재한다. 첫 번째 도전은 거래비용 문제다. 본래 기업조직의 연원은 거래비용 내부화다(Corse 1937). 예컨대, 불량률이 증가하면, 기업은 내부조직을 동원하여 원인을 파악하고 문제를 해결할 수 있다. 거래비용 내부화의 이점이다. 반면 일부 공정이라도 외주하기 시작하면 거래비용은 필연적으로 증가한다. 앞서 예로 돌아간다면, 발주기업이 하청기업의 생산과정에 간섭할 수 없기에, 하청 생산 물량의 불량률이 증가해도 원인을 파악하기 어렵고, 원인을 뻔히 안다 하더라도 개선이 요원할 수 있다.

생산 세계화를 추동한 기업들은 시장거래를 수단으로 이 문제를 해결한다. 공정의 연쇄선상에서 마치 병목처럼 수요독과점(monopsony or oligopsony)이 발생하는 지점에 위치해있어, 구매력(purchasing power)을 수단으로 사용할 수 있는 것이다. 불량 감축, 막판 도면 변경, 심지어 생산 능력을 초과하는 물량과 납기까지도, 구매력을 무기로 밀어붙일 수 있다. 요컨대, 생산 거버넌스(governance in production)의 거래비용 문제는 선도기업(lead firm)이 시장거래적(arm's length) 수단으로 해결한다(Gereffi *et al.* 1994).

두 번째 도전은 지속가능성(sustainability), 노동착취 등 사회 문제(social issues)이다. 이 경우 응전은, 시장기제 만으로는 어렵거나, 시장친화적 방식에 의존하더라도 시장 이상의 제도적 틀(extra market institutional framework)을 필요로 한다. '시장 이상의 제도적 틀'을 제공하는 일차적 당사자는 대체로 국가였다. 그런데 글로벌생산체제는 다수 국가에 걸쳐 있다. 다수 국가 중에서도 생산 현장은 "비어있는 땅(empty space, Bartley 2018)"이라고 일컬을 정도로 정부 역량이 취약한 개발도상국에 소재한다. 그래도 작업장이 선도기업 소유라면 문제 해결이 어렵지는 않았을 것이다. 적절한 규제를 전제한다면, 기업은 감사 계선(internal audit line)을 활용해 정보를 수집하고 규제에 맞게 작업장을 개선할 것이다. 하지만 생산 현장의 기업들과 선도기업의 관계는, 많게는 서너 단계의 하도급 계약으로 규정된다. 선도기업은 외주 생산의 납기, 물량, 품질과 관련해서는 구매력이라는 무기를 기꺼이 사용하지만, 외주 생산 작업장의 환경문제나 노동문제에 관련해서는 소극적이다. 자신들이 파악하기 조차 어려운 먼 나라의 하청기업 문제로 보기 일쑤다. 요컨대, 글로벌생산체제에는 사회문제 거버넌스(governance in social issues) 과소공급 문제가 잠복해있다(Haas 2004)

III. 국제비정부기구의 명단공개 캠페인

"최초의 입장은 가령 이런 것이었습니다. '이봐, 우리는 그 공장들을 소유하고 있지 않아. 우리는 거기[공장]서 뭐가 어떻게 돌아가는지 통제하지 않는다고.'(Our initial attitude was, 'Hey, we don't own the factories. We don't control what goes on there.'"-맥킨(Todd McKean, Heckel 2001).

"당신이 보여준 그, 그, 그 사진들은 저에게 아무런 의미가 없습니다. 당신[앵커]도 아시겠지만, 그들[아동노동자]이 어디에 있는 누구인지 저, 저는 확실하게 알지 못합니다(The- the- the pictures you showed me mean nothing to me. I- I'm not sure where they were or who they were, you know.)"-글래스(David Glass, Ross *et al.* 1992).

 한국기업의 VIP(베트남, 인도네시아, 필리핀) 국가 투자진출

토드 맥킨은 1990년대 나이키의 규범준수(compliance) 책임자였다. 그의 인터뷰는 하청공장 실태 폭로에 직면한 나이키의 초기 입장을 술회한 것이다. 데이비드 글래스는 월마트 최고운영자(CEO)였다. 저녁 뉴스 앵커가 방글라데시 하청공장 아동노동자 사진을 보여주자 말을 더듬으며 책임을 부인했다.

두 인터뷰는 글로벌생산체제 거버넌스 과소공급 문제의 핵심을 잘 보여준다. 글로벌 브랜드 기업들은 비소유 하청 작업장 문제에는 가능한 관여하지 않으려 했다. 어쩌다가 문제가 알려지면 하청업체에 책임을 떠넘겼다.

시간을 거슬러 올라가 1990년대 초반, 냉전의 종식과 함께 사회운동의 활력이 증가했다. 단일 의제에 전문화한 국제비정부기구들은 범세계적 활동거점(global footprints)을 기반으로 사회문제를 공론화했다. 당초 목적은 전 세계를 아우르는 구속력있는 규칙 제정(rule making)이었다. 비정부기구들은 산림규제, 노동규제 등 영역에서 각국 정부는 물론 정부 간 기구와 열정적으로 협업했다(Bartley 2007). 하지만 모든 참여자에게 동등한 거부권이 있는 다자주의 협상은 집단행동 문제 때문에 합의에 이르기 어렵다. 1995년 이래 다자무역협상 실패의 역사가 증명하듯이, 이득과 손해가 명명백백하여 주고받기 식의 거래가 가능하더라도 그렇다. 하물며 다소 추상적인 신사회운동 의제에서 엄밀하고 구속력있는 규제에 합의하는 것은, 당연하게도 불가능했다. 몇몇 국가는 협조적으로 법규 정비에 나섰으나, 다른 국가가 다자무역기구에 항의하자 물러섰다.[4] 실망한 국제비정부기구들은, 기업은 이해관계

---

4 1992년 호주 정부는 지속가능성 비인증 열대목재 관세 인상 법안을 통과시켰다. 해당 법안이 알려지자 말레이시아는 즉각 관세 및 무역에 관한 일반협정(GATT, General Agreement on Tariff and Trade) 제소를 시사했다. 호

때문에, 각국 정부들은 그러한 기업에 포획되었기 때문에, 문제를 해결하지 못한다고 비난하며 전투주의 노선으로 기울었다.[5]

표적은 잘 알려진 유명 브랜드의 평판이었다. 이른바 명단공개 캠페인이다. 가장 공격적인 전술은 외주 생산과정의 문제들을 자극적인 이미지로 폭로하는 것이다. 앞서 나이키의 토드 맥킨이 술회하던 1996년 축구공 하청생산공장 실태보도가 대표적이다. 라이프 매거진에 실린 사진에서는 12살 파키스탄 소년과 3살 인도 소년이 나이키 로고가 선명한 축구공을 바늘로 꿰매고 있었다(Schanberg 1996). 이보다 점잖은 방식도 있다. 지속가능성이나 노동착취 문제가 심각한 산업들을 독자적으로 조사하고 보고서를 내는 방식이다. 열대우림 파괴 의혹을 받던 말레이시아 팜유산업 전반을 조사한 세계야생동물기금(WWF, World Wildlife Fund)[6]의 보고서가 대표적이다(Teoh 2002).

캠페인은 들불처럼 번졌다. 생산과정 대부분을 외주화하고, 브랜드와 마케팅 등 무형 자산만을 '영혼의 보석'으로 남겨뒀던 글로벌 브랜드 기업들에게는 치명적이었다. 대응방안을 마련하는 동안 재무성과는 악화되었다. 주주들은 성화를 부렸고, 유럽계 연기금 등 사회문제에 민감한 기관투자자들은 사회적 책임성 제고를 요구했다.

주도 열대목재 생산국이기 때문에 표면적(de jure) 의도와는 무관하게 사실상(de facto) 차별적 교역제한 행위라는 것이다. 호주 정부는 채 6개월이 지나기도 전에 관세 인상 안을 철회할 수 밖에 없었다(Chase 1994).

5　바틀리(Tim Bartley)의 인터뷰에 따르면, 국제비정부기구들은 북미자유무역협정(NAFTA, North American Free Trade Agreement) 추진 과정에서 클린턴 행정부가 환경·노동 의제를 별건으로 미뤄두자 매우 실망했다고 한다. 바틀리는 이를 전투주의 전술의 시발점으로 본다(Bartley 2007, 2014, 2018).

6　세계자연기금(WWF, World Wide Fund for Nature)의 전신이다.

IV. 초국적 민간 규제의 발흥: 두 사례

협상장을 나와 거리로 나선 국제비정부기구의 자경단(vigilante) 전술은 성공적이었다. 화려한 브랜드에 가렸던 글로벌생산체제의 사회문제들이 전면에 드러났다. 글로벌 브랜드 기업들은 여러 실험적 방안들을 마련했다. 유니레버는 환경 컨설팅 기업에 지속가능성 인증제(certification) 개발을 의뢰했다. 나이키는 자체 윤리규범(CoC, Codes of Conduct)을 제정하고 기업조직 내부통제 기제인 감사(audit)를 기업 외부 공급망 전반에 적용하는 아이디어를 냈다. 여타의 다른 기업들도 단독 혹은 공동으로 브랜드 가치 하락 방지책을 강구하기 시작했다. 초국적 민간 규제가 발흥하기 시작한 것이다. 아래에서는 팜유산업과 의류산업에서 초국적 민간 규제가 자리잡는 과정을 스케치한다.

1. 지속가능팜유원탁회의(RSPO, Roundtable for Sustainable Palm Oil)[7]

1) 팜유의 글로벌생산체제

팜유는 오일 팜 나무 열매에서 짜내는 유지(oil and fat)다. 다년생 오일 팜 나무는 무려 20년간 높은 유지 산출량을 유지한다. 대두나 카놀라 같은 다른 유지작물과 비교했을 때 생산성이 약 8~15배 정도 높다. 그

---

7 이하 '원탁회의(RSPO)'로 약칭한다.

래서 팜유는 모든 식물성 유지를 통틀어 압도적으로 저렴하다. 뿐만 아니라 물리적·화학적 가공성이 좋아 산업용, 식용, 바이오디젤 원료로까지 광범위하게 쓰인다. 2009년 한 해 전 세계에서 소비된 동물성·식물성 유지 중 팜유의 점유율은 33.6%(Corley *et al.* 2003; *MPOB et al.* 2010)에 달할 정도다.

오일 팜 재배는 말레이시아와 인도네시아에 집중되어 있다. 두 국가는 전 세계 팜유의 약 86%를 생산한다. 1970년대 까지만 하더라도 두 국가는 팜 원유(CPO, crude palm oil)를 생산해 유럽의 무역-가공업자에게 수출했다. 일차생산(primary production)은 이들 국가가, 가공 및 소비는 유럽 기업이 분담하는 식민무역구조 형식의 생산체제다. 1970년대 이후에는, 재배 현지화와 정제-가공 분야 진출에 성공한 말레이시아 기업들이, 이렇다 할 유지정제설비가 없었던 아시아 시장에서, 가공팜유(PPO, processed palm oil) 수요를 개척했다. 반면 산업구조에 별반 변화가 없었던 인도네시아 기업들은 유럽의 무역-가공업자의 팜원유 수요를 충족시킨다. 이로서 팜유소비가 유럽과 아시아로 양분된다(Martin 2006). 이후 큰 변화가 없었던 팜유 글로벌생산체제의 특징을 간략하게 도식하면 아래와 같다.

표 1 팜유 산업의 글로벌생산체제

기능	재배, 압착	정제	가공	교역	소비
지리적 분포	말레이시아				아시아소재 최종사용자(주로 식용) 유럽·남미소재 최종사용자(비식용)
	인도네시아	유럽소재 최종사용자: 통상 정제-가공-무역-제조 수직계열업체			

출처: 직접작성

2) 팜유사슬의 지속가능성 문제

오일 팜 재배는 한 종류의 작물만 빽빽하게 심는 단종재배(monocul-ture)를 전제한다. 19세기 후반 당시 영국령 말라야 식민당국은 관습법상 원주민의 공유지였던 공한지의 개간권(concession)을 영국중개업자(british agency house)에 부여했다. 중개업자는 토지를 개간하여 오일 팜 나무를 식재하고 이주농업노동자를 고용하여 초대형 플랜테이션을 운영했다(Drabble *et al*. 1981). 이후 단종재배모델은 동남아시아 팜유재배의 핵심특징이 된다. 전후 말레이시아와 인도네시아는 팜유산업을 고용창출과 외환획득의 수단으로 보았고, 소농(smallholder) 조차도 단종재배로 조직화했다(Sutton 1989). 지구적 경제성장에 따른 식생활의 변

사진 3 인도네시아 보고르에 새로 조성 중인 오일 팜 플랜테이션 전경. 기름
      야자 나무가 질서 정연하게 식재되어 있다.
출처: ⓒ Achmand Rabin Taim, Flickr

화가 유지수요를 폭증시키자, 오일 팜 단종재배 확산은 더욱 가속화되었다(Martin 2006).

한편 1990년대 말부터 국제환경비정부기구는 오일 팜 단종재배가 동남아시아 지역의 열대우림과 생명다양성(biodiversity) 파괴의 원인이라는 비판을 제기했다. 문제제기는 '오랑우탄을 살려주세요(save the orang-utans)'라는 구호에 집약되어 있다. 또 다른 국제비정부기구들은 플랜테이션 기업들이 토지개간과정에서 원주민의 관습법상 소유권을 존중하지 않는다는 비판을 제기했다. 실제 깔리만딴(Kalimantan) 한계토지지역에서 빈발한 토지분쟁은 이러한 주장을 예증한다.

국제비정부기구들은 기후변화협약의 경험을 통해 국가보다 기업이 더욱 반응적이라는 것을 알고 있었다. 지속가능성 의제를 관철하기 위해 팜유를 쓰는 제조업자와 소매업자의 평판을 깎아내린 것은 당연한 수순이었다. 최종사용자(end-user)인 유니레버(Unilever), 네슬레(Nestle) 등 초국적기업은 평판하락위험을 감쇄하기 위해 실험적 프로젝트에 착수한다. 1998년 영국-네덜란드계 유니레버는 몇몇 가공팜유 공급자들과 지속가능성 평가기준(evaluations)을 마련하는 연구를 개시했다. 스웨덴계 소매업자(retailer) 미그로스(Migros)는 환경 컨설팅 기업인 프로포레스트(Proforest)와 공동으로 지속가능성 평가기준을 마련해 서아프리카산 팜유 소싱(sourcing)에 적용했다(Djama *et al.* 2010).

3) 원탁회의(RSPO)의 형성

댜마와 다비롱에 의하면 원탁회의(RSPO)의 연원은 전술한 유니레버와 미그로스의 연구에 있다. 지속가능한 관행의 기준 뿐 아니라, 인증제 운영방안도 그 연구들에서 구체화되었기 때문이다. 그리고 당시 미그로스와 협업관계에 있던 프로포레스트는 이후 원탁회의(RSPO)에 참여하여 제3의 인증자 역할을 수행하고 있다(Djama *et al.* 2010).

한 편, 2002년 팜유상품사슬 전반에 대한 독립적 조사를 마무리한 세계야생동물보호기금(WWF)은 지속가능성 규제기구 설립을 목적으로 이해당사자가 참여하는 준비회의를 개최한다(Teoh 2002). 2003년 1월에는 생산자 정상조직(peak association)으로서는 최초로 말레이시아팜오일협회(MPOA, Malaysian Palm Oil Association)가 참여한 조직위원회(organizing committee)가 구성된다. 2003년 8월에는 최초의 원탁회의(RT1)가 열렸다. 2004년에는 2년의 논쟁 끝에 기구 거버넌스 구축을 마무리하고 스위스에 협회설립을 신고 한다. 이후 원탁회의(RSPO)는 4번의 연례총회(annual general assembly)를 통해 지속가능성 규제의 틀을 논의했고, 2008년 제6차 총회(RT6)에서 원칙과 기준(P&C, Principles and Criteria) 8개 항, 그리고 인증제를 최종 승인한다(Hospes 2011). 이에 따라 2008년 11월에는 인증팜유(certificated sustaionable palm oil)가 최초로 선적된다. 단 3년 만에 인증팜유 거래물량은 전체거래물량의 약 10% 까지 올라섰으며, 인증 재배면적은 1백만 핵타아르(ha)를 돌파했다(*The Star* 2011/10/05).

그러나 인증팜유 거래량은 기대했던 정도로 크게 늘지 않았다. 2011년에는 인도네시아팜유생산자협회(GAPKI, Gabungan Pengusaha Kepala Sawit Indonesia)가 원탁회의(RSPO)에서 탈퇴를 선언했다(*The Star* 2011/10/05). 탈퇴 이후 인도네시아는 독자적으로 인도네시아지속가능팜유(ISPO, Indonesian Sustainable Palm Oil) 체계를 출범시켰다. 원탁회의(RSPO)에 잔류한 말레이시아도 2013년 독자적 지속가능성 인증체계인 말레이시아지속가능팜유(MSPO, Malaysian Sustainable Palm Oil) 체계를 출범시켰다.

2. 의류산업의 초국적 민간 노동 규제

1) 의류산업의 글로벌생산체제

방적기가 공장식 제조업의 출발점인 것처럼, 의류산업은 저개발국가 산업화의 출발점이다. 예나 지금이나 의류산업은 산업화의 첨병이다. 의류산업의 작업장도 한 세기가 지나도록 거의 변하지 않았다. 생산라인 형태, 노동자 작업내용뿐만 아니라, 다소 적대적인 노동-자본 관계도 그대로다. 핵심공정의 기계화가 어려워 수작업에 의존해야 하고, 따라서 최소의 노동비용으로 최대의 노동강도를 달성하는 것이 작업장 소유주의 유인구조라 그렇다(Hoskins 2014, 김지선 역 2016).

다만 작업장 바깥의 풍경은 1970년대 무렵부터 크게 달라졌다. 주문은 작업장에서 수천 킬로미터 떨어진 선진산업국 소재 거대 브랜드

사진 4　1941년 캐나다 몬트리올주 소규모 봉제 작업장의 모습. 80년 전 이지만 지금의 작업장과 크게 다르지 않다.
출처: ⓒ BAnQ

기업과 소매업자로부터 내려온다. 이들은 연구개발, 디자인, 유통, 판매 등 생산 전·후의 고부가가치 공정에 특화해있다. 의류 수요지 인접, 풍부한 인적자본 등의 조건을 활용하는 것이다. 주문을 받아 의류를 생산하는 작업장은 구체적인 사업모델[8]이나 규모에 따라 원청, 1차 공급자, 2차 공급자 등으로 위계적으로 구분된다. 하지만 노동비용이 저렴한 개발도상국에 소재한다는 점에서는 비슷하다. 남미, 아시아 등 태평양 연안을 따라 산개한 다수 작업장의 생산활동은, 생산품 수요를 과점하는 소수의 브랜드 기업과 소매업자에 의해 조정된다(Gereffi 2013).

최근에는 다자간섬유협정(MFA, Multifiber Arrangement), 섬유 및 의류에 관한 협정(ATC, Agreement on Textiles and Clothing) 등 의류산업의 국제경쟁을 제한해왔던 국제협정이 잇달아 폐지되고, 2008년 경제위기로 선진산업국의 수요가 감소하면서, 의류산업 전반의 비용절감 압력이 강해지고 있다(Gereffi 2013). 다른 한 편 기획부터 유통까지 소요기간을 2주 내외로 단축한 패스트 패션(fast fasion) 사업모델이 확산하면서(Hoskins 2014, 김지선 역 2016), 납기는 더 단축되고 단가는 더 낮아졌다. 이러한 변화에 따라, 대체로 저임과 원부자재 물류 이점이 있는 중국, 베트남, 인도네시아, 캄보디아, 미얀마 등 아시아 국가들의 생산물량이 크게 늘어난 반면, 멕시코, 과테말라, 니카라과 등 남미 국가들의 생산물량은 감소하고 있다(Gereffi 2013).

---

8   통상 CMT-주문자상표부착생산(OEM, 이른바 '완사입')-제조자개발생산(ODM)-자가브랜드생산(OBM) 등 네 단계로 구분된다. 후자로 갈수록 수직통합도 증가에 따라 생산과정의 설비 비중이 증가하는 것은 물론, 디자인, 마케팅, 브랜드 등 무형 요소가 가미된다. 부가가치는 CMT가 가장 낮고, OBM이 가장 높다. 대체로 원청(vender)은 OEM 이상의 사업모델을 가지고 있고, 하위 공급자(supplier)들은 CMT나 OEM에 머물러있다.

2) 의류산업의 노동착취 문제

의류산업은 여전히 설비 비중이 낮은 노동집약적 산업이다. 원가절감 압력은 작업장 환경 악화와 임금 인하로 귀결된다. 따라서 의류산업 작업장에는 어느 정도 노동문제가 상존한다고 보아도 무방하다.

그런데 극히 일부 작업장의 노동문제는, 어느 정도의 도덕감각을 가지고 있는 사람이라면 용인할 수 없는 수준이다. 구체적으로 예를 들자면, 아동노동, 강제노동, 학대, 욕설, 폭력, 차별, 건강은 물론 생명을 위협할 정도로 위험한 작업 환경과 원부자재, 극단적인 초과근무, 급여 갈취, 노조 무력화 등이 있을 수 있다. 의류 산업 일각의 심각한 실태는 1990년대 국제비정부기구의 반 착취공장 캠페인(anti sweatshop campaign)으로 널리 알려졌다.

착취공장 폭로로 몸살을 앓던 레비스트로스, 나이키, 리복, 갭 등 일부 기업들은 윤리규범(CoC)을 제정하고 공장 감독체계를 마련했다. 기업들은 각 거래처와 거래처 소유 작업장들에 감사관(auditors)을 파견하여 실태를 조사하기 시작했다(Bartley 2007).

당장 눈에 띄는 변화는 괴상한 형태였다. ‘세 개의 소화기’ 일화가 대표적이다. 어떤 봉제공장 벽면에 소화기 세 대가 높낮이를 달리하여 일직상에 매달려 있었다. 공장 관계자는 바이어마다 요구하는 소화기 높이가 다른데 매번 바꿔 달기 어려워 모든 기준에 부합하도록 소화기 세 대를 한 번에 달았다고 설명했다(Hobbes 2015). 노동 문제의 실질적 개선 여부는 불분명한데, 바이어마다 다른 기준으로 감사를 반복하다보니, 이른바 “감사 피로(audit fatigue)”만 쌓였던 것이다(LeBaron *et al*. 2017).

기업들의 윤리규범과 감시체제가 자리잡기도 전에, 결정적인 사건들이 연달아 일어났다. 하나는 미국 캘리포니아 주 엘 몬테(El Monte)의 한 봉제하청공장에 사실 상 구금되어 강제노동을 하던 불법체류자

72명이 구출된 사건(Crossan 2017), 다른 하나는 일군의 기자와 비정부 기구가 합심하여 남미 소재 월마트 납품 의류하청공장의 열악한 실태를 폭로한 캐시 리 기퍼드(Kathie Lee Gifford) 스캔들이다(Bearak 1996).[9] 두 사건은 지리적 근접성 때문인지 세계 최대 의류 시장인 미국 사회에 큰 충격을 줬다. 신경제의 호황 속에서 지역주의 무역협정에 매달리느냐 노동문제를 도외시했던 미국 정부도 더 이상은 방관할 수 없었다(Bartley 2007).

3) 의류산업의 초국적 민간 규제

당시 대통령이었던 클린턴(Bill Clinton)은 주요 의류기업, 인권단체, 노동조합 등 이해당사자들에게 새로 출범할 의류산업파트너십(AIP, Apparel Industry Partnership)[10] 참여를 요청했다. 파트너십(AIP)은 수 개월의 논의 끝에 작업장 윤리규범(Workplace Codes of Conduct), 감독 원칙(Principles of Mornitoring) 등 의류산업의 글로벌생산체제 전반을 아우르는 초국적 민간 규제안을 제출했다. 그러나 19개월 간 이어진 지리한 논쟁 끝에 일부 비정부기구와 노동조합이 협정(agreement)을 거부하면서 파트너십(AIP)은 좌초한다(Wilsey *et al.* 1998).

잔류한 의류기업과 일부 비정부기구는 공정노동협회(FLA, Fair Labor Association)을 출범시켜 파트너십(AIP)의 규제안을 승계한다. 탈퇴한 비정부기구와 노동조합은 미국 내 대학사회와 연계하여 노동자권리컨소시엄(WRC, Worker Rights Consortium)을 세우고 의류기업에서 완

---

9   당시 온두라스(Honduras) 공장에서 가져와서 언론에 보여준 의류에 기퍼드 소유의 '캐시 리' 브랜드가 붙어 있었다.

10   이하 '파트너십(AIP)'으로 약칭한다.

전히 독립된 조사와 폭로 활동을 전개하고 있다(Bartley 2007).

이 외에도 의류산업에서는 주요 행위자의 이합집산(grouping) 에 따라 엄청나게 다양한 초국적 민간 규제가 만들어졌다. '생활임금(living wage)' 기준과 단결권·쟁의권을 보장하여 가장 엄밀한 규제로 인정받는 사회인증 8000(SA8000, Social Accountability 8000), 영국 업계가 주도하는 윤리적 교역 제안(ETI, Ethical Trading Initiative), 유럽 업계가 주도하는 기업의 사회적 준수 제안(BSCI, Business Social Compliance Initiative), 미국 업계가 주도하는 전세계의류생산책임성프로그램(WRAPP, Worldwide Responsible Apparel Production Program) 등이 있다. 이 와중에 월마트나 메이시(Macy's) 같은 소매업자는 아직도 자체적인 윤리규범에 따른 내부 감사 모델을 추종하고 있다(Bartley 2018).

V. 초국적 민간 규제 이해하기: 네 가지 이야기

"그것 [초국적 민간 규제]은 전 세계 공장, 산림, 농장에 어느 정도 규제를 부과한다. 그런데 이 규제들은 전통적으로 규칙과 권리를 주재해왔던 정부에 의존하지 않는다. 다만 명성에 투자하는 초국적 기업들, 국제비정부기구들의 도덕적 권위, 감사 및 인증 주체들의 평가역량에 의존한다. It imposes some degree of regulation on factories, forests, and farms around the world by relying not on government, the traditional arbiters of rules and rights, but rather on the reputational investments of transnational corporations, the moral authority of non-governmental organization, and the assessment capacities of auditing and certification bodies(Bartley 2018: 2)."

초기에 초국적 민간 규제는, 자동차기술협회(SAE, Society of Automotive Engineers) 규격, 보험업자안전시험소(UL, Underwriter's Laboratolies) 인증 등, 백년 넘게 명성을 이어온 일련의 산업자율규제(industrial self-regulation)와 비슷한 것으로 간주되었다.[11] 사실 상의 공적 표준들(quasi-public standards)을 운영하는데, 관료기구나 대의기구가 아닌 민간이 주도한다는 점에서 비슷하다. 그러나 규제의 의도, 규제 주체의 조직 내부구성 등의 측면에서 크게 다르다(Haufler 2001).

산업자율규제의 의도는 기업 간 교환과 협동의 촉진이다. 따라서 규제의 초점은 거래비용 감축이다. 규제 제정 및 운용에는 동종업계 기업 혹은 종사자가 배타적인 주도권을 갖는다.

반면 초국적 민간 규제의 의도는 기업 활동에서 부정적 외부성을 감축하는 것이다. 따라서 규제의 초점은 소비자 선택(consumer choice)이나 선도기업의 구매력을 사회적 책임 준수 기업으로 유도하는 것이다. 또한 규제의 입안 및 운영에는, 업계 내부자와 더불어, 비정부기구

---

11   자동차기술협회는 1900년대 초반에 설립된 비영리기구로, 자동차 산업 종사자들과 연관기관들이 가입해있으며, 자동차 산업에서 통용되는 규격과 표준을 제정한다. 보험업자시험사업소는 1884년 설립되어, 최초에는 보험업계의 의뢰에 의존하여 화재조사와 손해율 평가에 특화했다가, 점차 각종 제조품의 재료, 부품(components and parts), 체계(system)에 이르기까지 광범위한 안전표준을 제정하고 운용하는 비영리기구로 변모했다. 지난 2012년에 조직명을 UL LLC로 변경하고 조직형태도 영리기업으로 변경했다.

와 비영리기구, 나아가 사회문제에 관심있는 자와 단체 등, 굳이 언명하자면 지구시민사회가 관여한다. 앞서 인용한 바틀리의 문장은 이 점을 간명하게 보여준다.

초국적 민간 규제가 산업자율규제와 분명히 구별되는 새로운 현상이라는 데는 합의가 있다. 다만 새로운 현상이니 만큼, 초국적 민간 규제에 대한 이해방식은 계속 달라져왔다. 이하에서는 초국적 민간 규제를 이해하는 서로 다른 네 가지 관점을 차례로 소개한다.

1. 초기의 낙관주의: 관념론

초기에는 지구시민사회의 활력 증대와 관념 변화에 주목한 관점이 있었다. 이른바 관념론이다. 글로벌 브랜드 기업들이 비용증가에도 불구하고 사회문제에 전향적인 접근을 취한 것, 그리고 소비자들이 친환경적이고 공정한 '착한 상품(ethical goods)'에 추가금 지불 의향을 내보인 것에 착안했다.

지구시민사회의 활력은 규범적 압력을 형성한다. 지속가능성(sustainability), 인권, 공정성(fairness) 등 냉전기에는 도외시되었던 의제들이 전면에 부각되며 관심을 환기하는 것이다.

규범적 압력은 생산자와 소비자에게 모두 관념 변화를 야기한다. 예컨대, 환경오염에 대한 관심은 지속가능성에 대한 지지로 연결된다. 특히 중요한 관념변화는 생산자에게 일어난다. 생산자는, 이익 극대화라는 결과의 논리를 생산 과정의 사회규범(social norms) 준수라는 적절성의 논리(logic of appropriateness)로 대체한다(Bernstein et al. 2007). 그 결과 뚜렷한 금전적 유인이나 법적 강제가 없어도, 자율 규제가 공급망 전체에 걸쳐 관철된다.

관념론은 관념 변화에 따라 초국적 민간 규제가 확산될 것이며, 그에 따라 환경문제와 노동문제가 개선되고, 종국에는 글로벌생산체제의 거버넌스 부족이 해소된다고 본다. 이 관점의 극단에는 '세계사회학파(world society school)'가 있다. 환경과 인권에 관한 규범이 교역망을 통해 비강압적 방식으로 확산할 것이며 종국에는 규범과 관행 모두 전지구적으로 수렴한다고 낙관한다(Meyer *et al.* 1997).

관념론은 초기의 낙관주의를 반영한다. 냉전 종식 이후 하나가 된 지구촌에서는, 지속가능성과 공정성 관념이 확산하면서, 생산자는 자발적으로 생산과정에 잠복한 사회문제를 해결하고, 소비자는 웃돈을 주고라도 친환경적이고 공정한 상품을 구매할 것 같았다. 실상은 그렇지 않았다.

기업이 민간 규제에 나선 이유는 두 가지다. 첫째, 비정부기구의 명단공개 캠페인이 각 국가의 구속력있는 법적 규제나 무역협정의 의제로 번지는 것을 차단한다. 이를 위해서는 어떤 방식이든 행동을 내보일 필요가 있었다. 둘째, 행동이 불가피하다면 기업의 자율성을 극대화하는 방식을 택한다. 따라서, 기업의 목표는 규제기구에 최대한의 지분을 확보하는 제도형태, 즉, 자율 규제가 된다. 미국에서 클린턴 행정부 시기에 의류산업 노동분야 초국적 민간 규제가 발흥하는 과정은 이러한 기업들의 의도를 분명하게 보여준다(Bearak 1996; Bartley 2007, 2018).

소비자 측에서도 관념변화가 있었다면 필연적으로 나타났을 소비행태 변화는 드물다. 대표적인 증거는 지속가능성 인증팜유의 실망스런 수요다. 팜유 유통량에서 인증팜유의 비중은 10~19% 선을 넘지 못했다. 당초 원탁회의(RSPO)는 인증 비용을 그린 프리미엄(green premium)으로 벌충한다는 구상을 했었다. 그러나 인증팜유 수요가 약해서

프리미엄은 통상팜유(conventional palm oil) 가격의 1%, 2010년 기준으로 톤당 약 4달러에 불과했다. 생산자의 인증을 유인하기는 커녕 인증비용 충당에도 모자르다(Paoli *et al.* 2010).

또 다른 증거는 의류산업의 사업모델 변화이다. 대량의 저가 의류를 빠르게 회전시키는 패스트 패션 사업전략은 의류산업에서 반드시 추종해야 하는 모델이 되었다. 소비자들은 여전히 트렌디하고 저렴한 의류를 가능한 많이 소비하고 있을 뿐이다(Barnes *et al.* 2010).

2. 기업의 협력: 시장론

이후에는 시장론이 제기된다. 시장론은 비정부기구 명단공개 캠페인 구호가 산업 전반을 강하게 연상시키는 것에 착안했다. 예를 들자면, 반팜유(anti palm oil) 캠페인 구호는 '오랑우탄을 살려주세요', 혹은 '더러운 팜유'이다. 반착취공장 캠페인 구호는 '더 이상 착취공장은 그만!(no more sweatshop!)'이다. 팜플렛을 열어보면 비정부기구들의 표적인 브랜드와 소매업체 명칭들이 나열되어 있다. 하지만 한 눈에 들어오는 구호와 깨알같은 글씨가 가득한 팜플렛 중 무엇이 더 파급력이 크겠는가? 시장론은 이런 식의 평판 공격에 직면한 기업들의 집단행동(collective action)에 주목한다.

시장론에 따르면, 기업들의 자발적 집단행동은 평판을 개선시킬 것인데, 이 때 개선된 평판은 공공재와 유사한 속성을 보인다. 한 산업의 평판은 비경합적·비배제적이기 때문이다. 업계의 평판이 좋아지면 그에 기여했든 기여하지 않았든 단지 그 업계의 일원이라는 이유로 평판의 이득을 누릴 수 있다. 무임승차자를 배제하는 고전적인 집단행동

문제를 풀어야 하는 것이다(King *et al.* 2002; Bartley 2007).

기업들의 해결책은 인증제(certification)다. 인증제를 도입하면, 평판 개선 과정에 협력한 기업에만 인증마크 사용권을 줄 수 있다. 그렇지 않은 기업에게는 인증마크 사용권을 주지 않는다. 지속가능성이나 공정성에 신경쓰는 소비자는 인증마크가 찍힌 상품을 구매할 것이다. 전문용어로 말하자면, 평판 개선이라는 공공재는, 인증제를 도입함으로써 클럽재(club goods)로 변환될 수 있다(Potoski *et al.* 2005).

시장론에 따르면 글로벌 민간 규제는 공통의 평판 위협에 맞선 기업들의 협력 전략이다. 국제비정부기업들의 평판 공격이 계속되는 한, 인증제 형식의 초국적 민간 규제는 지속될 것이다. 또한 협력자에게만 이득을 배타적으로 배분하는 만큼, 민간 규제의 자발성 원칙(voluntarism)에도 불구하고 인증제의 포괄범위는 지속 확대될 것이다.

그런데 초국적 민간 규제의 형성과정과 운용 형태를 살펴보면 시장론의 설명이 들어맞지 않는다는 것을 쉽게 알아챌 수 있다. 첫째로, 시장론은 비정부기구에 자경단 역할만을 기대한다. 지치지 않고 산업의 평판을 공격하는 역할이다. 그런데 현실의 비정부기구는 전문주의 노선을 선택하기도 한다. 아예 규제기구에 참여하여 검증자(verifier) 역할을 도맡기도 한다. 이 부류의 비정부기구들은 선도기업들의 구매력을 이용하는 것이 자극적인 사진이나 눈길을 끄는 구호보다 더 중요하다고 생각한다.

"약 300~500개 정도의 기업들이 우리[세계자연기금]가 가장 중요하다고 지정한 15개 원자재 거래의 70% 이상을 통제합니다. 우리가 그들과 일해서 그들의 사업방식을 바꾼다면, 나머지는 저절로 이루어질 것입니다(Clay 2010)."

전문주의 노선의 선도자인 세계자연기금(WWF) 미국지부의 부회
장 클레이(Jason Clay)의 공개강연 중 일부다. 실제로 세계야생동물기금
(WWF)은 지난 2002년 팜유산업 전반을 조사한 보고서 한 부를 가지고,
사임 다비(Sime Darby)나 시나르 마스(Sinar Mas) 같은 상류(upstream)
의 말레이시아-인도네시아 생산자들부터, 네슬레나 유니레버 같은 중
류(midstream)의 교역-제조업자, 던스스토어(Dunnes Store)같은 하류
(downstream)의 수퍼마켓 체인업체까지, 팜유산업 참여기업들을 초청
해 회의를 열었다. 이 회의는 그대로 원탁회의(RSPO)로 발전한다. 의류
산업에서도 비정부기구들 대다수는 하나 이상의 규제기구에 참여하며
규제 관리와 검증에 관여한다.

둘째, 평판 공격이 기업들을 집단행동으로 몰아넣는 것도 아니다.
평판 공격 초기에는 독자 대응이 우세하다. '더러운 팜유' 캠페인이 한
창일 때 일부 기업, 대표적으로 유니레버와 미그로스는 환경 컨설팅
기업과 협력하여 독자적으로 대응했다. 여론이 지목하지도 않았는 데
여론의 공격을 받는 기업들과 나란히 설 이유는 없다. 의류산업의 경
우를 보자. 전선 선두에서 여론의 십자포화를 맞던 기업들이 각자 독
자적인 윤리규범과 감독체계를 마련하는 동안, 다른 기업들은 팔짱을
낀 채 한 동안 분위기를 관망했다. 집단행동은 시장론의 예측보다 훨
씬 더 벅찬(daunting) 일이다.

만약 집단행동이 일어난다면, 그 이유는 대체로 다른 공적기구(pub-
lic entity)의 종용이다. 팜유 최종사용자들은 세계야생동물기금(WWF)
이 소집한 2002년 회의 이후에야 상호 보조를 맞추기 시작했다. 의류
산업에서는 엘 몬테 사건과 케시 리 기퍼드 스캔들 직후 대통령이 태
스크포스(task force)를 만들고 나서야 주요 브랜드 기업-소매업자 중
절반 정도가 참여하는 집단행동이 조직되었다. 이마저도 2년이 채 지

나기도 전에 좌초했다(Bartley 2007). 라이선스 브랜드로 저가 의류를 대량으로 유통하는 소매업자들은 지금도 독자적인 윤리규범과 감시체계에 의존한다.

셋째, 시장론은 인증제가 집단행동 문제의 해결방안이라고 보지만 그렇지 않다. 초국적 민간 규제가 꼭 인증제를 운영하는 것도 아니고, 운영한다 하더라도 시장론과 동떨어진 방식인 경우가 많다. 단적으로, 수도 없이 많은 의류산업 초국적 민간 규제 중 극소수만이 인증제를 운영한다.

엄격하기로 이름난 SA8000의 경우, 제품에 인증마크를 표기하지 않고, 홈페이지에 인증 작업장 목록을 게시한다. 공정한 노동 댓가 지불 여부를 부호화하여 소비자 선택을 유인하는 것이 시장론이 기대하는 인증제의 역할인데, SA8000은 이 기대에 반한다. 만약 SA8000 인증 의류를 구매하고 싶은 소비자가 있다면, 의류를 제작한 작업장이 어디인지 알아내서, 그 작업장이 SA8000 홈페이지에 인증 작업장으로 기재되어 있는지 스스로 찾아봐야 한다.

인증제가 산업의 평판 개선 비용을 공급망 하위계층으로 떠넘기는 수단으로 전락한 경우도 있다. 원탁회의(RSPO)의 경우를 보자. 인증 대상 행위는 사실 상 교역 이전의 재배(pre-trade cultivations) 단계에 한정된다. 항만 벌크 선적 설비까지 육상운송, 벌크선 선적과 하역, 해상운송, 정제, 1차 가공, 유통, 2차 가공(완제품 제조), 완제품 유통 등, 재배 이후 공정에는 오랑우탄의 사진을 나란히 걸어놓기 어려워서인지 모르겠지만, 여하여튼 관행농업(conventional agriculture) 에만 문제를 제기한다. 이 때문에 인증비용은 사실 상 말레이시아-인도네시아 오일팜 재배 기업에게만 전가된다. 뿐만 아니라 원탁회의(RSPO)는 비인증 기업에게도 회원사 자격을 부여한다(McCarthy 2012). 인증제가 무임승차 방지 기제라는 시장론의 주장과 정면으로 배치되는 현상이다.

3. 흥정과 타협: 정치론

정치론은 다양한 이해당사자 간의 갈등과 흥정에 착안한다. 특히 기업, 비정부기구, 국가 등 행위자들이, 전통적인 역할 범위를 넘어선 전략에 기댄다는 데 주목한다. 예컨대, 국가는 법률과 행정권을 동원한 공적 규제 대신에 '민간 규제'라는 전략을 수용한다. 비정부기구는 폭로와 항의 전략 대신에 감독과 검증 역할을 수용한다. 본래의 관행적 역할을 넘어서 완전히 새로운 제도 구성을 창안해 낼 수 있다는 점에서, 이들을 제도적 기업가라 부를 수 있을 것이다.

정치론은 제도적 기업가 사이의 임시방편적 타협에서 초국적 민간 규제의 연원을 찾는다. 당초 국제비정부기구는 글로벌생산체제의 환경문제와 노동문제에 대한 국가의 법적·행정적 대응을 촉구했었다. 여의치 않자 비정부기구들은 일부 우호적 국가와의 연합을 선택한다. 따라서 전선은 주로 비정부기구-국가와 기업집단 사이에 형성된다. 비정부기구와 협업을 택한 국가는, 아마도 실제로는 불가능했을 전통적인 법적 규제 가능성을 암시함으로써 기업들의 협조를 얻어낸다. 비정부기구는 국가의 조력과 초국적 활동거점을 활용한 민간 규제를 구상한다. 갈등과 흥정이 잠정적이나마 타협에 이르면 초국적 민간 규제가 형성된다. 요컨대, 초국적 민간 규제의 동학은, 정치적 정렬(political alignment)을 창의적으로 변경하고, 자경단에서 검증자로 스스로의 역할을 재정의 한 국제비정부기구에 의해, 상당 부분 규정된다(Bartley 2007; Vogel 2008).

정치론은 타협의 임시방편적 특성 상 초국적 민간 규제가 유동적이라고 본다. 가령, 현행의 지배적인 제도적 틀인 감사나 인증제는 어느 누구에게도 최적은 아니다. 기업은 최소 규제의 느슨한 시행을 원하는데, 국제비정부기구는 최대 규제의 엄정한 시행을 원한다. 어느 누구도 현상 유지에 만족하지 못한다. 따라서 초국적 민간 규제는 향후 초국적 정치지형(political landspace)의 변화에 따라 변화할 수 있다.

정치론의 설명은 앞서의 관념론이나 시장론의 설명에 비해 현실과 더욱 정합적이다. 다만 정치론의 이해방식에 결점이 없는 것은 아니다. 기업집단을 지나치게 단순화하고 있다. 그러나 어떤 경우에는 기업집단이 동질적이지 않을 수 있으며, 기업 역시 제도적 기업가로서 창의적인 전략을 사용할 수 있다.

정치론은 기업집단이 관행적 역할을 쉽게 바꾸지 않는 보수적인 행위자라 본다. 이익 극대화 유인과 자율성 침해 우려는 모든 기업에게 공통되며 시간이 지나도 변하지 않을 것이기 때문이다. 하지만 기업들 역시 제도적 기업가일 수 있다. 때에 따라서는 국가나 비정부기구와 연합을 적극적으로 추진할 수도 있다. 특히 산업 내 기업 간 관계가 분절적이거나 경합적인 경우, 상대적으로 유순한 비정부기구가 협력을 제안하는 경우에 그렇다.

원탁회의(RSPO)가 대표적인 사례다. 다른 원자재 산업(commodity industry)과 마찬가지로 팜유 산업에서도, 산업 내 생산자와 구매자의 이해관계가 극명하게 갈리는데, 심지어 이 경합적 이해관계는 탈식민주의(post-cocolonialism)로 채색되어 있다.[12] 이 때문에 잘 조직된 말레

---

12 말레이시아와 인도네시아의 오일 팜 플랜테이션은 각각 영국과 네덜란드의 중개회사(agency house), 특허장회사(chartered company)가 개척했

이시아-인도네시아 소재 재배자 측과 유럽 소재 구매자 측 사이에는 정치적 균열이 존재한다. 더러운 팜유 캠페인 무렵, 일부 유럽 구매자들과 일부 비정부기구는 "비정부기구-산업 복합체(NGO-industry complex, Djama *et al.* 2010)"라 불릴 정도로 밀접한 협조관계였다. 유니레버 등 구매자가 연구·개발한 인증제는 거의 원안 그대로 원탁회의(RSPO) 인증제로 수용되었다. 전 장에서 전술한 바, 이 인증제는 인증비용을 재배자에게 전가하는 결함이 있었다. 전선은 기업집단 내부에도 있었던 셈이다. 인증제의 비용전가 문제는, 추후 말레이시아와 인도네시아 팜유 사업자 단체가 독자 인증제를 마련하는 계기가 된다.

의류산업은 제도적 기업가로서 기업의 민간 규제 활용 전략을 관찰할 수 있는 사례다. 현재 의류산업의 초국적 민간 규제는 수십 가지에 달한다. 민간 규제의 신뢰성을 담보하기 위해서는 제3자 검증이 필수적인데, 일부는 상업적 감사기업(commercial auditing companies)을, 다른 일부는 유순한 비정부기구를 포섭하여 활용한다. 이합집산에 따라 우후죽순 늘어나는 상품화 된 규제들(commodified private regulations)은, 의류기업들이 명단공개 캠페인을 면피하면서 과거와 같은 약탈적 외주를 지속할 수 있게 해주는 기반이 된다(Gourevitch 2011). 물론 약탈적 외주는 의류제작 작업장에서 착취 관행 근절을 어렵게 한다.

기업집단에 대한 이해가 다소 평면적이긴 하지만, 정치론이 제기한 '제도적 기업가들의 갈등·흥정·타협'이라는 틀은, 초국적 민간 규제를 이해하는 가장 의미있는 방식이다.

다. 독립 이후 말레이시아는 국영투자회사의 주식인수로, 인도네시아는 적산 몰수와 육군 불하로, 팜유 산업의 탈식민화를 진행했다(Anderson 1983, 신윤환 역 1992; Pletcher 1991; Yacob *et al.* 2010).

그런데 초국적 민간 규제의 그림은 아직 완전하지 않다. 마지막 관점은 규제 집행 현지 국가의 중요성을 강조한다.

4. 작업장 현지: 현지론

최근에는 규제가 집행되는 현지에 주목해야 한다는 현지론이 제기된다. 현지론은 동종 산업 유사 규제들의 성과가, 작업장 소재 국가의 특성에 따라 달라진다는 것에 착안한다.

기존에는 작업장 소재 개발도상국을 "비어있는 땅(Bartley 2018)"으로 간주했다. 구체적인 의미는 다음의 두 가지다. 첫째, 정부 역량이 부족하기에 필요 최소한의 환경·노동 규제조차도 부재할 것이다. 둘째, 경제 구조가 단순하고 사회가 분화하지 않았기에 규제에 영향을 미칠 법한 국내 정치경제적 요인들이 아직 발달하지 않았을 것이다.

따라서 "비어있는 땅"은 범세계적 최적 관행(global best practices)이 도래하기를 기다리는 것처럼 보인다. 더구나 그 땅에는 하청 작업장들이 있다. 선도기업 구매력을 활용한다면, 현지 작업장을 연결 고리로, 개발도상국의 환경·노동문제를 최적관행에 가깝게 개선할 수 있을 것이다.

규제의 효과를 규제의 특성으로만 유추하는 논리도 "비어있는 땅" 접근의 산물이다. 대부분 초국적 민간 규제 문헌은 규제 성과에 영향을 미칠 법한 요인으로 규정의 엄격성, 감사자의 영리성 등을 나열한다. 규제로 흡수되기를 거부한 전투주의 노선의 비정부기구, 예컨대 노동자권리컨소시엄(WRC, Worker Rights Consortium)과 같은 비정부기구들도, 마찬가지 논리에 따른다. 보다 엄격한 규제를 수립하고 상업적 감사 기업을 업계에서 배제해야 작업장의 형편이 개선될 수 있다는 것이다. 하청 작업장 노동조건이 즉각, 대폭 개선되기를 원하는 이들 조차도, 규제의 성과를 규제의 특성 그 자체에서만 도출하고 있다.

실제로는 어떠한가? 표 2는 2010년 SA8000 인증의 이른바 '인증률(rate of certification)'을 국가 별로 따져본 것이다. 표 3는 국가별·연도별로 비교 가능한 작업장 감사 점수 데이터를 획득하여 정리한 것이다.

단순한 기술 통계라 엄밀한 비교는 어렵다. 그러나 양쪽 도표에 모두 포함된 인도네시아와 베트남을 대조하여 다음의 두 가지를 파악하는 데는 충분하다. 첫째, 같은 규제라도 규제 성과가 국가 별로 크게 다르다. 예컨대, 인도네시아의 SA8000 인증 작업장 수는 상대적으로

표 2 SA8000 인증의 국가간 비교

국가	인도네시아	중국	베트남	파키스탄
SA8000 인증작업장 수(2010-2011)	10	440	59	166
매출 1억 달러 당 SA인증작업장 수	2.5	6	13	-
노동자 1만명당 작업장 수	1.6	3	11	8

출처: Bartley 2018: 219

표 3 2003년-2010년 의류공장 감사 점수(audit score) 패널데이터 국가간 비교

	인도네시아	필리핀	태국	베트남
2003년 평균 감사점수	68.9	66.3	69.5	63.2
2010년 평균 감사점수	73.7	71.4	74.9	69.1
평균점수 변화	4.8	5.1	4.4	5.8
연평균 감사횟수(2003-2010)	4.9	5.8	5.6	5.2
연평균 종업원수(2003)	612.4	681.5	722.9	537.7
외자비율, %(2003)	48.7	50.6	51.8	52.4
대도시 외곽 시설 비중%, (2003)	24.7	22.1	32.4	28.5
전체 숫자	180	154	234	264

출처: Sanders *et al.* 2018: 7

적은 반면 베트남의 인증 작업장 수는 상대적으로 많다. 둘째, 매우 흥미롭게도, 규제 성과의 구체적 양태도 국가 별로 다르다. 가령, 인도네시아는 인증률에서 뒤쳐져 있지만 전반적인 감사 점수는 높고, 베트남은 인증률이 높지만 감사 점수는 낮은 편이다. 두 차이는 "비어있다"던 그곳들이 실제로는 '비어있지 않을' 가능성을 암시한다. 국가에 따라 다른 모종의 요소가 초국적 민간 규제의 작동에 영향을 미치고 있는 것이다.

'모종의 요소'에 대한 단서는 현지론, 특히 바틀리의 최근 연구에서 찾을 수 있다(Bartley 2018). 바틀리는 중국과 인도네시아에서 초국적 민간 규제의 작동 양상을 분석했다. 바틀리의 발견도 위의 발견과 비슷하다. 중국의 인증률은 인도네시아에 비해 높은 수준이었다. 하지만 실제 환경·노동 문제 개선도는 중국이 인도네시아에 비해 확연히 뒤쳐져 있었다.

바틀리는 이를 정치체제 차이(difference in political regime)에 따른 초국적 민간 규제 정치과정 차이로 설명한다. 민주주의 체제에서는 국내 시민사회의 활력이 높고 노동자 단결권과 행동권이 보장된다. 비기업 행위자의 상대적으로 자유로운 활동은 두 가지 결과를 낳는다. 첫째, 초국적 민간 규제에 관련한 상향식 감시 활동에 조력할 수 있어 규제의 엄격한 집행이 가능해지는 바, 환경·노동 문제의 실질 개선이 어느 정도는 가능하다. 둘째, 비기업 행위자와 작업장 소유 기업 간의 경합적 관계 때문에 인증 또는 감사에 소요되는 시간과 비용의 수준이 높아, 인증은 정체된다. 두 번째는 다소 역설적인데, 바틀리는 인도네시아 활동가들이 초국적 민간 규제 기구에 실태를 고발하며 인증 거절을 청원하는 사례들을 보고한다(Bartley 2018: 39)

반대로 권위주의 체제에서는 자발적·자율적 시민단체의 활동이 제약되고, 노동자의 자율적인 단결권과 행동권이 보장되지 않는다. 비기업 행위자 취약성의 결과 역시 두 가지다. 첫째, 초국적 민간 규제의 집행에 관련하여 기업들의 주도권이 거의 온전히 보장되기는 바, 규제 조항에 대한 '해석과 협상' 등 기제로 규제가 느슨해지고, 인증 및 감사의 질도 떨어진다. 둘째, 기업 주도 초국적 민간 규제 운영에 대항력(counterveilling power)이 부재하기 때문에 인증 및 감사가 수월하여 인증률이 높다.

베트남의 사회통제가 중국에 비해 느슨하다는 세평이 있기는 하지만, 베트남 역시 공산당 영도체제를 유지하는 국가로, 특히 노동 문제에 관한 한 국내 비정부기구의 활동을 보기 어렵다(Chi 2018). 따라서 바틀리의 주장은 위의 베트남과 인도네시아의 국가 간 차이를 설명하는데도 거의 그대로 적용할 수 있다.

물론 바틀리가 지적한 정체 차이가 초국적 민간 규제의 작동에 영향을 미치는 현지 요소(local factors)의 전부는 아닐 것이다. 나아가 초국적 민간 규제 작동의 다양한 양태는 더 다양한 측면에서 살펴보아야 할 것이다. 어쨌건 현지론 연구의제는 이제 막 제기되었고, 앞으로 초국적 민간 규제에 대한 이해를 풍부하게 해 줄 것이다.

VI. 결론: 전망과 실천적 함의

지금까지 초국적 민간 규제의 배경, 사례, 각기 다른 이해방식의 진화를 소개했다. 남은 이야기거리는 전망과 실천적 함의(practical implications)다.

앞서 초국적 민간 규제의 배경으로 생산세계화와 그에 따른 거버넌스 부족을 지목했었다. 생산체계가 지금과 같이, 원가절감을 좇아 지리적으로 분산하는 한, 그리고 선도기업의 구매력에 의존하여 기능적 통합을 달성하는 한, 거버넌스 부족 문제는 사그라들지 않을 것이다.

사실 거버넌스 부족을 일률적으로 크게 개선할 수 있는 방법이 있기는 하다. 환경·노동 이슈를 포괄한 새로운 다자무역협정이 그것이다. 그런데 이 방법은 수십 년째 실패를 거듭하고 있다. 반복하자면, 모든 당사자가 동등한 거부권을 들고 협상장에 나오는 다자협정은 성공하기 어렵다(Schwab 2011).

따라서 가까운 미래에는 초국적 민간 규제가 계속 존재할 것이다. 다만, 제도적 기업가들 사이의 흥정을 주장하는 정치론과, 작업장 소재지의 정치경제적 조건을 강조하는 현지론의 통찰에 따르면, 초국적 민간 규제의 구체적인 모습이 지금과는 달라질 가능성이 있다.

일례로, 그 때 그 때의 이슈에 따라, 그리고 참여자의 이합집산에 따라, 새로운 민간 규제가 우후죽순으로 생겨나 상호 경합하는 현상이 누적되면, 종국에는 초국적 민간 규제의 풍경(landscape)이 바뀔 것이다. 가령, 2013년 방글라데시 라나 플라자 붕괴 사고 이후 주로 유럽 구매자들을 중심으로 협약(The Accord on Fire and Building Safety in Bangladesh)이 설립되자, 이에 반발한 미국 구매자들이 동맹(The Alliance for Bangladesh Worker Safety)을 창설한 예를 들 수 있다(Alamgir *et al.* 2019; 한인수 외 2016). 또 다른 예는 팜유산업에서 오일 팜 재배기업 정상조직이 주도하는 국가 별 독자 인증제인 말레이시아지속가능팜유(MSPO), 인도네시아지속가능팜유(ISPO)가 원탁회의(RSPO)와 경합하는 현상이다.

완전히 새로운 형식의 초국적 민간 규제가 나타날 가능성도 배제할 수 없다. 국제노동기구(ILO, International Labor Organization)의 베터워크 프로젝트(Betterwork Project)가 대표적인 사례다. 베터워크 프로젝트는 현지국 노동당국 및 무역당국과 연계한 정부간 국제기구가, 감사와 인증이라는 초국적 민간 규제의 방법을 차용하여, 현지 법률을 민간 규제로서 집행하고 있다. 새로운 양태의 혼종적인 초국적 규제(hybrid transnational regulation)인 것이다(Bartley 2018).

그렇다면 현지 진출 기업은 무엇을 할 수 있는가? 단기적으로는 초국적 민간 규제의 정치과정과 관련하여, 규범준수(compliance) 부서의 역량과 기업의 사회공헌(corporate philanthropy) 활동을 강화하는 방안이 있다. 전자는 감사 및 인증 과정에 현지 시민단체나 노동조합의 관여가 적은 권위주의 국가에서, 후자는 현지 시민단체나 노동조합의 관여가 상당한 민주주의 국가에서, 각각 비용 대비 효과가 높을 수 있다. 물론 여력이 된다면 두 방안 모두를 병행하는 것이 나쁠 이유는 없다. 다만 선택과 집중이 불가피하다면 작업장 소재국가의 정치경제적 특성에 유의할 필요가 있다.

현지론에 따르면 초국적 민간 규제의 구체적인 작동 양상은 작업장 소재 국가의 정체에 따라 조금씩 다르다. 권위주의 국가에서 감사 및 인증은 거의 오롯이 규제기구와 작업장 사이의 '업무'가 된다. 이 경우 감사관과 작업장 규범준수 부서는 종종 규제조항의 해석을 두고 협상을 벌이게 된다. 가령 작업장안전보건(OHS, Occupational Health and Safety) 관련 조항이 '적정 위생설비'를 요구한다면, '적정'과 '위생설비'의 구체적인 의미를 다툴 수 있다는 것이다. 그렇다면 작업장 소유 기업은 규범준수 부서의 이른바 '소통 역량'을 강화하는 것으로 규제 집행을 조금이나마 느슨하게 만들 수 있다.

반면 민주주의 국가에서는 감사 및 인증 과정에 현지 시민단체와 노동조합 등 이른바 '대항력'이 종종 개입한다. 작업장 소유 기업이 이들 대항세력과 좋은 관계를 맺지 않으면 감사 및 인증 과정의 시간과 비용이 급격히 증가할 수 있다. 따라서 작업장 소유 기업은 사회공헌 활동을 통해 지역사회에 좋은 인상을 주는 것 만으로, 잠재적인 감사 및 인증의 비용증가를 억제할 수 있다.

역시 초국적 민간 규제의 정치과정과 관련하여 중기적으로는 소수 초국적 민간 규제에 전속(captive)되는 것을 방지하는 데 목적을 두고 적당히 다변화된 거래선을 유지할 필요가 있다. 한 두 가지 민간 규제안의 감사나 인증만으로는 규제과정의 급변에 대응하기 어려울 수 있다. 여러 개의 민간 규제에 거래선을 유지한다면, 어느 하나의 감사 또는 인증 승인에 실패하여 물량에 벌칙을 받더라도, 나머지 거래선의 물량으로 다음 기회를 준비할 수 있다. 의류산업의 예를 들자면, 감사와 인증이 느슨하기 마련인 대량 패스트 패션 거래선 여럿을 기본으로 확보하고, 보다 엄격한 감사 혹은 인증을 요구하더라도 기술이전이나 노동자 숙련지도에 적극적인 거래선을 물량 조건에 상관 없이 유지하는 방편이 최적이다. 이는 장기적으로도 작업장의 사업모델과 규모를 일신하는 기회가 되기도 한다.

너무나 당연해서 공허할 수도 있는 권고이지만, 장기적으로는 사업전략을 원가로 경쟁하는 저위(low road)에서 품질로 경쟁하는 고위(high road)으로 변환해야 한다. 고위전략으로 이행하면 그 만큼 노동기준을 준수하면서도 작업장 경영을 안정시킬 수 있는 여력이 생긴다. 물론 이러한 방안에는 만만치 않은 설비투자비용이 든다. 심지어 산업구조나 글로벌 경기흐름과 같이 작업장에서는 통제할 수 없는 이유로 투자 결과가 좋지 않을 수도 있다. 게다가 사업모델 변환으로 공급망의 위계를 거슬러 올라갈수록 경쟁력 원천이 무형화하는 경향이 있기 때문에, 원가절감 만으로 경쟁할 때 보다 외려 경영이 더 힘들어질 수도 있다. 하지만 분명한 점은 일단 저위전략을 벗어나면, 진실로 여력이 되지 않아 각종 노동 및 환경 기준을 위반하는, 이른바 "교도소 담벼락을 걷는" 상황으로 몰리지 않는다는 것이다.

역시 너무나 당연해서 공허할 수 있는 제언이지만, 궁극적으로는 기업의 사회적 책임을 다하는 것이 필요하다. 서론의 희곡으로 돌아가자면, 오셀로 평판의 취약성은 스스로 어찌할 수 없는 타고난 피부색 때문이라지만, 산업의 오명 문제라면 작업장이 완전히 면책될 수는 없다. 물론, 오명의 궁극적 책임은, '더욱 빠르고 더욱 많이 더욱 저렴하게' 외주 생산을 압박하는 선도기업에 있다. 그러나 일부 작업장의 용인될 수 없는 노동착취와 환경파괴는, 어쨌건 어느 정도는 작업장 내 '경영 상 판단'의 결과다. 이런 식의 올바르지 않은 '경영 상 판단'은 최대한 지양해야 한다.

::참고문헌

백창재·송주명·정하용·권형기·명재석·이소정, 2012. "생산 세계화의 다양성Ⅱ: 미국·독일·일본 자동차 산업 비교분석."『한국정치연구』 21(1): 307-331.

한인수·엄금화. 2016. "방글라데시의 봉제업: 희망으로의 험로(險路)."『아시아리뷰』6(1): 39-71.

Anderson, Benedict. 1983. 신윤환 역. 1992. "오래된 국가, 새로운 사회:비교사적 시각에서 조명해 본 인도네시아의 신질서체계(Old State, New Society: Indonesia's New Order in Comparative Historical Perspective)." 동남아정치연구회 편역.『동남아 정치와 사회』서울: 한울아카데미.

Clay, Jason. 임주영 역. 송인혁 감수. 2010.『제이슨 클레이: 대형 브랜드가 어떻게 생명다양성을 보호할 수 있는가?(Jason Clay: How Big Brands Can Save Biodiversity?)』테드 글로벌 컨퍼런스 2010(TED Global Conference 2010). 7월.

https://www.ted.com/talks/jason_clay_how_big_brands_can_save_biodiversity?language=ko#t-619350 (검색일: 2019.03.02)

Gereffi, Gary. 한국노동연구원 역. 2013. "의류 글로벌 가치사슬 내에서의 경제적·사회적 고도화와 인력개발."『국제노동브리프』2013(4): 18-28.

Hoskins, Tansy E. 2014. 김지선 역. 2016.『런웨이 위의 자본주의(Stitched up: The Anti-Capitalist of Fashion)』서울: 문학동네.

Alamgir, Fahreen and Subhabrata Bobby Banerjee. 2019. "Contested Compliance Regimes in Global Production Networks: Insights from the Bangladesh Garment Industry." *Human Relations* 72(2), pp.272-297.

Barnes, Liz and Gaynor Lea-Greenwood. 2010. "Fast Fashion in the Retail

Store Environment." *International Journal of Retail and Distribution Management* 38(10), pp.760-772.

Bartley, Tim and Curtis Child. 2014. "Shaming the Corporation: The Social Production of Targets and the Anti-Sweatshop Movement." *American Sociological Review* 79(4), pp.653-679.

Bartley, Tim. 2007. "Institutional Emergence in an Era of Globalization: The Rise of Transnational Private Regulation of Labor and Environmental Conditions." *American Journal of Sociology* 113(2), pp.297-351.

Bartley, Tim. 2018. *Rules Without Rights: Land, Labor, and Private Authority in the Global Economy.* New York, NY: Oxford University Press.

Bearak, Barry. 1996. "Kathie Lee and the Sweatshop Crusade." *The Los Angeles Times.* June 14.

Bernstein, Steven and Benjamin Cashore. 2007. "Can Non-state Global Governance Be Legitimate? An Analytical Framework." *Regulation & Governance* 1(4), pp.347-371.

Chase, Brian F. 1994. "Tropical Forests and Trade Policy: The Legality of Unilateral Attempts to Promote Sustainable Development under the GATT." *Hastings International and Comparative Law Review* 17(2), pp.349-388.

Chi, Do Quynh. 2018. *The Missing Link in the Chain? Trade Regimes and Labour Standards in the Garments, Footwear and Electronics Supply Chains in Vietnam.* Core Labour Standards Plus Series. Hanoi, Vietnam: Friedrich-Ebert-Stiftung Vietnam Office.

Corley, R. Hereward. V. and P. Bernard Tinker. 2003. *The Oil Palm.* 4th ed. West Sussex: Wiley

Corse, Ronald. 1937. "The Nature of Firm." *Economica* 4(16), pp.386-405.

Costello, Sam. 2018. "Where Is the iPhone Made? It takes a village to build an iPhone." *Lifewire.* July 14.

Crossan, Andrea. 2017. "How a Sweatshop Raid in an LA Suburb Changed the American Garment Industry." *Public Radio International's The World Series.* https://www.pri.org/stories/2017-12-05/how-sweatshop-raid-la-suburb-changed-american-garment-industry (검색일: 2019.03.02)

Dicken, Peter. 2015. *Global Shift: Mapping the Changing Contours of the World Economy.* 7th ed. London: Sage Publications Ltd.

Djama, Marcel and Benoît Daviron. 2010. *Managerial Rationality and Power Reconfiguration in the Multi-stakeholder Initiatives for Agricultural Commodities: the Case of the Roundtable for Sustainable Palm Oil.* a Paper Presented at European Group for Organizational Studies Summer Workshop in Margaux, France. May 27.

Drabble, John H. and Peter J. Drake. 1981. "The British Agency Houses in Malaysia: Survival in a Changing World." *Journal of Southeast Asian Studies* 12(2), pp.297-328.

Feenstra, Robert C. 1998, "Integration of Trade and Disintegration of Production in the Global Economy." *Journal of Economic Perspectives* 12(4), pp.31-50.

Gereffi, Gary and Miguel Korzeniewicz. 1994. "The Organization of Buyer-Driven Global Commodity Chains: How U.S. Retailers Shape Overseas Production Network." in Gery Gereffi and Miguel Korzeniewicz (eds.). *Commodity Chains and Global Capitalism.* Westport, CT: Praeger Publishers.

Gereffi, Gary. John Humphrey and Timothy Sturgeon. 2005. "The Governance of Global Value Chains." *Review of International Political Economy* 12(1), pp.78-104.

Gourevitch, Peter. 2011. "The Value of Ethics: Monitoring Normative Compliance in Ethical Consumption Markets." in Jens Beckert and Patrik Aspers (eds.). *The Worth of Goods: Valuation and Pricing in the Economy*. New York, NY: Oxford University Press.

Haas, Peter M. 2004. "Addressing the Global Governance Deficit." *Global Environmental Politics* 4(4), pp.1-15

Haufler, Virginia. 2001. *Public Role for the Private Sector: Industry Self-Regulation in a Global Economy*. Washington D.C.: Carnegie Endowment for International Peace.

Heckel, J. 2001. "Nike, Adidas Officials Discuss Sweatshop Issues at University of Illinois." *Knight Ridder-Tribune Business*, November 29.

Helleiner, Eric. 1994. *States and the Reemergence of Global Finance: From Bretton Woods to the 1990s*. Ithica, NY: Cornell University Press.

Hobbes, Michael. 2015. "The Myth of the Ethical Shopper." *The Huffington Post*. May 15.
https://highline.huffingtonpost.com/articles/en/the-myth-of-the-ethical-shopper/index.html (검색일: 2019.03.02)

Hospes, Otto. 2011. "Private Law Making at the Roundtable on Sustainable Palm Oil." in Bernd van der Meulen (ed.). *Private Food Law: Governing Food Chains through Contract Law, Self-regulation, Private Standards, Audits and Certification Scheme*. Wageningen, Netherlands: Wageningen Academic Publishers

King, Andrew A. Michael J. Lenox and Michael L. Barnett. 2002. "Strategic Responses to the Reputation Commons Problem." in Andrew J. Hoffman and Marc J. Ventres (eds.). *Organizations, Policy, and the Natural Environment*, Stanford, CA: Stanford University Press.

Krasner, Stephen D. 1976. "State Power and the Structure of International Trade" *World Politics* 28(3), pp.317-347.

LeBaron, Genevieve. Jane Lister and Peter Dauvergne. 2017. "Governing Global Supply Chain Sustainability through the Ethical Audit Regime." *Globalizations* 14(6), pp.958-975.

Locke, Richard M. 2013. *The Promise and Limits of Private Power: Promoting Labor Standards in a Global Economy.* New York, NY: Cambridge University Press.

Malaysian Palm Oil Board(MPOB) and Malaysian Palm Oil Council(MPOC). 2010. *Palm Oil Development and Performance in Malaysia.* a Presentation to United States International Trade Commission. Febuary 3.

Martin, Susan 2006. "An Edible Oil for the World." in A. John H. Latham and Heita Kawakatsu (eds.). *Intra-Asian Trade and the World Market.* New York, NY: Routledge.

McCarthy, John F. 2012. "Certifying in Contested Spaces: Private Regulation in Indonesian Forestry and Palm Oil." *Third World Quarterly* 33(10), pp.1871-1888.

Meyer, John W. John Boli. George M. Thomas and Francisco O. Ramirez. 1997. "World Society and the Nation State." *American Journal of Sociology* 103(1), pp.144-181.

Myerson. Allen R. 1997. "In Principle, a Case For More 'Sweatshops'." *The New York Times.* June 22.

Nadvi, Khalid. 2008. "Global Standards, Global Governance and the Organization of Global Value Chains." *Journal of Economic Geography* 8(3), pp.323-343.

Paoli, Gary D., Besty Yaap, Philip L. Wells and Aisyah Sileuw. 2010. "CSR, Oil Palm and the RSPO: Translating Boardroom Philosophy into Conservation Action on the Ground." *Tropical Conservation Science.* 3(4), pp.438-446.

Pletcher, James. 1991. "Regulation with Growth: The Political Economy of Palm Oil in Malaysia." *World Development* 19(6), pp.623-636.

Potoski, Matthew and Aseem Prakash. 2005. "Green Clubs and Voluntary Governance: ISO 14001 and Firms' Regulatory Compliance." *American Journal of Political Science* 49(2), pp.235-248.

Ross, Brian(Reporter). Bob Kur(Reporter) and Tom Brokaw(Anchor). 1992. "Report: Where Are Wal-Mart's 'Made in the USA' Clothes Really Made?" *NBC Nightly News*. December 12.

Sanders, Scott R. Michael R. Cope and Elizabeth R. Pulsipher. 2018. "Do Factory Audits Improve International Labor Standards? An Examination of Voluntary Corporate Labor Regulations in Global Production Networks." *Social Sciences* 7(6), pp.1-12.

Schanberg, Sydney H. 1996. "Journey: Pakistani Kids Are Earning Six Cents an Hour Making Soccer Balls for American Children." *Life Magazine*. June 1996, pp.38-51

Schwab, Susan C. 2011. "After Doha: Why the Negotiations Are Doomed and What We Should Do About It." *Foreign Affairs* 92(3), pp.104-114.

Shakespeare, William. 1603. *The Tragedy of Othello, the Moor of Venice*.

Sutton, Keith. 1989. "Malaysia's FELDA Land Settlement Model in Time and Space." *Geoforum* 20(3), pp.339-354.

Teoh, Cheng Hai. 2002. *The Palm Oil Industry in Malaysia: from Seed to Frying Pan*. a Paper Prepared for WWF Switzerland.

The Star. 2011. "Indonesian Withdrawal Puts Roundtable on Sustainable Palm Oil on Shaky Ground." Oct 5.

Vogel, David. 2008. "Private Global Business Regulation." *Annual Review of Political Science* 11(1), pp.261-282.

Wilsey, Matt and Scott Lichtig. 1998. *The Nike Controversy*. Stanford EDGE(Ethics of Development in a Global Environment) Seminar Series Achieve. https://web.stanford.edu/class/e297c/trade_environment/

wheeling/hnike.html (검색일: 2019.03.02)

Yacob, Shakila and Nicholas J. White. 2010. "The 'Unfinished Business' of Malaysia's Decolonisation: The Origins of the Guthrie 'Dawn Raid'." *Modern Asian Studies* 44(2), pp.919-960.

필리핀의 공정무역: 공정무역단체의 발전 사례

장승권·김선화

I. 들어가며

공정무역(Fair Trade)에 대한 관심이 높아지고 있다. 서울, 인천, 경기도 등 수도권에서는 시민사회단체와 지방자치단체가 힘을 모아 공정무역 도시를 선언하고 이 노력을 인정받고 있다. 그리고 공정무역 사업만을 하는 공정무역단체(Fair Trade Organization)도 늘어나고 있다. 이런 추세는 국제적으로 유사하다. 선진소비국가에서 시작한 공정무역이 점차 영향력을 넓혀가고 있다. 이제 북반구 선진 소비국뿐 아니라, 남반구 생산국에서도 공정무역을 중요한 사회변화 동력으로 보기 시작했다. 아직 규모가 크지는 않지만, 글로벌유통기업과 식품제조기업들도 공정무역 사업을 하고 있다.

이러한 변화를 기반으로 남반구 생산국 중 하나인 필리핀의 공정무역 역사와 사례를 정리하여 토론할 것이다. 그러나 이 글에서 전체 필리핀의 공정무역 시장규모나 생산규모 등 정확한 통계자료를 제시하고 분석하지는 않을 것이다. 그보다는 실제로 필리핀의 공정무역을 담당하고 있는 소수의 공정무역단체 사례를 중심으로 설명할 것이다.

필리핀 공정무역단체들은 한국의 공정무역단체와 소비자생활협동조합(생협)과 인연이 깊다. 2000년대 초반부터 한국 생협들이 조합원들에게 공급하기 위해서 필리핀에서 마스코바도 설탕을 수입해 왔다. 그리고 마스코바도 판매 금액에 공정무역기금을 포함하여 필리핀 공정무역생산자 공동체 및 공정무역단체의 발전을 위해서 지원해왔다(김선화·장승권 2018). 최근에는 한국의 공정무역단체에서 필리핀 공정무역단체로부터 건과일을 수입하여 판매하고 있다.

공정무역은 1940년대부터 아프리카, 남미, 아시아 지역의 빈곤한 생산자들의 삶을 개선하고 이들의 삶을 지속가능 하게 만들기 위해서 대안무역의 형태로 시작되었다. 원조만으로는 빈곤의 문제를 해결할 수 없다는 문제의식에서 출발했다. 그리고 제3세계 생산자가 경제활동을 할 수 있는 기회를 열어주어 스스로 빈곤에서 벗어나 자립할 수 있는 기회를 창출하고자 하는 의도를 갖고 시작하였다(Nicholls *et al.* 2005). 현재 공정무역은 전세계적으로 12조 원 이상의 시장을 형성하고 있다(*Fairtrade International* 2018). 필리핀은 1970년대부터 공정무역을 시작하여, 마스코바도 설탕, 바나나, 망고, 파인애플 같은 과일류, 코코넛오일, 수공예를 중심으로 공정무역을 하고 있다.

우리는 2013년부터 한국의 공정무역을 연구하여 왔고, 최근에는 아시아의 공정무역 제품을 생산하는 국가들의 공정무역단체에 관심을 갖고 연구를 하고 있다. 2018년에는 베트남 하노이 지역의 공정무역단체를 연구하였다(김선화 외 2018). 필리핀의 공정무역은 역사가 오래되었고, 한국의 생협 및 공정무역단체와 관계가 활발하지만 이들에 관한 연구는 제한적이었다(김정희 2006; 엄은희 2010, 2018). 필리핀에 어떠한 공정무역단체들이 활동하고 있으며, 지역사회 발전에 기여하기 위해서 어떠한 발전모형을 선택해왔는지에 대해 조망하는 연구는 부족하다. 이러한 점들로 인해 본 연구자들은 필리핀 공정무역의 발전에 대해 연구를 하게 되었다.

필리핀의 공정무역은 1970년대 초반부터 등장하기 시작했다. 필리핀의 공정무역단체들은 종교기관을 토대로 생겨나기도 했으며, 정치적인 연대 차원에서, 그리고 북반구의 공정무역단체들의 도움을 받아 생겨나기도 했다(Cabilo 2009). 허츤스(Hutchens 2009)는 남반구의 많은 대안무역단체(alternative trade organization)들이 북반구의 개발조직들의 도움을 받아서 설립되었다고 한다. 유사하게 필리핀에도 그러한 단체들이 일부 존재하고 있었다. 2002년에는 필리핀의 공정무역단체들과 생산자 조직들이 모여서 연합조직을 구성하였고, 2003년에는 공정무역의 날 행사를 개최하기도 했다(Cabilo 2009). 하지만 필리핀 공정무역단체 관계자들과 인터뷰한 결과 이 연합조직은 재정문제와, 지리적으로 흩어져 있는 공정무역단체들과의 소통의 어려움 등으로 현재는 활동 하고 있지 않다. 필리핀에는 6개 공정무역단체가 세계공정무역기구(WFTO, World Fair Trade Organization)에 가입되어 있고, 14개의 공정무역단체 또는 생산자조직이 국제공정무역기구(FI, Fairtrade International)의 인증을 받고 있다.

필리핀은 공정무역의 역사가 오래되고, 지역을 기반으로 다양한 시작 동기를 가진 공정무역단체들이 성장하면서 지역의 생산자조직들과 협력하여 온 것을 볼 수 있다. 하지만 공정무역을 통해서 가난한 생산자들의 삶을 향상시키고자 하는 동기는 유사하다.

아시아 생산국의 공정무역에 대한 연구는 부족하다(Makita *et al.* 2017). 아시아에도 공정무역에 참여하는 다양한 국가와 공정무역단체, 생산자 조직들이 있지만, 이들이 어떠한 맥락에서 공정무역을 시작하였고, 어떠한 발전경로를 가지고 있는지에 대한 연구는 별로 없다(김선화 외 2018). 국가별로 비교한 연구도 없다. 공정무역 생산지에 관한 연구는 주로 아프리카와 남미에서 이루어졌으며, 대부분이 공정무역이 생산자들에게 미치는 영향에 대해 초점을 맞춰왔다(Keahey 2015; Lyon 2015; *Overseas Development Institute* 2017; Restakis 2010; Smith 2015).

우리는 필리핀의 공정무역단체를 살펴보고자 한다. 공정무역단체란 공정무역 사업과 운동을 함께 수행하는 조직이라고 정의할 수 있다 (Davies 2009; Hutchens 2009; Huybrechts 2010, 2012; Nicholls *et al.* 2005; Raynolds *et al.* 2007; Barrientos *et al.* 2007; 김선화 외 2018).[1] 그 동안에는 유럽 등지의 소비국의 공정무역단체들에 관한 연구가 주를 이루어 왔고, 상대적으로 생산국에서 생산자조직들을 교육하고 조직화하고 물품을 수출하는 생산국의 공정무역단체들에 대해서는 연구가 부족하였다(김선화 외 2018). 본 연구는 생산국인 필리핀에서 공정무역 사업과 운동으로 이끌어 가는 조직인 공정무역단체를 분석단위로 접근한다.

우리는 필리핀 공정무역단체의 주요 행위자들은 어떠한 의도를 가지고 조직을 설립하였으며, 이 조직들은 어떠한 조직 특성을 가지고 있는지를 집중적으로 분석하였다. 허츤스(Hutchens 2009)가 주장하듯이 필리핀의 공정무역단체들 또한 기존의 시장질서를 변화시키면서 생산자를 임파워먼트 시키는 역할을 하고 있는지 살펴보고자 한다. 필리핀에서 언제, 누가, 왜 공정무역에 관심을 갖게 되었고, 어떠한 방식으로 공정무역을 실천하고 있으며, 어떠한 조직형태가 있고, 어떠한 역할을 하고 있는지 파악한다면, 필리핀에서 전개되는 공정무역을 이해하고 시사점을 도출하는데 기여할 수 있을 것이다.

---

[1] 일부 연구자들(Murray *et al.* 2007)은 공정무역인증기관을 공정무역단체로 명명하기도 하나, 본 논문에서 공정무역인증기관은 공정무역단체와 구분하였다.

II. 공정무역의 역사와 정의[2]

1940년대 공정무역운동은 유럽과 북미의 종교기관, 자선단체 등을 중심으로 한 대안무역(alternative trade)운동으로 시작되었다. 원조로는 개도국의 가난한 이들의 빈곤문제를 해결하는데 한계가 있다는 문제의식을 가지고 이들이 만든 전통 공예품을 교회, 월드숍(world shop)등 특수한 시장에서 판매하였다. 이러한 방식의 판매는 소비 확산에 기여하지 못하였고, 생산자들에게도 충분한 이익을 제공하기에는 한계가 있었다(Hutchens 2009: 64). 이러한 한계를 극복하기 위해서 소비자 요구에 부응하는 상품의 개발을 비롯한 새로운 접근이 필요한 상황이었다(Tallontire 2000).

1980년대 말, 멕시코의 커피 생산자들과 함께 일하고 있던 네덜란드 활동가는 공정무역 제품이라는 것을 제품에 표시할 수 있는 마크 '막스 하벨라르(Max Havelaar)'를 개발했다. 이 마크의 개발 이후 유럽 21개국에서 20개 인증 이니셔티브가 만들어졌다. 1997년에 이 조직들이 모여 FI를 설립하였다(Hutchens 2009: 64-65). 공정무역 제품인증이 가능해지면서 공정무역 제품을 개발하고, 판매하기가 훨씬 수월해졌다. 그 동안은 대안무역단체들이 중심이 되어 공정무역제품을 수입하고 판매해 왔다면, 인증이 도입된 이후에는 관행무역을 하는 일반기업들과 일반유통매장에서 공정무역제품을 판매할 수 있게 되었다. 이러한 공정무역 제품인증시스템이 도입된 이후에 공정무역은 급격히 확산되었으며, 어디서나 쉽게 구입할 수 있게 주류화(mainstreaming)되었

---

2   이 내용은 김선화 외(2018: 6-12)의 논문을 요약한 것이다.

다(Velly 2015).

현재 공정무역은 어떠한 제품이든 기준을 충족한다면 공정무역제품인증을 받을 수 있도록 해 놓은 공정무역 인증기구와, 공정무역단체들이 모여서 공정무역을 확대해나가려고 하는 흐름으로 양분되어 있다. 첫째, 공정무역제품인증은 FI와 여러 공정무역인증기구들에 의해 이루어진다. 둘째, 공정무역단체가 가입되어 있는 조직은 WFTO가 있다(Hutchens 2009). 인증을 기반으로 주류화를 추구하는 인증기구들과, 공정무역단체들이 모여 있는 WFTO 사이에는 근본적인 입장의 차이가 존재한다.

그러나 두 진영은 공정무역의 정의와 원칙, 그리고 비전에 대해서 공유하고 있다. 공정무역은 대화와 투명성, 존중에 기초하여 국제무역에서 공평한 관계를 추구하는 거래기반의 파트너십으로, 저개발국가에서 경제발전의 혜택으로부터 소외된 생산자와 노동자들에게 더 나은 거래 조건을 제공하고 그들의 권리를 보호하여 지속가능개발에 기여해야 한다. 공정무역단체들은 소비자들의 지지 하에 기존 관행무역을 변화시키기 위해 생산자지원, 의식고양, 캠페인에 적극 참여해야 한다(*Fair Trade advocacy office* 2018).

FI와 WFTO는 공정무역 원칙 다섯 가지를 제시하고 있다. 이 원칙은 공정무역의 정의를 확장하고 구체화한 것이다. 첫째, 기존 시장에서 배제된 생산자들과 거래 시 공급사슬을 짧게 하여 생산자들이 최대한 많은 이익을 받을 수 있도록 한다. 둘째, 생산자들의 상황을 고려한 가격과 지불 정책이 결정되어야 하고, 장기적인 무역관계를 통해 정보를 공유하고 계획을 세워야 한다. 셋째, 생산자 조직들이 시장을 이해할 수 있도록 지식과 기술 등을 향상시켜야 한다. 넷째, 소비자들은 공정무역단체들이 글로벌 무역시스템을 더욱 공정하게 만들도록 지원해

야 한다. 다섯째, 공정무역은 관행시장에서 기대하는 것 이상을 동의
해야 하는 사회적 계약으로 생산자들은 공정무역으로부터 얻은 이익
을 사회, 경제적 조건을 향상시키는데 사용해야 한다(*WFTO et al.* 2009).

이렇게 상호 합의하에 정의와 원칙을 개발했음에도 불구하고 이
들의 접근은 다르다. 공정무역 제품 인증기관들은 지배적인 시장시스
템을 인정하면서 일반기업들이 더 많은 공정무역제품을 출시하여 세
상이 조금 더 나아지기를 기대한다. 반면 WFTO와 공정무역단체들은
기존시장의 질서를 바꾸기 위해서 공정무역을 한다(Hutchens 2009). 공
정무역단체의 접근에 대해서는 '대안적이지만 작은 길' 또는 '운동지
향'으로, 인증기관의 접근에 대해서는 '크지만 관행화된 길' 또는 '시장
지향'으로 표현하기도 한다(Velly 2015). 허츤스(Hutchens 2009)는 이러
한 두 가지 접근을 시장의 구조를 변화시키는 개혁적 접근과 더 나은
시스템을 만들기 위해서 자본주의 제도 내에서 변화를 추구하는 점진
적 접근으로 구분한다.

III. 공정무역단체[3]

공정무역단체들은 개혁적 접근에 속하는 조직들로 새로운 시장 구조
를 변화시키기 위해 새로운 구조나 규칙을 창조하고자 한다. 국내외
네트워크를 연결하고 혁신을 통해 새로운 구조를 구축하고자 한다. 허

---

3 이 내용은 김선화 외(2018: 8-11)의 논문을 요약한 것이다.

츤스(Hutchens 2009)는 이들을 "급진적 행위자"로 부르는데, 이들은 혁신적인 비즈니스모델을 가지고 규칙을 재정의 함으로써 존재하는 질서를 넘어서려 한다. 공정무역단체들은 기존 비즈니스 및 공급사슬에서 이익을 얻지 못하는 소규모 생산자를 위한 직거래와 더 나은 거래조건을 형성해왔다. 이들은 이익을 극대화하는 것이 아니라, 생산자의 소득과 가치를 극대화하려고 노력해왔다(Nicholls *et al.* 2005).

공정무역단체는 100% 공정무역제품만을 취급하는 조직으로 정의된다(Nicholls *et al.* 2005; Barrientos *et al.* 2007). 공정무역 정의에 의하면, 공정무역단체는 소비자의 지지와 함께 관행무역의 규칙과 실천을 변화시키기 위한 생산자 지원, 의식고양과 캠페인에 활발히 참여하는 조직을 말한다(*Fair Trade advocacy office* 2018). 그리고 WFTO에서는 공정무역단체를 "사명의 핵심으로 공정무역을 약속"하는 조직이라고 정의한다(*WFTO* 2018). 즉 무역활동을 통해 공정무역에 직접 관여하는 조직을 말한다. 그리고 교육과 옹호 활동 보다는 무역 활동 내에서 100% 공정무역의 실천이 중요하다(Huybrechts 2010).

유럽과 북미에서는 공정무역단체들이 시대에 따라서 변화를 겪어왔다. 1950년대에서 1960년대까지는 주로 종교나 자선기반의 조직들이 소규모 생산자 그룹과 가깝게 일을 하였다. 1970년대에서 1980년대는 정치적인 동기에 의한 공정무역제품 구매가 늘었다. 1990년대는 공정무역단체들이 운영상의 어려움을 겪으면서, 생산자 중심에서 고객 중심으로 혁신하기 시작했고, 공정무역 브랜드를 출시한 공정무역단체들이 등장하기 시작했다(Nicholls *et al.* 2005).

공정무역단체들은 대부분 공정무역 인증기구로부터 제품인증을 받거나 WFTO의 회원으로 가입되어 있으나, 때로는 인증 프로세스나 WFTO에 참여를 거부하면서도 스스로 공정무역단체라고 명명하기도 한다(Huybrechts 2010). 공정무역단체들의 조직형태는 비영리조직, 영리기업, 노동자협동조합, 생산자소유기업, 사회적기업 등으로 다양하다(Nicholls *et al.* 2005).

휴브레츠(Huybrechts 2012)는 공정무역단체들이 갖는 경제적, 사회적, 정치적 영역을 아우르는 복합적 특성을 강조하기 위해서 이들을 '공정무역 사회적기업(Fair Trade social enterprise)'이라고 부른다. 이들은 전적으로 공정무역을 중심으로 하는 조직이며, 혁신적인 방법으로 사회적 목적을 달성하기 위해 시장 메커니즘을 활용한다. 그러나 '공정무역 사회적기업'의 조직 모형은 다양한 모습을 보여준다.

대부분의 공정무역단체들은 공정가격, 직거래, 장기계약, 선급금 등의 공정무역 원칙을 준수해왔다. 그리고 개혁적인 공정무역단체들은 소유구조 측면에서도 급진적인 변화를 꾀해 왔다. 영국의 공정무역단체인 디바인초콜릿(Divine Chocolate Ltd)이나, 네덜란드의 솔리다리다드(Solidaridad)에 의해 설립된 아그로페어(AgroFair)는 개도국 생산자들이 지분의 일부를 소유하고 있는 기업이다(Hutchens 2009; Nicholls *et al.* 2005).

휴브레츠(Huybrechts 2010, 2012)는 벨기에를 비롯한 유럽 국가들의 공정무역단체에 관한 연구를 해 왔다. 벨기에 공정무역단체들은 다양한 조직형태로 설립되었다. 자원봉사 기반의 비영리조직, 협동조합, 영리기업, 개인사업체 등 다양하다. 특히 2000년대 이후에 기업가정신을 가지고 활동하는 단체들이 등장했는데, 이들은 경영자 주도로 운영되면서 생산자와 소비자의 요구를 연결하는데 초점을 맞춰서 활동하고 있다. 이들은 상업적으로 전문화되어 있으며, 공정무역 교육이나 옹호 활동은 약한 편이다. 이러한 다양한 조직형태와 특성에도 불구하고 협력 네트워크를 형성하며 연합을 구성했다.

공정무역단체들은 탄생하고, 성장하고 변화하는 과정에서 글로벌
하게 전개되어 온 두 접근에 의해 영향을 받는 동시에 지역적 특수성
과 탄생 배경, 다양한 행위자들의 행위성이 상호작용하면서 복잡한 맥
락에 놓여 왔다. 휴브레츠(Huybrechts 2010)는 미묘하고 복잡한 지역 상
황에 기반하여 공정무역의 지형을 살펴야 한다고 주장한다.

IV. 필리핀의 공정무역

필리핀은 전체 인구의 28%가 절대빈곤선 아래에 있으며, 빈곤층은 대
부분 농촌에 있다. 그리고 높은 실업률, 부가가치와 생산성이 낮은 서
비스산업에 편중된 경제구조, 취약한 제조업, 낙후된 농업 등으로 인
해 필리핀의 빈곤 문제는 심각하다(오윤아 외 2013).

필리핀에서 농업은 전체 노동력의 삼분의 일을 흡수하고 있다. 필
리핀에서 농업은 사회정치적으로 가장 민감한 이슈이며, 농촌에 가장
빈곤층이 많다. 1980년대 이후 필리핀 농업 생산성이 감소하기 시작하
였고 농촌이 도시화되고 있다. 1970년대에서 1980년대 필리핀은 쌀 수
출국가였으나, 현재는 쌀 수입국가가 되었다. 필리핀의 농민들은 대출
에 어려움을 겪고 있으며, 농사를 지을 때 필요한 관개수로의 문제도
크다. 농업의 규제완화와 시장자유화로 인한 농식품 수입의 증가와 밀
수 등으로 어려움을 겪고 있다(Ramos 2011). 라모스(Ramos 2011)는 식
품의 수입의존도를 낮추고, 식량자급률을 높여가는 것의 중요성을 강
조하고 있다. 특히 소농과 농업개혁 수혜자들이 지속가능하게 농업을

지속하기 위해서는 여러가지 전략적 시도가 필요하다고 주장한다. 유기농업을 촉진하고, 협동조합이나 기업과 연계하여 농부들을 지원하는 등의 전략이 필요하며 국내외에서 농부들이 공정하게 기회를 제공받을 수 있는 환경을 구축해 나가야 한다고 주장한다(Ramos 2011).

카빌로(Cabilo 2009)는 필리핀의 공정무역단체들을 연구하여 필리핀 공정무역운동의 발전과, 공정무역의 출현을 공정무역단체들을 중심으로 서술하고 있다. 이 연구에 의하면, 필리핀 공정무역은 1970년대 초반에 시작되었으며, 네 가지 흐름 속에서 공정무역단체들이 등장했다. 첫째, 종교에 기반한 단체로 '민중의 회복'(People's Recovery), '민중의 회복, 임파워먼트와 개발지원'(PREDA, People's Recovery, Empowerment and Development Assistance), '농촌과 도시 개발을 위한 사회 행동 재단'(SAFRUDI, Social Action Foundation For Rural And Urban Development, Inc.), '필리핀 대안 무역과 공급자'(PATS, the Philippine Alternative Trade and Supplies) 등이 설립되었다. 둘째, 민간시장영역에서 주도한 '필리핀 커뮤니티 수공예 단체'(CCAP, Community Crafts Association of Philippines Inc)와 '살래이 수공예 종이 산업'(SHAPII, Salay Handmade Paper Industries Inc)이 만들어졌다. 셋째, 정치적 연대를 통해 1987년에 '대안무역회사'(ATC, Alter Trade Corporation)가 설립되었고, 1996년에 '공정무역 회사를 위한 남부 동반자들'(SPFTC, the Southern Partners for Fair Trade Corporation)이 설립되었고, 1995년에 '식량 안보와 공정무역을 위한 필리핀 협의회'(The Philippine Council for Food Security and Fair Trade)가 등장했다. 넷째, 북반구 공정무역단체들의 주도 아래 '파나이 공정무역센터'(PFTC, The Panay Fair Trade Center)와 '필리핀 공정무역 옹호'(APFTI, the Advocate of Philippine Fair Trade Inc)가 설립되었다(Cabilo 2009).

이들 공정무역단체들은 수십년간 필리핀 전국에 흩어져서 개별적으로 활동해왔다. 이후, 2002년에 공정무역을 지지하는 시민들과 실천가들이 모여서 네트워크 조직인 '필리핀 공정무역 포럼'(PFTF, the Philippine Fair Trade Forum)을 설립하였다. 초기에는 필리핀 전국에서 14개 조직들이 모였다(Cabilo 2009: 144). 총회를 통해서 24개의 공정무역단체들과 생산자 조직들이 정책결정기구를 구성하였고, 2003년에는 필리핀에서 최초로 세계공정무역의 날 행사를 진행하기도 하였다. 이들은 영국 옥스팜과 영국 국제개발부 등의 지원을 받았다(Cabilo 2009).

그러나 이 단체들은 섬나라 필리핀의 지리적 특성 때문에 전국을 기반으로 한 통합된 운동과 사업을 하기 어려웠다. 공정무역이라는 공통의 운동과 사업을 하고 있지만, 다 같이 모여서 의사결정 하는 것이 어려운 조건이었다. 우리가 2019년 1월 필리핀 현지조사를 통해 들은 바에 의하면, 의사결정의 어려움과 지리적 한계, 펀딩 문제 등으로 인해서 그 이후에 PFTF는 활동을 지속하지 못하고 있다.

필리핀에서 공정무역은 여러 단어로 사용된다. 대안무역 중의 한 가지 분야로 사용되기도 하고, 민중교역(people to people trade)이라는 개념을 사용하기도 한다. 필리핀의 공정무역은 3가지 축으로부터 파생되었다고 말한다. 첫째, 1세계와 3세계의 불평등한 관계에 대해 대응하기 위해서, 공정무역 자체가 목적이 아니라 사회적, 경제적, 정치적 지형을 변화시키기 위한 더 큰 이니셔티브의 일부로서 공정무역을 정의하는 것이다. 이러한 생각을 가지고 있는 조직들은 북반구의 공정무역단체와 연대의 실천으로서 공정무역을 고려하고 있으며, PFTC와 '민중의 글로벌 교환'(PGX, the People's Global Exchange)이 여기에 속한다(Cabilo 2009).

둘째, 사회와 정치적 목적과 경제적 목적을 결합하려는 시도를 하는 조직으로 연대 시장에만 주로 의존해온 공정무역 이니셔티브의 실패를 보면서, 정치와 경제적 역량을 동시에 발전시키는 기업가를 개발하려는 조직이다. 이 조직은 조직이 지속가능 하려면 이익이 발생해야 한다고 생각하고 있으며, 그러기 위해서는 생산과 무역 과정의 전문화와 파트너 생산자 조직의 체계적 역량 강화가 필수적이라고 생각한다. 사업체로서 조직의 운영을 강화하고, 조직의 자산을 증가시키는 것을 중요하게 고려한다. 대표적으로 ATC가 여기에 해당된다고 보았다(Cabilo 2009).

셋째, 소규모 농업생산자들에게 국제 시장에 접근할 기회를 제공하기 위해 생산자들을 사회 발전 프로젝트의 일환인 공정무역에 참여시키는 것으로 본다. 여기에 해당되는 기업들은 순수하게 비즈니스 기업으로 운영하고, 조직의 규모화에 초점을 둔다. 하지만 한편으로 직원들에게 사회적, 경제적 지원을 제공함으로써 시장 지향에 대한 균형을 맞추려고 노력한다. SHAPII, Much in Little, '바르셀로나 다목적 협동조합'(BMPCI, Barcelona Multi-Purpose Cooperative Inc)이 여기에 해당된다고 보았다(Cabilo 2009).

카빌로(Cabilo 2009)는 필리핀의 공정무역단체들을 연대경제에 의존하는 조직, 사회/경제와 정치적 발전을 주도하고자 하는 조직, 양심적 비즈니스를 하는 조직으로 나누어서 분류하였다. 이러한 공정무역단체들은 자국의 슈퍼마켓, 백화점, 호텔, 카페 등에서 공정무역 제품을 판매하며 내수시장을 확대하려는 노력을 하고 있다. 하지만 아직까지 자국 소비자들의 인지도나 구매력이 높지 않다. 하지만 이들이 주력하는 것은 생산자 지원에 관한 것이다. 농부와 수공예 장인들에게 지식 향상뿐 아니라 기업가 정신, 기업 경영에 관한 교육 및 훈련을 제공하고 있으며, 공정무역 개념과 실천, 조직 경영 및 생산 기술 향상과 마케팅, 신용, 네트워킹 지원 등의 공정무역에 관한 것과 비즈니스 역량 강화를 위한 것을 모두 교육하고 있다.

그리고 ATC, PFTC, SPFTC와 같은 공정무역단체들은 공정무역과 유기농업을 병행하고 있다. 또 다른 공정무역단체들은 아동, 여성, 소수민족 이슈와 공정무역을 연결시켜서 활동을 하기도 한다. 필리핀의 공정무역단체들은 다양한 맥락에서 시작되었다. 이 조직들은 국제적으로는 공정무역 인증 비용에 대한 부담을 느끼고 있으며, 국내에서는 소비자 구매력을 확산시키는 것을 과제로 삼고 있다(Cabilo 2009).

2018년 말 기준으로 필리핀에 FI 인증을 받은 조직은 14곳, WFTO에 회원으로 가입된 조직은 6곳이 있다. WFTO에 가입되어 있는 조직들 중에 4곳은 수공예를 2곳은 코코넛 설탕과 마스코바도 설탕을 주력으로 수출하는 조직들이었다. WFTO 회원조직 중에 파나이공정무역센터(PFTC, Panay Fair Trade Center)는 한국의 아이쿱생협에 마스코바도 설탕을 수출하고 있으며, 10년 이상의 장기적인 관계를 유지하면서 여러 지원을 받고 있다. FI 인증을 받고 있는 14개 조직 중에서 6개는 ATPI의 생산공장과 생산자조직들이었다. 이들이 유럽에 마스코바도 설탕을 수출하는데, 유럽의 FTO들이 인증을 받도록 요청하고 있어서 일부 생산자조직들과 가공공장이 인증을 받고 있었다. 나머지 8개 조직은 코코넛이나 코코넛오일을 생산, 가공하는 조직들이었다. 검색으로 찾아낸 조직들 4곳 중에 3곳은 수공예를, 한곳은 건과일을 제작하고 있었다. 필리핀에서 공정무역으로 수출하는 품목은 수공예, 설탕, 과일류로 제한적임을 알 수 있었다.

V. 필리핀의 공정무역단체

1. 국내외 연대로 만들어진 공정무역단체: ATPI & ATPF

공정무역단체 ATPI는 필리핀 네그로스에 위치해 있다. 네그로스는 100년이 넘는 동안 필리핀 설탕의 60%를 생산해왔다. 네그로스는 거의 설탕만을 경작하는 곳이었다. 1980년대 국제 설탕 가격이 폭락하면서 설탕 회사들은 설탕 제조를 중단하고, 사탕수수는 수확되지 않고 버려졌다. 네그로스의 사탕수수 대농장의 노동자로 일했던 수십만 명의 주민들이 굶주림을 겪어야 했다(엄은희 2018: 65-94). 필리핀의 종교단체들은 전세계에 도움을 요청했고, 일본의 다양한 시민단체들이 '네그로스 캠페인을 위한 일본위원회'(JCNC, Japan Committee for Negros Campaign)와 '네그로스 구호와 재건센터'(NRRC, Negros Relief and Rehabilitation Center)를 설립해서 지원했다. 1986년에 JCNC와 네그로스의 시민단체들은 구호와 재건방식은 장기적으로 지속가능 하지 않다는 결론에 도달하였다. 같은 해에 20개의 NGO와 정치조직은 '평화와 발전을 위한 네그로스 협의회'(NCPD, Negros Council for Peace and Development)를 구성하였고, 1987년에 마케팅에 초점을 맞춘 기관 ATC를 설립했다. 1987년에 일본 생협에 처음으로 마스코바도 설탕을 수출했고, 일본에서도 수입하기 위한 조직으로 '대안무역 일본'(ATJ, Alter Trade Japan)이 설립되었다. '유럽공정무역협회'(EFTA, European Fair Trade Association)와 네트워크를 형성하면서 1988년부터 유럽 공정무역단체들에도 수출을 시작했다. 1989년부터는 일본에 발랑곤 바나나도 수출하기 시작했다(Caduya 2017).[4] 한국의 두레생협은 2004년부터 마스코바도 설탕을 수입하기 시작했고, 2006년부터 설탕 판매 금액에 포함된 공정무역기금을 생산자 공동체의 대출지원 사업에 지원하기 시작했다(김선화·장승권 2018).

2018년 현재 ATC는 '대안무역 필리핀회사'(ATPI, Altertrade Philippines Incorporated)와 '식량 주권을 위한 대안무역 필리핀재단'(ATPF, Altertrade Philippines Foundation for Food Sovereignty, Inc), 두 개의 조직으로 나뉘어 운영되고 있다. ATPI는 마스코바도와 발랑곤 바나나 수출, 자국 내 먹거리 운동 전개, 내수 판로 확대 등에 주력하고 있다. ATPF는 생산자 조직화, 역량강화, 대출지원 프로그램 운영, 유기농법 및 유기비료 제작 등의 농업기술 교육과 인증을 받기 위한 지원 등을 담당하고 있다(김선화 외 2019; 두레생협 2018). 생산자들의 수입을 다각화하기 위한 여러가지 시도를 하고 있으며, 해외로부터 다양한 펀드를 지원받아서 생산자 교육, 긴급상황지원, 개인 저축 지원, 사회보장 및 건강보험 지원, 기술지원 등으로 다양하게 사용하고 있다.

마스코바도 설탕은 네그로스에 10개 생산자 공동체에서 생산한 2,000톤을 연간 판매하고 있다. 한국뿐 아니라, 독일, 프랑스, 이탈리아 등의 공정무역단체들이 설탕을 구매하고 있다(김선화 외 2019). 사탕수수 생산자들이 사탕수수를 ATPI의 마스코바도 설탕 생산 공장으로 가지고 오면, 공장에서 사탕수수를 마스코바도 설탕으로 가공, 포장하여 수출 및 내수 판매를 진행한다. 이들은 그간 몇 번에 걸쳐서 공장을 새롭게 건립했다. 착즙한 사탕수수의 불순물을 제거하고, 가열하면서 수분을 제거하는 등 액체에서 고체로 만들어가는 과정을 위한 기계 설

4　본 문단은 김선화 외(2019)의 논문을 일부 포함하고 있다.

사진 1　ATPI 마스코바도 생산공장

출처: ⓒ 김선화

비는 비용이 많이 들어간다. 공장을 설립할 때 유럽의 공정무역단체로
부터 지원을 받을 수 있었다.

> 2005년에 새 (마스코바도 설탕 생산)공장을 설립했다. 2번째 설립한 공
> 장은 유럽공정무역단체의 지원을 받았다. 2005년에 설립한 새 공장
> 도 건립 시 대출도 받았지만 일부는 유럽공정무역단체의 지원을 받
> 았다. 설탕공장의 부지는 700헥타르인데 오래전에 농지를 싸게 매
> 입한 것이다. (ATPI 마스코바도 생산공장 대표)

발랑곤 바나나는 네그로스 산악지대 야생에서 자라는 바나나를 채
집하기 시작하여 현재 필리핀 전역의 8개 생산지의 2,000여 명의 생산
자들로부터 연간 최고 2,400톤까지 생산해서 수출하고 있다. 네그로스,
루손, 파나이, 보홀, 민다나오에서 바나나를 모아서 세척, 포장하는 10
개의 패킹센터가 있다(Caduya 2017). 하지만 바나나의 80%는 네그로스
와 민다나오에서 생산된다. 생산량의 대부분은 일본에서 수입하고, 일부

는 한국의 피티쿱에서 수입하여 두레생협에 공급한다. ATPI는 마스코바도와 발랑곤 바나나 판매를 통해서 연간 50억 원의 매출을 달성하며, 이익은 생산자 지원 등을 위해서 사용한다. 지역별로 흩어져 있는 바나나 생산자를 교육하고 지원하기 위해서 지역 NGO들과 함께 일하고 있다.

ATPF는 일본과 한국으로부터 공정무역기금을 지원받는다. 지원받은 기금은 대출을 원하는 생산자 공동체에 저리로 빌려주고, 생산자공동체가 빌린 돈을 잘 쓸 수 있도록 교육과 지원을 한다. ATPF의 지원을 받고 있는 생산자 공동체인 '나귀스로드 농업 노동자 단체'(NAFWA, Naguislod Farm Workers Association)는 2004년에 결성되어 대지주로부터 토지를 되찾기 위한 운동을 해왔다. 생산자 9명과 시작한 운동은 2005년 33명까지 참여자가 늘어났다. 2010년에 노동부에 공식 단체로 등록하고, 2012년에 ATPF를 알게 되었다. 2013년부터 유기농을 시작하여 2015년에 유기농 인증을 받았고, 2016년에 공정무역인증을 받았다. 현재 43명의 생산자가 공동체에 참여하고 있다.

> NAFWA는 2004년에 결성되었지만 2010년에 노동부에 공식 단체로 등록했다. 2012년에 ATPF를 만나서 대출을 받을 수 있었다. 2015년에 (두레생협에서 지원한 1차 바르크 프로젝트로부터) 대출을 받아서 도정기를 구입했다. 도정기를 운영하면서 수입이 증가하여 공동체 운영비의 8~10%의 수입을 확보할 수 있게 되었다. 최근 바르크 2차 프로젝트를 신청했다. 여성 생산자들을 중심으로 1.5핵타르 규모의 땅에 허브를 심어서 약재를 판매하고 싶다. 그리고 일부는 도정소 이전 비용으로 사용하고 싶다. (NAFWA 생산자 공동체 대표)

생산자 공동체는 ATPI와 ATPF를 알게 되면서 수입을 다각화하기

사진 2 NAFWA 생산자 공동체 정미소

출처: ⓒ 김선화

위한 기회도 갖게 되고, 유기농법을 배우거나 유기비료를 만드는 방법을 배우면서 농작물을 다각화하기도 한다. 공동체에서 공동으로 닭이나 돼지, 짐을 옮기는 데 쓰는 카라바오를 키우면서 비용을 절감하거나 수입을 늘리기도 한다.

> 2014년경에 ATPF를 알게 되었다. 얼터트레이드로부터 낮은 금리로 대출을 받을 수 있었고 총회와 이사회를 구성하는 방법과 유기농법을 배울 수 있었다. (두레생협이 지원한) 바르크 프로젝트로 500만 원 정도를 빌렸고, 이 돈으로 유기농법 전환을 추진 중이다. (Merfia 생산자 공동체 대표)

생산자 공동체들은 다양한 방법으로 수입을 다각화하려는 시도를 한다. 유기농법으로 전환하기도 하고, 인증을 받기도 하고, 재배농

작물을 다양화하기도 한다. 하지만 이러한 시도는 공동체 혼자의 힘으로 하기는 어렵다. 일본이나 한국 그리고 유럽에서 다양한 시도를 할 수 있는 자금이 유입되고, ATPF는 생산자 공동체와 상호 협의해서 결정한 프로젝트를 성공적으로 완수할 수 있도록 다양한 지원을 한다. ATPF의 대표는 그 과정 자체가 결코 쉽지 않다고 강조했다. 한번도 시도해 본 적이 없는 것을 시도하는 과정은 실패하기도 쉽고, 난관도 많다. 그리고 전체 생산과정 중에 일부분의 주어진 노동만 하는 사탕수수 '노동자'로 살다가 전체 생산을 알고 실천해야 하는 '생산자'로 사는 것은, 완전히 마인드셋을 바꿔야 하는 과정이라고 강조한다. 그만큼 생산자 공동체가 건강하게 성장하도록 지원하면서 함께 해 가는 과정은 쉽지 않다.

2. 자생적 공정무역단체: CCAP

CCAP는 1973년에 종교와 사회시민섹터를 대표하는 21명의 멤버들과 함께 설립되었다. 도시와 농촌의 빈곤에 대해서 사회적 경제적 진전에 공헌하기 위해 설립했다. 특히 전국의 지역 수공예 노동자들에게 초점을 맞췄다(*CCAP & CCAP Fairtrade* 2019). 처음부터 이들이 공정무역을 한 것은 아니고, 설립 초기에는 가내 수공업을 하는 이들의 시장을 확대하기 위한 노력으로 시작했으나, WFTO의 전신인 IFAT을 알게 되면서 참여하게 되었다. 매출이 증가하면서 1998년에 모태 NGO 인 CCAP와 '필리핀 커뮤니티 수공예 단체, 개발을 위한 공정무역 주식회사'(CCAP Fairtrade, Community Crafts Association of the Philippines, Fairtrade for Development Inc)로 법인을 분리하였고 NGO파트인 CCAP에서는

사진 3 CCAP 창고

출처: ⓒ 김선화

파트너십 구축, 생산자 역량강화, 공정무역을 따르기 위한 조정활동을
한다. 그리고 CCAP Fairtrade는 WFTO 멤버로 가입되어 있으며, 디자
인, 제품개발, 마케팅, 보관, 선적 업무를 담당한다. 비영리와 영리의
역할로 조직을 분리해 놓기는 했지만 하나의 장소에서 하나의 조직처
럼 움직이고, 한 사람이 두 조직의 대표를 맡고 있다.

CCAP는 31개의 수공예생산자 그룹의 900명의 생산자와 일을 하
고 있다. 이들이 함께하는 생산자그룹 중에는 지원받는 것을 졸업하고,
성공적으로 자립한 그룹도 있다. 생산자 역량을 강화하기 위한 프로그
램은 필리핀 NGO들과 함께 한다. 이들은 이것을 비즈니스개발서비스
(Business Development Services)라고 부르는데 생산자들에게 마케팅, 품
질관리, 재무관리, 제품개발, 보관 및 재고관리, 비용 계산, 조직운영을
가르친다(*CCAP & CCAP Fairtrade* 2019).

생산자 그룹 중에는 이미 지원받는 것을 졸업한 그룹들이 있다. 몇
몇 그룹은 매우 잘 운영되어, 거래 파트너로는 남아있지만, 더 이상

지원을 받는 파트너는 아니다. 우리는 비즈니스개발서비스라고 부르는 것을 생산자들에게 지원하고 있다. 이것은 외부의 NGO 파트너가 지원하는 기업개발을 위한 역량강화 프로그램이다. 31개의 생산자 그룹은 무료로 이 프로그램을 이용할 수 있다. NGO 파트너가 참여하여 훈련기회를 준다. 약 8개의 NGO 파트너들이 있다. (CCAP 대표)

공정무역 제품을 대부분은 수출하고 있지만 2016년부터는 내수판매도 시작하였다. 필리핀의 대형 쇼핑몰의 판매행사에 참여하여, 적극적으로 필리핀 중산층을 대상으로 판매를 확대해 나가려고 한다. 그리고 필리핀의 한 사립대학교와 협력하여 대학생들에게 공정무역 강좌를 개설하였다. 더 많은 학생들이 공정무역 수업을 듣고 공정무역을 알기를 희망하고 있다.

CCAP는 설립초기부터 해외의 지원 없이 자생적으로 유지해왔다. 비즈니스 조직인 CCAP Fairtrade에서 수익이 발생하면 모태 NGO인 CCAP에서 그 이익을 사용하여 생산자를 지원하는 프로그램을 운영해왔다. 하지만 최근에 수출 상황이 안 좋아지면서 모태 NGO는 외부 지원을 받기로 결정했다. 수출이 감소하면서 내수판매를 확대하고, 수입을 다각화 할 수 있는 다각도의 방법을 찾고 있다.

이익은 모태 NGO로 보내져서 사회발전서비스를 하는데 사용한다. 그러나 불행하게도 지난 몇 년간 이익을 내기가 너무 어려웠다. 그래서 우리는 사회발전을 위한 프로그램에 줄 돈이 없었다. 그래서 2016년 이사회에서 모태 NGO가 크리스천에이드, 월드비전과 같은 곳으로부터 펀딩을 받기로 결정했다. 이것이 현실이다. 지난 몇 년

간 이익이 없었다. 우리한테 많은 변화가 필요했다. 2017년에 매출
이 줄어서 혁신하고 새로운 시장을 찾아야 했다. (CCAP 대표)

국제적으로 국가간 경쟁이 치열해지고, 공정무역 또한 필리핀보
다 더 저렴하게 판매하는 국가들이 존재하면서 가격 경쟁력을 갖기가
점점 더 어려워지고 있다. 외부 지원 없이 회사의 이익을 가지고 생산
자 지원프로그램을 운영해 오던 CCAP는 최근에 생산자 지원에 대해
서 외부 NGO의 지원을 받기 시작했다. WFTO가 출범하기 전부터 대
안무역의 형태로 사업을 해왔고, WFTO 출범과 함께 공정무역을 하면
서 40년 이상 수출을 해오고 있지만 자국의 생산자와 함께 성장하면서
공정무역을 해 나간다는 것은 결코 쉽지가 않다.

3. 로컬페어트레이드: PCA

필리핀커피연맹(PCA, Philippine Coffee Alliance)은 2007년에 필리핀의
커피산업을 육성하기 위해 만든 연합조직이다. 협동조합, 교회, 농부
들, 소수민족, 중소기업, 여성들을 위한 조직 50개가 모여서 만들었다
(*Philippine Coffee Alliance* 2018). PCA는 커피농사를 짓는 농부들이 커피
를 생산하고 공급하는 역할만 하는 것이 아니라 그들의 지역을 기반으
로 커피를 로스팅 하고, 판매하는 역할을 할 수 있도록 지원함으로써
공급사슬 상에서 더 많은 권한을 갖고, 더 많은 이익을 취하도록 지원
한다. 이것이 PCA를 통해서 구현하려고 하는 비즈니스모델이다.

농부들은 그들 자신의 사업을 하기를 원한다. 농부들이 단지 공급자

가 아닌, 이 비즈니스모델에 더 포함되기를 원한다. 우리가 가지고 있고 우리가 사용하는 기술과 시스템을 소농들에게 제공하여 농부들이 가공업자, 로스터, 소매업자, 커피숍 소유자, 바리스타가 되도록 하는 것이다. 그것이 우리의 공정무역이다. 공정무역원칙이 우리 비즈니스모델에 배태되어 있다. (PCA 창립자)

PCA의 창립자는 커피를 로스팅해서 슈퍼마켓, 커피숍, 사무실, 호텔 등에 공급하는 사업을 하고 있다. 이들이 사업을 시작할 당시, 농부들은 아주 낮은 가격에 커피를 판매하고 있었다. 이들은 시장가격보다 2배 정도로 높은 가격에 농부들로부터 커피를 사왔고 이로 인해 농부들이 커피를 더 많이 심고 수확량을 늘릴 수 있었다.

2006년에 커피 킬로(kg)당 40-60페소였다. 매우 적은 금액이었다. 우리는 공정무역 바이어로서 kg당 100페소에 살 것을 제안했다. 이것이 농부들에게 가격을 올려주는 시작이었다. 가격이 나아지자 그들은 관심을 보이기 시작했다. 그리고 나서 그들은 더 많이 심기 시작했다. 우리의 전략은 그들을 위해서 더 많이 버는 것이다. (PCA 창립자)

이들은 생산자들에게 높은 가격에 커피를 사오는 것에서 그치지 않았다. 그들과 경쟁관계가 되더라도 생산자가 공급사슬 상에서 더 많은 권한을 갖고, 더 많은 수입을 확보하도록 돕기 위해서 기업가가 될 수 있도록 기술과 교육을 제공했다. 처음에 이들이 함께 일했던 커피 생산자들은 100여 명 정도였다고 한다. 하지만 지금은 필리핀 전체 커피 농부들 2만 1천 명 중에 5천여 명의 생산자들과 거래를 하고 있을 만큼 성장했다.

초기에 공정무역의 원칙을 말하지 않았다. 공정무역이라는 말을 하지 않고, 우리가 하려는 것을 실천했다. 그것이 공정무역이었다. 그들이 자신의 브랜드를 가지면 더 많이 벌 수 있고 그들의 삶을 향상시킬 수 있고 그들은 사업을 하는 기업가가 될 수 있다. 그들이 우리와 같이 되도록 가르친다. 우리의 파트너는 커피 농부들이고, 커피를 우리에게 공급한다. 그리고 우리는 그들에게 기술을 제공한다. 이렇게 서로 교환한다. 우리가 하는 것처럼 그들도 같은 것을 한다. (PCA 창립자)

농부들이 가난에서 벗어나기 위해서는 커피 생산량만을 늘려서는 한계가 있다고 판단한 것이다. 스스로 커피를 볶고, 커피 브랜드를 만들어서 부가가치를 높이고 수입을 다각화하는 것이 필요하다고 생각한 것이다. 이를 위해서는 농부들을 교육시켜야 하고, 농부들이 로스팅 하려면 기계와 기술이 필요하기 때문에 이를 위한 다양한 재원을 확보하려고 노력한다. 필리핀 정부 및 국내외 비영리조직으로부터 다양한 지원을 받는다. 로스팅 기계를 업그레이드 하기 위한 지원을 받기도 한다. 생산자 조직화와 교육은 비영리조직들이 진행한다. 목적하는 바를 이루기 위해서 국내외 다양한 조직들과 관계를 맺고 지원을 받으려는 노력을 하고 있었다.

우리는 계획과 전략을 가지고 있는데 시골의 소농들이 커피 로스터가 되어 소유하고 운영하게 하기 위해서 교육하고 단지 농부가 아닌, 농업기업가로 마인드셋을 바꾸는 것이다. 이것을 농부들에게 가르친다. 그들은 단지 공급자가 되는 것이 아니라 공급사슬에서 활발하게 활동할 수 있는 기회를 갖는다. 우리는 여성을 교육한다. 왜냐하면 여성들은 커피 산업에서 주요한 역할을 한다. 우리는 기술을 개발하고 우리의 경험을 나누어서 그들의 사업을 실행가능하고 지속가능하게 만든다. 우리는 정부로부터 지원을 받는다. 정부가 우리 커뮤니티기반 커피 사업체(CBCEs, Community Based Coffee Enterprises)를 지원한다. 정부가 (커피로스팅) 장비를 무료로 농부들에게 지원하기 위한 기금을 지원한다. 우리는 혁신적인 방식의 커피 생산과 소매 판매를 한다. (PCA 창립자)

농부들이 커피를 로스팅 하고 커피를 팔기 위해서는 기존과는 다른 마인드셋이 필요하다고 생각한다. 농부들이 사용하기 편리하도록 로스팅 기계를 개발하고 정부의 지원을 받아서 무상으로 기계를 공급한다. 농부들을 커피를 로스팅 하는 방법과 커피를 추출하는 방법, 커피숍을 운영하는 방법 등에 대해서 다양한 교육을 받는다. 이것은 커피농부들의 공동체나 가족농의 수입을 다각화하는 방법이기도 하며, 다른 한편으로는 주로 인스턴트 커피를 마시는 하층민들에게 원두커피를 마실 수 있는 기회를 제공하고, 장기적으로는 원두커피 시장을 확산해가려는 전략이다.

우리는 필리핀 대중을 대상으로 원두커피를 판매하려 한다. 이들은 대부분 인스턴트 커피를 마신다. 필리핀 로컬 시장 지형을 바꾸고 싶다. (PCA 창립자)

PCA에 속한 농부들 중에는 이미 자체 브랜드를 만들어서 판매를 하는 곳들이 있다. 지금은 국내 시장에서 커피 공급 및 가격을 안정화시키고, 수요를 늘리는 것을 목표로 하지만 장기적으로는 해외 수출을 원하고 있다. 하지만 인증을 받아야 한다는 것이 이들에게 부담으로 작용한다. 유기농법으로 커피 농사를 짓고 있어도 유기농 인증 비용의 부담 때문에 유기농이 아닌 자연농법이라고 부른다. 공정무역의 방식으로 공급사슬을 구성하고 원칙을 지켜나가도 있어도 인증에 대한 부담으로 공정무역 커피라고 부르지 않는다는 것을 강조한다.

> 우리는 "자연 농법(natural farming)"이라고 부른다. 왜냐하면 인증을 받지 않았기 때문에 유기농업이라고 부르지 못한다. 공정무역 커피라고 부르지 않는 것도 공정무역 인증을 받지 않기 때문이다. (PCA 창립자)

이러한 PCA 전략은 최근 북미와 유럽을 기반으로 커져가고 있는 로컬페어트레이드 또는 도메스틱페어트레이드와 유사하다. 공정무역의 원칙을 적용하여, 북반구의 생산자 농민들이 생산한 원료와 남반구 생산자들이 생산한 원료 등을 혼합하여 가공한 제품을 로컬페어트레이드 또는 도메스틱페어트레이드라고 부른다. 개도국에서 공정무역으로 수입해오지 않고, 선진 소비국이나 인접국가의 농부들이 생산한 제품을 공정무역방식으로 생산, 가공, 유통하여, 이를 공정무역으로 부르는 것이다. 이는 무역의 방식이 아니더라도 공급사슬에 공정함의 원칙이 담겨 있다면 공정무역으로 볼 수 있다는 것이고, 공정무역의 실천을 확장하려는 시도이다. 이런 관점에서 해석하면. PCA의 방식은 개도국에서 진행되고 있는 로컬페어트레이드 또는 도메스틱페어트레이드라고 볼 수 있다. 하지만 유럽이나 북미의 로컬페어트레이드단체와는 달리 필리핀 PCA는 인증에 대한 재정적 부담 등으로 인해 공정무역이나 유기농 시장에 진입하지 못하는 것이다.

VI. 마치며

공정무역을 연구하는 학자와 시민사회단체, 원조기구 등은 제3세계 생산국에서 공정무역이 어떻게 사회변화를 이루고 있는지에 대해 관심을 갖고 연구하고 있다. 특히 생산자단체와 생산자 농민의 소득증대와 농촌사회 발전에 초점을 두고 있다.

그러나 이 글에서는 필리핀 생산자를 직접 연구하기 보다는 필리핀의 생산자들과 협력하여 선진소비국과 거래하는 공정무역단체를 조사하였다. 소비국이나 생산국에서 공정무역단체가 중요하다는 관점을 갖고 연구하였기 때문이다. 공정무역단체의 역량과 리더십이 결국 생산자의 지역사회와 그들의 협동조합 발전에도 큰 영향을 미친다고 판단한다. 그렇기 때문에 현재 필리핀의 공정무역단체 현황을 사례연구를 통해서 보고하고 토론하였다.

앞서 언급한 것처럼, 필리핀의 공정무역단체를 세가지 유형으로 분류할 수 있다. 첫째는 국제연대활동을 통해서 만들어진 단체이다. 둘째는 필리핀 국내에서 자생적으로 만들어진 단체이다. 셋째는 그들의 활동을 현재 선진소비국에서 일어나는 로컬페어트레이드라고 부를 수 있는 단체이다. 이 세 유형의 공정무역단체는 각각 특징이 있고, 발전가능성도 있다.

국제연대를 통해서 그리고 자생적으로 만들어진 공정무역단체는 전통적인 공정무역의 원칙과 방법을 추구한다. 선진소비국에 필리핀 생산자의 물품을 공정무역이라는 운동과 사업방법으로 교역하는 것이다. 특히 네그로스와 파나이 등에서 마스코바도와 바나나 등을 일본과 한국 등의 소비국 생협과 국제연대 활동을 기반으로 협력하고 교역하는 첫번째 유형이 대표적이다. 그리고 필리핀 국내 단체들이 자생적으로 국내 소농들의 수공예품을 선진소비국 공정무역단체들과 교역하는 두번째 유형도 오랜 기간 동안 지속되어 왔다.

그러나 세번째 유형인 로컬페어트레이드라고 부를 수 있는 공정무역단체의 사례는 조금 다르다. 이들은 필리핀 소농의 커피를 해외 소비자에게 먼저 판매하는 것이 아니라, 필리핀 국내 소비자에게 공정무역 방식으로 거래하려는 전략을 실현하고 있다.

전세계 공정무역의 변화 추세 중 하나는 남북교역만이 아니라 남남교역, 즉 남반구 생산국 내부나 생산국가 간의 교역을 추진하는 것이다. 위에서 언급한 필리핀의 세번째 공정무역단체 유형에서도 이런 움직임을 볼 수 있다. 그리고 이런 흐름은 아세안의 이웃 국가, 베트남의 공정무역단체에서도 찾을 수 있다. 필리핀과 베트남 등 동남아시아 생산국가의 공정무역단체는 유럽과 일본 등 선진소비국과 교역하는 것과 함께 자국의 소비자에게도 접근하려 노력하고 있다. 특히 자국 내수 소비시장이 급격히 성장하고 있는 필리핀과 베트남 등에서는 이런 흐름이 가속화 될 것이다. 이는 공정무역의 발전에 또 다른 흐름이 될 수 있다. 선진소비국 로컬페어트레이드 발전과 함께 제3세계 생산국의 로컬페어트레이드라고 할 수 있다.

그러나 이러한 필리핀 자국내 공정무역 소비를 늘리고 이를 통해 소농을 지원하고, 이들이 지역사회를 발전시키기 위해서는 공정무역단체의 연대 노력과 필리핀 정부의 지원과 협력이 필요하다. 현재 대부분의 필리핀 공정무역단체들은 선진소비국과의 교역을 중심으로 사업을 한다. 따라서 필리핀 내부의 공정무역 시장 확산에 힘쓸 여력이 크지 않다. 그렇기 때문에 정부에 공정무역을 위한 로비를 하거나, 국내에서 공정무역 옹호 활동 등에 주력하지 못한다. 공정무역단체 연대

네트워크를 만들고 운영하는 것도 잘 안된다. 이것이 필리핀 공정무역 네트워크인 PFTF가 더 이상 활동하지 않는 이유일 것이다. 필리핀 내수가 활성화되지 않으면 네트워크 조직이 활성화되기 어렵다는 의미이다. 물론 이 문제 말고 다른 이유도 있을 것이다. 그러나 앞으로도 필리핀 공정무역단체들이 연대활동을 하기 어렵다고 주장할 수 있는 근거는 없다.

이 글은 필리핀 공정무역이 얼마나 큰 성과를 내고 있는지, 그래서 생산자들의 삶이 얼마나 좋아졌는지를 밝히는 것은 아니다. 그보다는 필리핀 공정무역단체가 어떻게 발전하였고, 이후 어떻게 사회변화를 이끌어 갈지에 대한 실마리를 제시해 보려는 시도이다. 공정무역이 더 큰 성과를 내기 위해서는 선진국 소비자에게만 의미를 갖는 것이 아니라, 제3세계 생산국 내부의 소비자에게도 중요한 운동이고 사업이 되어야 한다는 점을 강조하고 싶다.

::참고문헌

김선화·장승권. 2018. "협동조합간 협동의 실천과정: 두레생협의 공정무역 사례연구."『한국협동조합연구』36(2): 93-113.

김선화·장승권. 2019. "소비자생활협동조합의 실천공동체 학습: 포토보이스를 이용한 두레생협 공정무역 해외연수 사례연구."『인적자원개발연구』22(2).

김선화·황선영·응우엔하프엉·장승권. 2018. "베트남 공정무역의 발전: 공정무역단체 사례연구."『동남아시아연구』28(2): 1-45.

김정희. 2006. "필리핀 네그로스 지역의 공정무역과 여성."『여성학논집』23: 109-145.

두레생협. 2018.『2018년 필리핀 교류 연수보고서』. 서울: 두레생협연합회(미간행)

엄은희. 2010. "공정무역 생산자의 조직화와 국제적 관계망 필리핀 마스코바도 생산자 조직을 사례로."『공간과 사회』33: 143-182.

엄은희. 2018.『흑설탕이 아니라 마스코바도』. 서울: 따비.

오윤아·신민금. 2013. "필리핀 경제의 구조적 문제점과 한국-필리핀 경제 협력 방향."『전략지역심층연구』13(3).

Barrientos, Stephanie. Michael, E. Conroy and Elaine Jones. 2007. "Chapter 4. Northern social movements and Fair Trade." Raynolds, L. Murray, D. and Wilkinson, J. (eds.), *Fair Trade, The Challenges of Transforming Globalisation*. Oxford: Routledge.

Cabilo, Z. M. D. 2009. "Chapter 5. From North to South: Campaigning for Fair Trade in the Philippines." Ariate Jr, J. F., Cabilo, Z. M. D., Tadem, T. S. E., Wui, M. G. S. L., Mkandawire, T., Molmisa, R. C., & Quinsaat, S. M. (eds.), *Localizing and Transnationalizing Contentious Politics: Global Civil Society Movements in the Philippines*. Lanham, MD: Lexington Books.

Caduya, Gilda S. 2017. "To struggle and to hope: the alter trade journey."
『2017 경기도 국제 공정무역 컨퍼런스 자료집(미간)』.

CCAP & CCAP Fairtrade. 2019.
http://ccapfairtrade.com (검색일: 2019.03.27)

Davies, Iain. A. 2009. "Alliances and Networks: Creating Success in the UK
Fair Trade Market." *Journal of Business Ethics* 86(S1): 109-126.

Fair Trade advocacy office. 2018. "Definition of Fair Trade."
http://fairtrade-advocacy.org/definition-of-fair-trade (검색일:
2019.04.09)

Fairtrade International. 2018. "Annual Report 2017-2018."
https://www.fairtrade.net/fileadmin/user_upload/content/2009
/about_us/annual_reports/2017-18_FI_AnnualReport.pdf (검색
일: 2019.04.09)

Hutchens, Anna. 2009. *Changing big business: The globalisation of the
fair trade movement.* Cheltenham: Edward Elgar Publishing.

Huybrechts, Benjamin. 2010. "Fair trade organizations in Belgium: unity in
diversity?" *Journal of Business Ethics* 92(2): 217-240.

Huybrechts, Benjamin. 2012. *Fair trade organizations and social enter-
prise: Social innovation through hybrid organization mod-
els*(17). London and New York: Routledge.

Keahey, Jennifer. 2015. "25. Fair trade and racial equity in Africa." L. T.
Raynolds and E. A. Bennett (eds.), *Handbook of Research on
Fair Trade.* Cheltenham: Edward Elgar Publishing.

Lyon, Sarah. 2015. "24. Fair trade and indigenous communities in Latin
America." L. T. Raynolds and E. A. Bennett (eds.), *Handbook of
Research on Fair Trade.* Cheltenham: Edward Elgar Publishing.

Makita, Rie and Tadasu Tsuruta. 2017. *Fair Trade and Organic Initiatives
in Asian Agriculture.* London and New York: Routledge.

Murray, Douglas L. and Laura T. Raynolds. 2007. "1 Globalization and its
antinomies: Negotiating a Fair Trade movement." L. Raynolds, D.

Murray and J. Wilkinson (eds.), *Fair Trade. The Challenges of Transforming Globalisation*, Oxford: Routledge.

Nicholls, Alex and Charlotte Opal. 2005. *Fair Trade: Market-Driven Ethical Consumption*. London: Sage Publications, Inc.

Overseas Development Institute. 2017. "The impact of Fairtrade: A review of research evidence 2009-2015."
https://www.odi.org/publications/10891-impact-fairtrade-review-research-evidence-2009-2015 (검색일: 2018.03.27)

Philippine Coffee Alliance. 2018.
https://www.philippinecoffeealliance.com (검색일: 2019.03.27)

Ramos, Errol. 2011. "Fair Trade and the Role of Small Farmers and ARBs on Food Sovereignty in the Philippines.", *Philippine Journal of Third World Studies* 26(1.2): 414-421.

Raynolds, Laura T. and Michael A. Long. 2007. "2 Fair/Alternative Trade: Historical and empirical dimensions." L. Raynolds, D. Murray and J. Wilkinson (eds.), *Fair Trade. The Challenges of Transforming Globalisation*, Oxford: Routledge.

Restakis, John. 2010. "8. Fair Trade and the Empire of Tea." *Humanizing the Economy: Co-operatives in the Age of Capital*. Canada: New Society Publishers

Smith, Sally. 2015. "23. Fair trade and women's empowerment." L. T. Raynolds and E. A. Bennett (eds.), *Handbook of Research on Fair Trade*. Cheltenham: Edward Elgar Publishing.

Tallontire, Anne. 2000. "Partnerships in fair trade: reflections from a case study of Cafédirect." *Development in Practice* 10(2): 166-77.

Velly, Ronan L. 2015. "Fair trade and mainstreaming." L. T. Raynolds and E. A. Bennett (eds.), *Handbook of Research on Fair Trade*. Cheltenham: Edward Elgar Publishing.

WFTO and FI. 2009. "A Charter of Fair Trade Principles."
https://www.fairtrade.net/fileadmin/user_upload/content/2009

/about_us/documents/Fair_Trade_Charter.pdf (검색일: 2018.03.
27)

WFTO. 2018. "Definition of Fair Trade."
https://wfto.com/fair-trade/definition-fair-trade (검색일: 2018.
03.27)

베트남에서 기업의 사회적 책임(CSR):
한국 투자기업에 대한 함의[1]

최호림

I. 들어가며

베트남은 1986년 쇄신정책(Đổi mới)을 시작한 이후 사회경제개발과 함께 세계 경제로의 통합을 위해 적극적인 노력을 지속해 왔다. 특히 2015년부터 아세안경제공동체(AEC)의 구성을 위해 주도적인 노력을 하고 있다. 또한 아시아 각국뿐만 아니라 미국, 유럽 등 세계 여러 나라와 자유무역협정(FTA)을 체결하였고 추가적인 FTA를 위해 협상을 지속하고 있다. 베트남은 외국인직접투자(FDI)를 적극 수용하고 외국인 투자법인에 대해 우호적인 정책을 지속하고 있다. 특히 제조업을 중심으로 다국적 기업을 비롯한 외국기업의 투자 유치에 매우 적극적으로 나서고 있다.

이러한 변화에도 불구하고 베트남 경제에는 불안정성과 불확실

---

1 이 글은 필자의 졸고 "베트남에서 기업의 사회적 책임과 지속가능한 발전"(최호림 2019)과 "베트남 내 한국 투자기업의 영향과 사회적 책임에 관한 연구"(최호림 2018a)의 일부분을 수정하여 재구성한 것이다.

성이 여전하다는 평가가 적지 않다. 대체적으로 정부의 거버넌스와 시장 관리 역량이 부족하고 위기 상황에 대한 대처 역량이 부족하다는 점과 공공부채가 많다는 점 등이 베트남 경제의 취약성으로 지적되고 있다. 빈부 격차와 함께 사회적 격차가 여전한 점도 베트남 경제의 취약성이라고 할 수 있다. 지난 20여 년의 급속한 공업화 및 도시화의 진전과 함께 많은 사회경제적 이슈가 부상하고 있는 것이다. 도시 빈곤층이 확대되고 비공식 부문이 불균형적으로 성장하는 문제가 있으며, 노동자와 노동자 가족에 대한 사회적 보호제도가 미비한 상태이다. 베트남 정부는 특히 빈곤층 해소와 노동자와 취약성을 개선하기 위하여 노동자 권익에 대한 제도적 장치도 지속적으로 정비해왔다. 최근에 헌법(2013), 노동법(2012), 사회보험에 관한 법(2014), 고용안정과건강법(2015) 등을 개정 혹은 제정하면서 노동자의 권리와 이익 보호를 위한 조항을 강화하였고, 기타 다양한 법령, 결정, 지시 등을 통해 노동자 권익을 보호하고 있다. 공식적으로는 외국인투자법인 또한 이러한 베트남 법률의 규정을 따라야 한다.

한국과 베트남 양국의 수교 이후 베트남에서 한국기업의 투자와 사업 활동이 증가해 왔고, 특히 지난 10년 간 한국의 FDI가 급증하였다. 한국 기업의 베트남 투자 확대는 2009년 전략적 파트너십 관계의 수립과 2015년 FTA 체결 등 양국 관계 진전의 영향을 크게 받았다. FDI의 증가로 인해 베트남 사회경제발전에서 한국기업이 중요한 역할을 하고 있다는 인식도 확산되고 있다. 그러나 다른 한편으로는 한국기업이 파생하는 여러 문제들에 대한 사회적 우려도 증대되어 왔다. 특히 한국 기업과 고용인의 불법 양상이 다양한 형태로 지속되고 있고, 한국인 투자기업이나 합작투자기업에서 분쟁이나 파업 등 노동쟁의가 늘어나고 있다. 이러한 갈등을 해결하기 위해 한인 진출기업협의

회와 같은 투자기업 조직뿐만 아니라 대사관을 비롯한 정부기관과 한
인회에서도 중요한 역할을 해야 한다는 기대가 커지고 있다. 한국인
투자기업의 지속가능한 현지경영을 위해서 불법과 갈등의 요소를 해
결하고 베트남 사회경제의 포괄적이고 지속적인 발전에 기여할 수 있
도록 노력하는 조치가 필요한 시점이다.

이 연구는 베트남에서 기업의 사회적 책임(CSR, Corporate Social
Responsibility)의 현황과 함께 베트남 내 한국인 투자기업의 실태와 사
회경제적 영향에 대해 고찰하고, CSR의 관점에서 대안을 찾아보는 것
을 목표로 한다. 특히 베트남 기업뿐만 아니라 한국기업의 CSR 방안
을 모색하고 지속 가능한 발전에 대한 함의를 파악하고자 한다. CSR
은 선진 자본주의 국가에서는 더는 새로운 이슈가 아니지만, 개발도상
국의 상황은 다르다. 특히 베트남의 경우 CSR의 적용이 확대되어 가
고 있기는 하지만 상황이 개선되고 있는 측면과 낙관하기 어려운 측
면이 혼재되어 있다.

본 연구의 주요 방법은 문헌연구와 베트남 현지조사이다. 필자는
2018년에 모두 세 차례 베트남을 방문하여 각각 일주일 내외의 현지
조사를 수행했다. 2월과 4월에는 하노이와 박닝(Bac Ninh)성, 타이응
웬(Thai Nguyen)성 공단 지역을 방문하여 관찰하고 한국인 투자기업의
노동자들과 인근 주민을 만나 면담하였다. 그리고 국제노동기구(ILO)
베트남지부, 베트남 사회과학원 세계경제정치연구소(IWEP), 베트남진
출한인기업협의회 등을 통해 한국기업의 실태와 문제점에 관해 다양
한 이야기를 들을 수 있었다. 2018년 11월에 6일 간 진행한 현지조사
기간에는 전문가 및 이해관계자 면담을 통해 베트남 기업의 사회적,
환경적 영향과 CSR 실행에 관하여 주로 조사하였다. 이 기간에 IWEP
의 부소장과 국제협력부장, 문화연구소장 및 부소장, 베트남 상공회

사진 1 박닝(Bac Ninh)성 한국기업의 영향 관련 면접조사

출처: ⓒ 최호림

의소(VCCI)의 담당자 등 5명의 전문가와 각각 한두 시간씩 면담하였고, 박닌성 공단지역 기업과 박닝성 인민위원회 노동보훈사회국의 담당관을 만나 기업의 사회적 영향과 CSR 적용 사례에 대한 자료를 수집하였다. 특히 세계경제정치연구소와 베트남 상공회의소는 베트남에서 CSR 인식과 정부의 전략뿐 아니라 현지 기업들의 사례에 관한 많은 이야기를 들려주었다. 베트남에서 특정 산업과 기업에 대한 실증적 현장연구에 제한이 크다. 기업의 구체적인 활동과 노동자의 상태나 피해 사례에 대한 사실적 정보가 거의 없고, 특히 제조업 현장에서 재해나 사고에 대한 실태를 제대로 파악하기가 쉽지 않다. 따라서 본문에 기술된 내용 중에는 현지조사 과정에서 필자 개인의 네트워크를 활용한 비공식적인 면접을 통해 구한 자료에 의존한 부분이 많다.

이 연구는 우선, CSR에 관한 이론적 배경으로서 주요 CSR의 모델에 관해 개관하고 개발도상국에 적용될 수 있는 CSR 모델에 관해 기술한다. 둘째로 베트남에서 CSR에 대한 인식과 적용 현황 및 문제점에 관해 고찰한다. 셋째로, 베트남 내 한국기업의 문제점과 개선 과제에 관해 기술할 것이다. 먼저, 베트남에서 시장경제가 확산되고 외국인직접투자(FDI)가 증가하는 상황에서 한국과 베트남 양국 간 협력의 확대에 따른 베트남의 경제적 변화에 대해 고찰한다. 다음으로, 한국투자기업의 특징에 관하여 고찰한 후, 섬유산업과 전자산업 분야에 초점을 두고 한국기업의 노동자들이 겪고 있는 문제점을 중심으로 한국기업이 개선해야 할 과제가 무엇인지 살펴보고자 한다. 한국 투자기업에 고용된 베트남 노동자들의 상태와 욕구에 관한 베트남 사람들의 이야기에 주목할 것이다. 끝으로 한국 기업의 지속 가능 경영과 양국의 지속 가능한 교류협력에 반드시 필요하다고 판단되는 기업의 사회적 책임의 관점에서 대안을 찾아보고자 한다. 아울러 베트남에서 CSR 적용의 확장과 개선 방안을 모색해보고자 한다.

II. CSR 개념과 주요 모델

1. CSR의 이론적 모델과 피라미드

CSR의 근원에 대한 다양한 논의에도 불구하고 CSR이 고대 그리스 시대부터 존재하였다는 점에 의견이 일치한다(Visser *et al.* 2010: 171). 고대부터 부자들이 자신의 자산을 사회의 다른 구성원과 나누고 공유하는 것이 정당하다고 믿었다. 부자들이 사회를 위해 제공하는 자산이 빈곤을 줄이고 사회를 공평하게 한다고 믿고, 이러한 관행을 법제

화하기도 했다. 오늘날 기업의 사회적 책임 운동은 비즈니스가 공동
체와 긴밀하게 연결되어 있다는 오랜 믿음과 전통을 회복한 것이라
고 할 수 있다. 오늘날 CSR 개념은 다양한 기업체의 전략적 절차에 통
합되어 있으나 20세기의 산물로서 성장하고 촉진되고 활성화 된 것이
다. 세계적으로 CSR의 사례와 현황에 관해 고찰할 수 있지만 특히 미
국에서 CSR에 관한 연구가 가장 분명하게 축적되어 왔다(Carroll 2008).
유럽의 경우도 지난 20여 년 동안 다양한 학술대회나 자문 등의 형태
로 CSR에 관한 연구가 소개되어 왔다. 아시아는 CSR의 실행이나 연구
모두에서 후발 지역으로 현재는 주로 보다 확고한 CSR 정책과 규칙을
만드는 일에 관심을 두고 있다(Tran 2017: 6).

현대의 CSR 개념은 19세기부터 정의되기 시작한 후 네 개의 주요
시기를 거치면서 정립되었다. 첫째는 1800년대부터 1950년대 초까지
초기 '자선활동의 시기'이고, 둘째는 1953-67년 기간의 '인식의 시기'
이다. 셋째는 1968년부터 73년까지의 '이슈화 시기'이고, 1974년 이후
는 '호응의 시대'라고 할 수 있다. 자선활동 시기는 기업의 기부가 빈
번하게 늘어나던 시기이다. 이 시기의 대표적인 저작은 하워드 보웬
(Bowen 1953)에게 'CSR의 아버지'라는 명성을 가져다 준 『기업가의 사
회적 책임(*Social Responsibility of Businessman*)』이다. 이후 기업계는 지
속 가능성에 대한 인식이 첨예하게 확대되었고 다양한 학자들이 CSR
개념 규정을 위해 많은 출판을 하고 대중적인 관심을 유발했다. 그러
나 1960년대에도 CSR에 관련하여 여전히 행동보다 말(논의)이 더 많
았다. 이슈화 시기에는 기업들이 재무적 문제 이외의 인종차별, 성차
별, 환경문제와 같은 특수한 문제들에 초점을 두기 시작하였다. 나아
가 이 시기에 기업의 CSR은 단지 피고용자들의 이해나 자선활동의 수
혜자에 그치지 않고 그 이상을 만족시켜야 한다는 점을 분명히 하였

다. CSR 개념 정립을 위해 근본적으로 중요한 기여를 한 대표적인 저서는 경제발전위원회(CED)가 1971년에 출판한 책이다. 이 책에서 CSR은 건설적인 방식으로 사회에 봉사하는 목적을 가진 것이라는 인식이 제시되었다. CED의 생각을 쉽게 이해시키기 위해 비즈니스의 책임의 수준을 3가지 원으로 표시한 사회적 책임 인식에 관한 개념도를 제시했다(Tran 2017: 8-9).

가장 안쪽의 원에는 기본적인 기업의 책임인 경제적인 기능이 위치한다. 여기에는 일자리, 생산품과 경제적 성장이 포함된다. 중간의 원에는 기본적 기능에 더하여 추가적인 경제적 기능들을 수행하여 보다 강하고 확고한 사회적 가치들을 포함하는데, 여기에는 노사관계와 함께 환경보호를 비롯한 기타 중요한 이슈들이 위치한다. 그리고 바깥쪽 가장 큰 원에는 빈곤 퇴치와 같은 보다 광범위한 일반적 가치들과 사회적 이슈들이 위치한다. 이후 CSR에 대한 호응의 시대에는 기업들이 재정적인 수익을 강화하고 비용을 감소할 뿐만 아니라 보다 개선되고 좋은 명성을 얻기 위해 전통적인 비즈니스 전략을 사회적 책임을 위한 활동들과 긴밀하게 결합하기 시작하였다.

그렇다면 기업의 사회적 책임은 무엇인가? 보웬(Bowen 1953)은 당시에 단순히 '사회적 책임'이라고 불렸던 CSR이 정책을 추진하고 의사결정을 하고 행동에 옮겨서 사회의 목적과 가치를 충족시키도록 하는 의무라고 정의하였다. 1983년 캐롤(Carroll)은 CSR이 경제적으로 수익이 나고 법을 준수하고 윤리적으로나 사회적으로 협조적인 사업을 수행하는 것과 관련된 것이라고 전제하였다. 나아가 사회적으로 책임을 진다는 것은 수익성과 법규 준수가 가장 우선적인 기본 조건이며, 기업의 윤리와 사회에 대한 지원에 대해 논의할 때는 현금과 시간과 재능의 기여가 필요하다고 주장했다(Carroll 1999). 캐롤의 연구가 최근의 기업들이 사회적 책임에 관한 주제들에 관해서 여전히 가장 중요한 역할을 하고 있다.

1983년 노르웨이는 UN과 함께 "환경과 발전 세계총회"(the World Commission on Environment and Development)를 주최했다. 이 회의는 생태의 파괴와 과도한 자연자원 착취와 남용, 그것들의 위험한 결과에 대해 다루는 것이었다. "우리 모두의 미래"(Our Common Future)라는 제목의 최종보고서가 1987년에 출판되었는데 여기에서 지속가능 발전은 미래의 세대들이 자신의 필요에 대해 대처할 능력에 대한 타협 없이 현재의 필요에 부합하도록 하는 것이라고 정의했다(Brundtland *et al.* 1987). 이후 CSR에 관한 많은 공식적인 연구결과가 발표되었다. 대부분이 유사하게 기업이 수익을 올리는 것과 함께 사회적, 환경적, 윤리적 가치의 통합이 필요하다고 지적한다. 지분을 공유한 투자자들에 대한 비즈니스가 책임과 함께 피고용자와 공동체의 핵심적인 이해관계자들에 대하여 충분히 관심을 갖고 주의해야 할 뿐만 아니라 전통적인 비즈니스 의사결정에 이러한 책임과 관련된 다양한 활동을 포함해야 한다는 것이다. 글로벌리제이션 시대에 들어가면서 CSR 개념은 더욱 확장되어 적용되고 있다. 지금은 CSR이 빈곤, 기아 등 글로벌 차원의 이슈와의 전쟁에서 최전선에 있는 수단 중의 하나로 기대되고 있다.

1991년 캐롤의 CSR 피라미드는 사회의 모든 측면에 온전히 부합하는 비즈니스를 위하여 반드시 필요한 책임을 나타낸 것으로서, 경제적, 법적, 윤리적, 자선적 책임으로 제시하였다(Carroll 1999). 캐롤에 따르면 CSR모델의 가장 아래에 있는 기본적인 책임은 이익을 만들고 핵심적인 이해관계자인 투자자들의 재정적 이해를 만족시키는 것이다. 이 조건이 충족되었을 때에만 비로소 그 위의 세 가지 책임이 발생한다. 피라미드의 두 번째는 칸은 비즈니스의 법적인 책임에 초점을 두

는데 기업은 양심적인 비즈니스 관행을 확고히 하고 관리한다는 관점
에서 권위 있는 기관이 정한 법과 규정을 준수하는 책임을 가진다는
것이다. 세 번째는 윤리적인 수준으로서 자신의 이해관계자들에게 공
정하고 올바르고 합리적으로 어떠한 해로운 의도 없이 비즈니스가 수
행되어야 한다는 것이다. 피라미드의 꼭대기에는 자선적인 수준 책임
이다. 이것은 기업이 공동체의 건전한 구성원으로서 활동을 하고 필
요한 곳에 자원을 제공하는 것이다. 무엇보다도 캐롤의 CSR 피라미드
는 기업의 경제적 기능이 제대로 작용하지 않으면, 즉 비즈니스 관리
가 수익의 극대화하는 목적에 도달하지 못하면, 다른 세 가지 책임으
로 전혀 나아갈 수 없다는 것이다.

한편, 웨인 비써(Wayne Visser)는 생물학적인 DNA 분석에서 영감을
얻어 "CSR 2.0 모델"을 만들고 네 개의 DNA 기본 책임 코드(Responsi-
bility bases)를 제시하였다. 각각은 가치 창출(Value Creation), 굿 거버넌
스(Good Governance), 사회적 기여(Societal Contribution), 환경의 통합
(Environmental Integrity)이다.

표 1 CSR 2.0 DNA 모델 (Visser 2012)

DNA 코드	목표	핵심 지표
가치 창출	경제 발전	자본 투자 이익이 되는 제품 포괄적인 비지니스
굿 거버넌스	제도적 효율성	리더쉽 투명성 윤리 강령
사회적 기여	이해관계자 지향	자선활동 공정한 노동관행 공급체인 통합
환경의 통합	지속가능한 생태계	에코시스템 보호 재생 가능한 자원 제로 쓰레기 생산

'가치 창출'은 단순히 재정적으로 수익이 높다는 것만을 의미하지 않는다. 주주들과 경영인들이 부와 위신을 증대시키고 강화하는 것에 그치지 않고 일자리를 창출하고 인프라에 투자하고 기술 개발과 발전에 기여하는 등의 활동을 통해 경제적인 맥락을 보다 건실하게 하고 배양하는 목적을 지녀야 한다는 것이다. 포괄적인 비즈니스(inclusive business)의 지향을 통해 어떻게 피고용자들에게 혜택을 주고 공급 체인에서 중소기업과 가난한 커뮤니티의 역량을 강화하고 힘을 가지도록 할 것인가를 고려해야 한다. 비즈니스가 얼마나 효과적으로 경제적인 이익을 서로 다른 이해집단과 공유하는지를 측정한다. '굿 거버넌스'는 기업이 제도적인 효과성의 측면에서 얼마나 제대로 수행하는지를 측정하여 결정된다. 여기에는 지도력, 투명성 또는 윤리적 실행 등의 가치가 포함된다. '사회적 기여'는 전통적인 개념의 CSR이라고 할 수 있다. 이것은 일반적으로 캐롤이 말한 자선적인 책임에 해당하고 아동 노동과 같은 특수하고 긴급한 사안이나 보다 평등한 노동 관행 일반의 문제와도 관련된다. 마지막으로 '환경적인 통합'은 경제적인 발전의 부정적인 영향을 줄이는 것 이상의 목표를 의미하며 지구의 지속가능성에 기여하는 것이다. 비즈니스를 통해 제로 쓰레기 생산이나 100% 재생 가능 에너지와 같은 보다 야심찬 목표에 도달하도록 노력해야 한다(Visser 2012).

기업 활동으로 인해 기후 변화나 기업의 탐욕과 부패와 같은 부정적인 결과가 초래되면서 기업이 시민이나 환경적 이슈에 대한 인식과 관심이 급속하게 증대되고 전지구적으로 비즈니스가 사회적 책임을 지녀야 한다는 기대도 증폭되어 왔다. 이러한 트렌드는 일련의 소비자 행동 연구를 통해 밝혀졌다. 가령, 2005년 미국의 유력 금융기업의 설문조사에서 기업의 책임과 관련된 평판이 소비자 선호에 결정적인 영향을 미친다는 응답이 60%로 나타났다(Crane *et al.* 2007). 이러한 현상에 근거하여 소비자가 요구한 기업의 책임 모델(CDCR, The Consumer-driven Corporate Responsibility)이 제시되었다. 클레이던(Claydon 2011)에 따르면 CSR에 대한 소비자의 요구 증대가 기업이 CSR을 채택하게 하고, 기업이 CSR을 채택하면 소비자를 증가시켜 보다 많은 수익을 올리게 한다는 것이다. 그리고 CSR의 적용으로 발생한 많은 수익이 보다 높은 명성을 만들어주고 이것이 더욱더 소비자를 증가시키고, 소비자의 증대가 다시 CSR에 대한 요구를 증대시킨다는 것이다. 즉 CSR에 대한 소비자의 수요, 비즈니스의 CSR 채택, 수익 증대, 소비자 증가, CSR 수요 증가, 비즈니스의 CSR 채택 증가 등의 과정이 선순환적으로 지속 확대된다는 것이다.

새로운 윤리적 경제의 출현과 더불어 CDCR 모델은 기업이 어떻게 수익을 얻고 사회적인 인식과 환경적인 책임을 지닐 수 있는지 보여주는 가이드라인으로 제시된 것이다. 이 모델은 일종의 긍정적인 "공격적 써클"(vicious circle)을 창출하였는데, 비즈니스가 고객의 요구에 기초하여 CSR을 적용하여 더욱 많은 소비자를 얻고 수익을 높인다는 것이다. 결과적인 재무적인 개선뿐만 아니라 사회적 환경적 책임 활동에 더욱 참여하게 된다. 이것이 기업의 명성을 개선하고 소비자를 늘려 보다 많은 CSR 수요를 만들게 된다. 기업은 더 많은 CSR 활동을 하고 이 써클은 지속된다. CDCR은 윈윈 상황을 만든다. 즉, 소비자의 만족이 증대하고 기업은 수익이 좋아지고 사회적, 환경적 이슈에 책임을 진다. 이 모델은 기업이 더욱 빈번하게 사회적 책임 활동을 하고, 지속적으로 변화하는 소비자의 요구에 부합하도록 CSR 전략을 업그레이드하고 개선해야 한다는 점을 제시함으로써, 앞의 두 모델에 비해 더 우월한 것으로 입증된다.

2. 개도국에서 CSR의 동인과 CSR 피라미드 모델

다음으로 개발도상국에 적용되는 CSR의 모델과 CSR 상황에 대하여 살펴보자. 개발도상국의 CSR은 유럽이나 미국 등 선진국의 전형적인 사례와 다르게 정의되고 적용되어야 한다. 개도국 신흥시장에서 CSR 이 어떻게 인식되고 실행되고 있는지와 관련하여 다양한 동인이 영향을 미치는 것으로 파악된다. 크게 보아 내적인 동인과 외적인 동인으로 구분된다. 내적인 동인은 주로 국가 내부로부터의 영향을 미치는 힘의 요소를 의미하는데, 정치적 개혁, 위기 대응, 문화적 전통, 사회 경제적 우선순위, 거버넌스 차이 등이고, 외적 동인에는 국제적 표준화, 투자 인센티브, 이해관계자 행동주의(stakeholder activism) 등이 포함된다(Visser 2008).

개도국에서 CSR이 형성되는 모든 요인들을 고려하여 새롭게 CSR 모델을 설정할 수 있다. 가장 널리 알려져 있는 캐롤의 CSR 피라미드 는 최하단부터 경제적, 법적, 윤리적, 자선적 책임 등 네 가지의 순서 로 구성되었다. 이는 미국의 기업 상황에 그대로 적용된 모델이라고

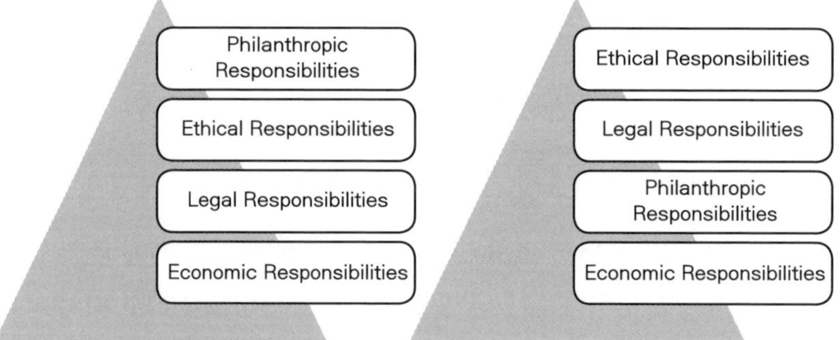

그림 1 캐롤의 CSR 피라미드와 비써의 개도국 적용 CSR 피라미드(Tran 2017: 18)

할 수 있다. 그러나 문화적 차이가 CSR의 효과에 근본적인 영향을 미친다. 이러한 점은 유럽의 맥락에서 CSR 피라미드가 다르게 적용될 수 있다는 점을 논의한 연구에서 입증되었다(Crane *et al.* 2007). 즉, CSR의 모든 레벨이 유럽에서도 작동하지만 서로 다른 위계적 순서를 지니고 또한 어느 정도 다른 방식으로 병합된다는 것이다. 나아가 비써는 개발도상국에서는 새로운 피라미드가 적용된다고 주장했다(Visser 2008). 즉 최하단에 경제적 책임이 있지만, 그 위에 자선적 책임, 법적 책임, 그리고 최상단에 윤리적 책임이 위치하는 새로운 피라미드를 제시했다. 그의 피라미드에 따르면 경제적 책임은 여전히 근본적이고 가장 기본적인 책임으로 인식된다. 그러나 신흥시장에는 자선적인 책임이 법적, 윤리적 책임보다 우선된다.

III. 베트남의 CSR 인식과 현황

1. 베트남에서 CSR에 대한 인식과 실행

베트남 현지조사에서 만난 전문가들은 모두 베트남은 신흥시장이므로 비써의 2008년 피라미드가 캐롤의 모델보다 적합하다고 지적하였다. 개도국은 경제적인 결핍과 필요를 충족시키기 위해 우선적으로 경제적 책임을 다하고자 하며, 다음으로 관습과 문화로 인해 자선적인 책임을 강조한다. 베트남 사회에서 CSR은 일종의 기부로 간주하여 자선 활동을 강조하고 우선시하는 경향이 강하다. 베트남 IWEP의 한 연구원은 베트남의 많은 기업이 CSR을 브랜드 보호를 위한 명성 구축의 수단으로 간주하고 있다고 보았다. 이것이 CSR 실행의 유일한 의도라는 주장도 있었다. IWEP의 국제협력부장 팜 아인 뚜언(Pham Anh Tuan) 박사는 "CSR의 실행은 오직 명성을 개선하기 위한 것이며 베트남 기업들은 전략적으로 CSR을 통해 비즈니스에서 어떤 이익을 얻을 것인지를 고려하여 피상적으로만 접근하고 있다"고 비판하기도 했다 (2018년 11월 9일 면담). 이런 점은 『사이공 타임(*Sai Gon Time*)』에서 소개된 의견에도 유사하게 나타났다(Nghia 2012).

베트남 상공회의소와 세계경제정치연구소는 에프피티(FPT), 키도(KiDo)그룹, 베리타스(Bureau Veritas Corp), 비나코민(Vinacomin Group), 비나밀크(Vinamilk Corp) 등 최근 10년 내 CSR을 지속해서 실행하고 있는 베트남 주요 기업들의 사례에 관해 설명해주었다. 베트남에서 CSR 인식은 자선활동과 단순 기부 활동의 비중이 큰데 특히 비나코민과 같은 국영기업의 경우 더욱 그러한 경향이 분명하다. 키도, 비나밀크, 에프피티의 경우 사회적 자선활동과 기업 내부와 환경적 활동 사이에 보다 균형이 잡혀있지만, 이러한 회사들은 서구국가 수준의 기업의 사회적 책임과 지속가능성에 도달하려면 갈 길이 멀다는 것이 전문가들의 지적이다.[2]

정부의 관점에서 보면 점차 환경 파괴와 사회적인 침해의 문제가 증가함에 따라, 그리고 환경을 보호해야 한다는 사회적인 압력이 증가하면서 CSR이 더욱 큰 관심을 끌게 된 것이다(2018년 11월 10일 문화연구소 면담). 박닌성을 비롯한 북부 베트남에서 공단이 밀집한 지방 정

2　베트남 상공회의소(VCCI) 및 세계경제정치연구소(IWEP) 면담 자료 (2018년 11월 9일; 11월 12일)

부도 마찬가지이다. 이에 따라 환경 파괴를 방지하고 지속가능한 사회 발전을 촉진하기 위해 여러 가지 정부의 규칙과 결정이 제시되고 있다.[3] 그중 한 가지는 2017년 192호 결정(Decision No.192/QD-TTg)으로, 2025년까지 환경산업의 발전 계획을 승인한 것이다(Tran 2017: 45). 한편, 제155호 의정(Decree No.155/2016/NĐ-CP)은 기업을 비롯하여 환경 파괴나 피해에 대해 처벌하는 규정을 정한 것이다.

2008년 베트남이 국제무역기구(WTO)에 가입하고 값싼 노동력이 풍부한 젊은 시장이라는 장점과 함께 많은 다국적 기업을 다양한 경영형태로 유치해 왔다. 아울러 다양한 국제 NGO가 지속가능 발전에 대한 기업의 인식을 제고하는데 역할을 해왔다. 유엔산업개발조직(UNIDO)은 베트남 중소기업이 CSR을 채택하고 적용하여 지속가능 생산에서 글로벌 공급 체인과 연결을 개선하도록 지원하고자 했다(Hamm 2012). 이러한 트렌드는 특히 최근에 환경 이슈가 심각해지면서 함께 대두되었고, 베트남에서 CSR은 이미 국제 NGOs, 국내 대기업뿐 아니라 다국적 기업과 지방 정부에서도 규정되어 있다. 베트남 정부와 공동체의 지속적인 요구에 따라 기업들이 사회적 책임을 다하고 경영의 투명성을 제고하고 개선된 방향으로 CSR이 확대될 전망이다.

2. 베트남 CSR 적용의 문제점

베트남 시장에 CSR이 처음 소개된 것은 다국적 회사의 투자를 통해서이지만, 국내 기업도 스스로 국제적인 표준과 규정을 적용하여 서로

---

3   박닌성 인민위원회 면담 자료(2018년 11월 11일)

일치하도록 노력하고 있다. 혼다가 시작한 "나는 베트남을 사랑해"(Toi Yeu Viet Nam)라는 프로그램과 유사한 캠페인을 통해 일부 기업들이 교통안전과 생명존중에 대한 인식을 높이고자 했다.[4] 유니리버(Unilever)가 처음 시작하여 개인위생 교육 프로그램이 널리 확산되었고, 코카콜라 베트남은 깨끗하고 믿고 마실 수 있는 물을 빈곤 지역에 공급하는 활동을 시작했다. 이러한 전략과 실행이 해당 기업 브랜드와 베트남 사회 전체에 영향을 미치게 되었고, WTO 가입과 함께 베트남은 글로벌 시장으로 급속히 편입되면서 이러한 국제적인 기업들로부터 많은 것을 배우 CSR을 일상적으로 시행하고자 노력하기 시작했다. IWEP는 가죽 신발, 섬유, 의류산업 분야 24개 업체에 대한 조사를 통해 CSR의 실행으로 매출이 뚜렷하게 늘어나고 노동력의 역량도 개선되고 수출도 증가한 것으로 파악되었다고 했다.

현재 베트남에서 CSR과 관련하여 가장 활성화된 기관은 베트남상공회의소(VCCI)이다. VCCI는 이미 2005년 노동부, 통상산업부 등 주요 정부 기관과 함께 다양한 주제와 관련된 활동을 통해 "지속가능한 발전을 위한 CSR"을 시작하였고, VCCI와 UN을 연결하여 협력하는 베트남 글로벌콤팩트네트워크(Global Compact Network Vietnam)도 만들어졌다(Nguyen 2011: 54). 베트남에서 CSR 개혁 역할을 하는 또 다른 중요한 조직은 베트남 노동총연맹(VCGL)인데, 이의 지부와 산하 기관이 국제기구나 국제NGO와 협력하여 베트남에서 노동자 권리를 강화하는 데 역할을 하고 있다.

그러나 베트남의 CSR 상황은 활성화되어있지도 낙관적이지도 않다. 윤리적 기준과 환경 기준에 대한 다양한 침해를 보여주는 사례와

---

4 베트남 사회과학원 문화연구소 소장 면담(2018년 11월 10일)

기록들이 계속 나타나고 있다. 파괴적인 환경 침해 사례가 반복되고 있다. 첫째로 동나이(Dong Nai)성 '베단 사건'을 들 수 있다. 베단 조미료(MSG) 공장이 티 바이(Thi Vai)강의 생태 균형에 중요한 역할을 하는데, 하수 처리 시설이 강에 인접하기 때문이다. 그러나 지난 14년 동안 조미료 공장이 비밀리에 처리하진 오염된 하수를 티 바이 강으로 흘려보내 엄청난 생태 파괴의 원인이 되었다(Luu 2011). 정부가 이에 대한 수사를 본격화한 이후에야 비로소 이 관행이 중단되었다.

둘째로, 대만 소유의 포모사 하띤 철강(Formosa Ha Tinh Steel)은 베트남 역사에서 가장 심각한 환경파괴의 사례가 되었다. 일명 '포모사 사건'(The Formosa Incident)으로 국제적으로도 크게 알려졌다. 정부 조사 결과 독극물과 오염된 물을 바다로 방출하여 베트남 해안지역 어류가 대량으로 폐사하였다. 200킬로미터에 달하는 해안선을 따라 수백만 마리의 폐사한 물고기가 떠다녔고 어민들과 주변 식당과 수산물 가공업에 심각한 피해를 입혔다. 베트남 정부는 환경복원과 바다 생태계 회복을 위해 최소한 십수년이 소요될 것이라고 발표했다(Nguyen *et al.* 2016).

베트남에서 최근 빈번하게 발생하고 있는 또 다른 문제는 지난 수년 동안 식품 산업의 관리가 소홀하여 품질에 많은 문제가 발생한 것이다. 2014년 보건부 산하 기관인 음식안전관리센터(Center for Food Safety Application)가 조사를 실시하여 189건의 음식 부패 사례로 인해 5천여 명 이상의 사람이 피해를 보았다고 발표했다. 50만 개 이상의 식품가공 회사에 대한 조사를 통해 청결 기준을 위반하고 위생에 부적합한 생산도구를 갖춘 업체가 22%나 되는 것으로 파악되었다.[5]

---

5   박닌성 노동보훈사회국 면담 자료(2018년 11월 11일)

아동 노동을 비롯하여 비즈니스와 관련된 많은 사회적 이슈가 부각되고 있다. 2012년 ILO가 조사한 바에 따르면 5세부터 17세 사이 아동 전체의 9.6%에 해당하는 약 175만 명이 노동자로 일하고 있다 (Tran 2017: 32). 빈곤, 부의 불균등 분배, 열악한 생활 수준과 노동 조건 등의 문제도 지방 정부나 기업뿐 아니라 사회 전반에서 기업의 사회적 책임에 대한 보다 개선된 인식을 통해 해결해야 할 과제이다. 베트남 국내 기업의 80%가 중소기업이어서 현대화된 CSR 관행과 지속 가능 발전을 향한 여정은 여전히 도전해야 할 과제이다. 다국적 기업과 국내 대기업 등의 우수한 선례와 정부의 포상에도 불구하고 중소기업들은 여전히 주로 가장 높은 경제적 성과를 올릴 수 있는 가능성에만 초점을 두면서 노동자들에 대한 착취, 탈세, 부패와 비리 등의 문제를 일으키고 있으며, CSR 전략의 장기적인 이익에 대해 고려하는 것을 주저하고 있다.[6]

전문가들의 의견을 종합해보면 베트남에서 CSR 활동이 미약한 것에는 크게 세 가지 이유가 있다. 첫째, 무엇보다도 기업들 간에 CSR에 대한 인식 수준에 큰 차이가 있고 다양하다. 다국적 기업들은 보다 진전된 선진화된 규정을 가지고 CSR을 베트남 지사에도 적용하고자 하는 의지가 뚜렷한 편인데 반해 베트남의 주요 기업은 이에 대해 배우는 입장에 머물고 있다. 국내 중소기업이 CSR에 참여하는 것은 매우 제한적이다. 두 번째로는 기업이나 시장에 재정적인 힘이 부족하여 단기적인 재정적인 책임에 보다 초점을 둘 수밖에 없고 장기적 투자나 지속가능성 혹은 CSR의 착수를 위한 재정에는 한계가 크기 때문이다. 셋째는 급여, 보상과 여타 노동관련 이슈에 관한 베트남의 법규 체

6　IWEP 국제경제국장 면담(2018년 11월 13일)

계는 완비되지 않고 서로 상충되는 조항도 있어서 CSR의 실행을 어렵게 하는 면이 있다. 뿐만 아니라 국제적인 협력업체의 규정과 비교하여 베트남의 노동법에는 상당한 차이가 있어서 오해를 불러일으키고 있다. 최근에는 정부와 보다 발전된 파트너들로부터 복수의 규정을 적용하여 내부 조직에 혼란을 야기하고 생산성을 저하시키는 일도 발생하여 CSR의 적용을 꺼리는 일도 있다.

IV. 베트남에서 한국 투자기업의 사회경제적 영향과 문제점

1. 베트남에 대한 FDI의 확대

베트남은 1987년 외자유치법(Foreign Investment Law)을 공표하여 본격적으로 해외자본을 유치하기 시작하였다. 2005년 베트남 국회는 기존의 회사법, 국영기업법, 외자유치법을 통합한 새로운 회사법(Enterprise Law)을 공포하였고 이는 해외기업의 투자가 더욱 증가하는 계기가 되었다. 해외자본 유치는 경제 구조재편, 일자리 창출, 노동생산성 향상, 현대적 기술 및 경영기법 도입 등을 통해 베트남 경제에 긍정적인 영향을 주고 있는 것으로 평가되고 있다(*MPI* 2014). FDI의 지속적인 증가는 베트남 GDP의 성장에도 영향을 주고 있다. 2011-2015년 간 베트남의 GDP는 연평균 5.9%의 증가율을 나타내고 있는데, 1차 산업이 3.1%, 2차 산업이 7.2%, 3차 산업이 6.7%로 2차 산업 증가율이 높게 나타났다. 이것은 같은 기간 세계 연평균 경제성장률(3.4%)이나 인도

네시아(5.7%), 말레이시아(5.4%), 태국(2.5%) 등 인근 동남아시아 국가
보다도 높은 수준이다(구양미 2017: 440). 1인당 GDP는 2010년에 1,273
달러였던 것이 2017년에는 2,215달러로 증가하였다.

　　1992년 양국의 공식 수교 이후 한국의 베트남 FDI와 협력 관계
는 지속적으로 확대되어 왔는데, FDI를 통한 베트남의 경제발전 전략
에 한국 기업들이 중요한 역할을 하고 있다. 2000년대 들어 세계적 다
국적기업들의 베트남 투자가 증가하는 상황에서 한국의 대기업과 함
께 많은 중소기업들이 베트남에 지속 진출하였다. 이에 베트남은 한국
의 제조업 해외투자대상국 2위를 기록하였고, 2014년부터 한국이 베
트남의 FDI 1위를 기록하고 있다. 일반적으로 투자 대상으로서 베트
남은 저렴하고 풍부한 노동력, 내수시장 진출 가능성, 풍부한 천연자
원과 농산물, 한국과의 문화적 유사성 등의 장점을 지니는 반면에 인
건비 상승으로 인한 비용 증가, 숙련된 고급인력의 부족, 원부자재 및
부품소재산업의 기반 미비, 열악한 사회기반시설, 불투명한 행정절차
와 관료주의 등이 베트남의 단점과 위험성으로 지적되고 있다(김희준
2009; *KOTRA* 2014b).

　　2015년 현재 베트남 전체 40만여 개의 기업 중 제조업은 15.7%
(63,251개)에 불과하지만, 전체 노동자 12,134,985명 중 제조업 종사자
는 47.6%(5,807,577명)를 차지한다. 베트남 제조업에서 음식료, 섬유의
복, 목재인쇄와 같은 경공업 비중이 높고 중화학공업이나 첨단산업 비
중이 낮게 나타난다. 2015년 기준으로 한국은 음식료와 섬유의복 비
중이 16.7%인데 비해 베트남은 53.9%로 절반 이상을 차지하고 있다.
반면 한국은 전기전자·기계·운송장비 비중이 44.6%인데 비해 베트
남은 14.6%에 그치고 있다(구양미 2017: 441-42). 한국에 비해 제조업의
비중이 낮고, 제조업 중에서도 경공업 비중이 높은 특성을 보인다. 특

히 섬유의복 산업은 베트남을 대표하는 산업이라고 할 수 있는데, 여전히 기업체 종사자의 40% 이상이 섬유의복 업종에 종사하고 있다. 또한 전기전자 산업의 증가도 중요하게 나타나는데, 여타 제조업의 비중이 감소 및 정체를 보이는 상황에서도 전기전자 부문은 꾸준히 증가하고 있다.

FDI의 부문별 투자 양상에 대해 살펴보면, 2015년 말까지 전체 누적 투자건수 20,069개 중 제조업이 53.6%(10,764개), 누적 투자 금액 2,818.83억 달러 중 제조업이 57.7%(1,627.73억 달러)를 차지하고 있다 (*General Statistics Office of Vietnam* 2016). 투자금액 면에서 보면 제조업에 이어 부동산(508.96억 달러, 18.1%), 전기가스수도(125.68억 달러, 4.5%), 숙박 및 음식서비스업(119.50억 달러, 4.2%), 건설업(108.94억 달러, 3.9%) 순으로 나타난다(CDI 2018).

FDI와 함께 베트남의 거의 모든 산업분야에서 해외기업이 차지하는 비중이 점점 커지고 있다. 2017년 현재, 전체 402,326개 기업 중 외국기업은 2.8%에 불과하지만, 종사자수는 28.4%를 차지하고 있다. 이것은 2000년 11.5%에서 상당히 증가한 것이다. 여성 인력을 살펴보면, 전체 종사자 중 여성 비율이 45.1%로 나타나는데, 여성 인력 중 해외기업에서 일하는 비중이 42.7%를 차지한다. 특히 해외기업 종사자의 67.8%가 여성인 것은 베트남의 여성 노동력을 고용하는 외국기업들이 많다는 것을 의미한다(*CDI* 2018).

1990년대 이후 베트남의 FDI 유치는 꾸준히 증가해 왔다. 1990년대 초반 연간 200건 이하에서 2015년에는 2,000건을 넘었고, 1990년대 초반 연간 20억 달러 이하에서 2000년대 중반 이후 연간 100억 달러 이상의 투자를 유치하였고, 2015년에는 200억 달러를 넘었다. 베트남 기획투자부(MPI)의 자료에 따르면 베트남에 대한 FDI에서 한국, 일본, 싱가포르, 타이완, 홍콩 등 아시아 국가들이 상위를 차지하고 있다. 2015년 말까지 FDI의 누적 투자건수와 투자금액 모두 한국이 1위를 차지하고 있는데, 전체 투자금액의 16.0%를 차지하고 있다. 이어 일본 (13.8%), 싱가포르(12.5%), 타이완(11.0%) 순으로 나타난다. 2013년 말 까지는 일본이 1위를 차지하였는데, 투자금액의 90% 정도가 제조업 에 집중되어 있고, 도소매 유통, 물류, 자동차·오토바이 부품산업 등 다양한 분야에 투자하고 있다(*KOTRA* 2014b). 한국은 최근 들어 삼성, LG를 비롯한 대기업의 투자 증대로 2014년부터 1위를 기록하게 되었 고, 현재까지 한국이 투자모국 1위 지위를 가지고 있는 국가는 베트남 이 세계에서 유일하다.

2016년 현재 한국 투자 기업들은 베트남 수출액의 약 3분의 1을 담당하고, 베트남에서 약 70만 명에게 일자리를 제공하고 있다. 한국 기업은 특히 전기전자, 자동차 운송기계, 기초금속, 화학, 기타 기계 류, 가죽, 가방, 신발, 의류 액세서리 등 제조업 분야에 많이 진출하고 있다. 현재 4천 개 이상의 한국 기업들이 베트남에서 사업을 운영하고 있는데, 베트남이 생산기지로서 뿐만 아니라 매력적인 소비시장으로 부상하고 있기 때문이다. 단일 기업으로 삼성이 베트남의 최대 FDI 기 업이다. LG전자도 중국에서 베트남으로 제조공장을 이전하였다. 식음 료사업과 호텔업 등을 중심으로 롯데그룹의 많은 자회사들이 베트남 에서 사업을 운영하고 있고, 한국의 부동산 및 건설업체의 비중도 높 은 수준을 유지하고 있다.[7]

---

7 베트남 세계경제정치연구소(IWEP) 국제경제실장과 면담(2018년 2월 28 일).

2. 베트남 내 한국 투자기업의 특징

한국기업의 베트남 투자는 1992년 수교 이전부터 섬유봉제 부문에서 임가공 형태의 하청생산에서 시작하여 점차 건설업, 유통업으로 확대되었고, 2000년대 중반 이후에는 전기전자 및 정보통신 산업과 같은 기술집약적 부문으로 다변화되고 있다(지현철 외 2007: 471-72). 2016년 12월 말까지 누적 투자금액(5,007억 달러) 기준으로 살펴보면, 제조업이 60.6%를 차지하고, 이어 광업(14.4%), 부동산업 및 임대업(7.2%), 금융 및 보험업(4.4%), 도매 및 소매업(3.8%), 건설업(3.1%), 숙박 및 음식점업(3.0%) 순이다. 2010년~2016년 기간 동안의 누적 투자금액만 살펴보면, 제조업의 비중이 더욱 증가하여 64.4%를 차지하고 있으며, 광업(11.8%), 도매 및 소매업(5.5%), 부동산업 및 임대업(5.3%), 금융 및 보험업(4.9%) 순으로 나타난다. 제조업 분야를 세부적으로 살펴보면, 2016년 12월말까지 누적 투자금액 기준으로 전기전자 31.4%, 섬유의복 28.4%, 기계운송장비 10.2%, 철강 10.1%의 순으로 나타난다. 한국의 베트남 투자는 제조업 중에서도 섬유의복과 전기전자 업종을 중심으로 이루어져 왔다. 1999년까지는 섬유의복 대 전기전자의 비중이 41.9% 대 32.2%였던 것이 2000년~2009년 기간에는 33.7% 대 15.5%로 전기전자업종 비중이 하락한 대신에 철강(14.6%), 기계운송장비(11.6%) 등 다른 제조업종들이 증가하였다. 2010년~2016년 기간에는 전기전자 업종의 투자가 대폭 확대되면서 24.9% 대 37.2%의 비율로 섬유의복과 전기전자의 비중이 역전되었다(구양미 2017: 445-46). 이는 최근 10년 간 전기전자산업에 대한 투자가 급증한 것에 기인한다.

대한무역투자진흥공사(KOTRA)가 발간한 자료에 따르면, 2014년 현재 베트남 진출 한국기업 1,325개 사 중 제조업체가 64.9%, 건설업 8.5%, 도소매업 7.8% 정도로 파악되고, 지역별로는 하노이에 19.1%(253개 사), 호치민에 36.3%(481개 사), 호치민 인근의 빈즈엉과 동나이에 23.1%(306개 사)가 집중해 있다(*KOTRA* 2014a). 2008년부터 삼성전자가 베트남 북부 하노이 인근 박닝성 대규모 공장을 건설하여 가동하면서 협력업체들이 동반 진출하게 되었다. 삼성전자는 2014년에 타이응웬(Thai Nguyen)에 추가로 대규모 공장을 가동하면서 하노이 인근 북부지역에 거대한 생산단지를 이루게 되었다.

베트남 내 한국인 투자기업은 다음과 같은 공통적인 특징을 보이고 있다. 첫째, 대기업 혹은 중규모 기업이 주도하고 있으며 대부분이 1천 명 이상 노동자를 현지에서 고용하는 기업들이다. 둘째, 1차 부품 공급업체(1차 벤더)가 글로벌 공급 체인망으로 연결되어 있다는 특징이 있다. 한국기업의 베트남 현지 지사들은 주로 최종생산품 조립 가공하는 역할을 하고 한국의 본사나 여타 국가의 지사들이 부품이나 가공 원자재를 생산하여 베트남으로 공급하는 시스템이다. 셋째, 비용절감을 위해 원자재나 부품 공급업체에 대해 부담을 주는 원가관리 방식의 압력이 가중되고 있으며, 기업의 CSR 표준을 개선하기 위한 요구가 증대하고 있는 상황이다. 넷째로, 베트남 내 한국기업의 다수는 노사관계에 대하여 권위주의적 접근방식을 채택하고 있으며 노조가 경영관리에 의해 지배되는 구조를 유지하고 있다(*CDI* 2018).

삼성전자가 이러한 트렌드를 주도하는 대표적인 기업이다. 삼성은 2009년 박닝성에 삼성전자베트남(SEV, Samsung Electronics Vietnam Co. Ltd)를 설립하여 스마트폰 현지 생산을 시작하였다. 2014년 타이응웬성에 삼성전자타이응웬(SEVT, Samsung Electronics Vietnam Thai Nguyen)을 설립하여 현지 생산을 대폭 확대하였다. 2012년에는 삼성베트남연구소(SVMC, Samsung Vietnam Mobile R&D)를 설립하였다. 이로써

삼성은 2016년부터 단일 기업으로 베트남의 최대 투자 규모의 기업
이 되었다. 현재 삼성 스마트폰은 베트남의 최대 수출품목으로 베트남
경제에 크게 기여하고 있다. 2013년부터 전자제품이 베트남 수출에서
최대 품목으로 부상하였고, 이 중에 삼성 핸드폰이 대부분을 차지하
여, 매년 베트남 수출의 20% 내외의 비중을 담당하고 있다. 2016년 총
매출액은 370억 달러로 베트남 수출의 21%를 기록하였다. 삼성 공장
에 104,574명의 노동자와 직원이 고용되어 있고, 100개 이상의 벤더
업체에 10만 명 이상이 고용되어 있다. 노동자 평균 연령은 2017년 현
재 남자 23세, 여자 22세이고, 평균 근속기간은 1년 2개월 내외로 추
정된다. 베트남 내 삼성 협력업체는 모두 108개로 파악되는데, 이 중
85개가 한국기업이고 8개가 베트남 기업이다. 그리고 여타 국가 기업
15개가 포함되어 있다(최호림 2018b: 84).

한편, 베트남 사람들이 한국기업의 문제점으로 지적하고 있는 점
도 유사하게 나타나고 있다. 2015년 10월부터 2016년 12월까지 베트
남의 257개 공장에서 수행한 ILO의 평가보고서에 따르면, 근로 조건
이나 노동 상태에 집중적으로 규정 불이행 상황이 여전히 남아있고,
특히 보상시간과 노동시간 규정 불이행 비율이 50%를 초과하고 있다
(ILO 2017). 규정 노동시간을 초과하는 노동이 많고 특히 법적 초과노
동시간을 위한 한 경우가 많다. 특히 이것은 산업에서 지속적인 문제
이며 앞으로도 상당한 기간 동안 변화할 것으로 예측되지 않는다는
것이 문제다. 조합 결성의 자유와 단체교섭권이 보장되지 않는 비율이
상당히 높다. 다음으로는 섬유의류산업과 전자산업 분야를 중심으로
한국기업의 문제점을 살펴보자.

3. 섬유의류산업 및 전자산업 분야 한국기업의 문제점

2016년 현재 베트남의 총 582개 외국인 소유 섬유의류 회사 중에 한국 기업이 184개로서 1위 투자 규모이고, 의류 수출산업에서 한국기업이 가장 큰 투자자이다(*CDI* 2018). 섬유의류업체에서 노동자들이 표현한 가장 큰 불만 요소로는 생활임금이 보장되지 않는 점, 합리적 노동시간이 준수되지 않는 점과 함께 법적 노동계약서 체결 미비 등으로 나타났다. 북부베트남에서 1만 명 이상을 고용한 한국인 섬유의류 공장에서 만난 노동자들과의 비공식 면담을 통해 한국 업체의 베트남 법규나 국제적 표준 및 기업 규칙에 대한 위반 사례에 관해 조사하였다. 노동자들의 이야기에 포함된 문제점을 열거해보면, 임금 체불이나 미지급, 불법적 취업 수수료, 관리자에 의한 착취나 학대, 주기적 언어폭력, 육체적인 희롱이나 폭력, 임신부에 대한 차별, 강제적인 초과 노동, 불법적인 화장실 사용 제한이나 질병으로 인한 조퇴나 결근 불허 등이 포함된다. 한국의 고용주는 대부분 노동조합의 결성과 활동에 대해 부정적인 인식을 가지고 있으며, 노동조합이 있는 회사의 경우도 공장 매니저를 조합의 상임집행위원회 지위에 임명하는 경우가 많아 일반 노동자의 집단 의사를 표현하는 데 어려움을 겪는다는 이야기도 많았다. 이러한 문제점은 베트남 연구기관의 조사결과와 일치하는 점이 많다.[8] 일부 공장의 작업장은 비용절감을 이유로 법적 한도를 넘는 90도 이상의 고온으로 인한 안전사고 및 건강 위협의 상황이 있다는

---

8   박닝성 소재 한국기업 공단지역 노동자 방문 면접(면담일: 2018년 3월 2일, 4월 18일); 타이응웬성 인민위원회 노동보훈사회국 담당자 면담(2018년 2월 28일).

설명도 있었다. 아울러, 유해성 화학물질 사용으로 인한 질병 위협과 열과 과로로 인한 안전사고의 위험에 노출되는 등 노동자의 권리 보장이나 안전한 작업환경 유지의 의무를 다하지 않는 실태가 다수 파악되었다.

이러한 문제 중에서도 베트남 노동자들과 가족들이 가장 심각하게 우려하는 문제점은 한국인 고용주들이 갑자기 사라지는 것이다. 주로 음력 설날인 뗏(tet) 휴가일을 앞두고 남부 공업단지에서 몰래 이탈하는 고용주들의 사례가 이어지고 있는데, 주로 뗏 보너스 지급을 피하기 위한 것으로 보인다. 2018년 초 사이공의 한 의류업체에서 600명 이상의 노동자들이 1주일 이상 파업을 하며 고용주가 사라진 이후 임금 지급을 요구했다. 2018년 2월말까지 이 회사는 노동자들을 위한 사회보험료를 지불하지 않았다. 2018년 1월에 빈록A 공단(Vinh Loc A Industrial Zone)의 공장에서도 한국인 고용주가 사라졌다. 2018년 2월 동나이성의 한 섬유회사에서 약 2천 명의 베트남 노동자들이 한국인 고용주로부터 버림받았다. 한국인 고용주는 뗏 직전에 1월의 급여를 지급하지 않고 베트남을 떠났다고 알려지고 있다. 또한 작년 8월부터 노동자들을 위한 사회보험료를 지불하지 않아 175억 동(약 8억 4천만 원) 이상 체불 상태라고 한다. 2015년 말에는 혹몬(Hoc Mon)공단의 한 국업체에서도 같은 일이 발생했다.[9] 일반적으로 베트남에 대한 한국인 투자의 대부분은 과도하게 수출에 초점을 둔 생산 공정을 위한 것이며 장기적 관점에서 자원의 부족으로 어려움을 겪을 것으로 판단된다. 이에 불법적으로 폐업을 하는 사례가 빈번하게 발생하고 있는 것

---

9   국제노동기구(ILO) 베트남지부(하노이) 국제협력실장 면담 자료(2018년 3월 1일),

이다.

아울러 필자는 베트남 삼성전자와 관련 부품공급업체 등 전자산업 분야 노동자와 공장 인근 주민, 그리고 IWEP의 연구진을 통해 다음과 같이 전자산업 분야 한국기업의 문제점에 관해 다양한 이야기를 들을 수 있었다. 무엇보다도 과도한 초과 노동시간과 부절적한 임금 문제를 지적하는 사람이 많았다. 한국인 투자 전자산업 공장의 초과 노동시간이 과도한 것으로 파악된다. 주 60시간 이상이 대부분이고 심지어 100시간 이상 일하는 노동자도 있다. 비자발적 초과 노동이 빈번하고 이를 감추기 위해 근무시간에 대해 이중장부를 만들어 기재하는 경우가 많다. 주문이 적은 생산 비수기에는 강제 귀가시키는 경우도 많다. 노동시간에 관한 사항은 베트남 노동자들의 가장 큰 불만 요소이며 노동보훈사회부(MOLISA)의 노동 감사에서 가장 보편적으로 조사되고 있는 불법 행위이다. 대부분 한국기업의 임금 수준은 최저 혹은 최저보다 약간 많은 수준이다. 기본급은 노동자가 받는 총 급여의 약

사진 2　타이응웬성 한국기업 노동자 면접

출처: ⓒ 최호림

50% 정도이다. 나머지 절반은 노동자의 근퇴와 초과노동 시간에 달려 있다. 이러한 급여체계가 노동자에게 초과근무를 하도록 하는 압력이 되어 노동자들이 실제 법적인 한도 시간 이상으로 일하며 소득을 올리고자 한다.[10]

둘째는 불안전한 작업 환경의 문제이다. 2017년 후반 IWEP가 수행한 조사를 통해 전자산업분야 공장에서 일하는 노동자들이 유해성 물질에 심각하게 노출되어 있음이 파악되었다. 50% 이상이 화학물질에 노출되어 있었고, 91.6%의 노동자들이 화학물질의 유해성에 대해 인지하고 있다. 두통(69%)이나 등의 통증(67.1%)과 한쪽 눈의 시력과 청력 약화를 호소하는 노동자가 상당히 많았다. 54.3%의 여성노동자들은 월경 기간에 불규칙적인 월경, 과다출혈, 심한 통증 등 최소한 한 가지 이상의 문제를 겪고 있다고 답했다(*CDI* 2018). 삼성베트남 공장에서 유사한 문제점에 대해 제대로 처우 받지 못하는 노동자들에 대한 보고도 있다(*IPEN - CGFED* 2017). 이 보고서에는 노동자들의 건강문제나 불만에 대한 매우 상세한 인터뷰 내용이 포함되어 있다. 그 내용에 따르면 모든 노동자들이 피로감이나 어지럼증을 호소하고 실신하기도 한다. 여성들의 유산율이 높으며, 임신 여성에 대한 처우가 기대 이하이다. 임신 중인 여성 노동자들도 장시간 서서 조립공정 일을 계속해야 하고, 임신으로 인한 조퇴나 휴식 시간은 급여에서 제외된다. 시력 저하, 코속 출혈, 복통, 등과 다리, 팔꿈치, 무릎 통증으로 호소하는 노동자가 많다. 노동자의 생활은 공장 작업라인 내에서 뿐만 아니라 라인 밖의 생활까지 통제받는다. 휴식 시간이 짧고 제한되어 있어서 화장실을 매우 급하게 사용하거나 용변을 참아야 하는 일이 빈번하다.

---

10 박닝성 인민위원회 노동보훈사회국장 및 실무자 면담(2018년 3월 2일)

노동자들은 정보노출의 위험을 이유로 자신의 일에 대해 말하는 것이 엄격히 금지되어 있다. 이로 인해 정신적 스트레스가 많다고 한다.

셋째로는 단기 고용계약이나 임시직 고용 혹은 아웃소싱 등 불안정 고용상태가 적지 않다는 문제가 있다. 전자산업의 경우 피크 타임과 성수기가 매우 분명하여 고용과 해고가 빈번하고 높은 이직률을 보이고 있다. 박닝성 전자산업 공장 노동자의 49.5%가 현재 다니는 기업에서 12개월 미만 기간 고용된 상태였다. ILO 베트남지부의 한 전문가의 설명에 따르면 신제품 출시 약 6개월 전에 1-2차 부품 공급업체를 포함한 전체 연쇄공정에 있는 노동자는 모두 과도한 초과시간 노동을 해야 하는 상황이 되지만, 그 이후 점차 노동시간이 줄어들기 시작하여 하루에 8시간 노동을 할 만큼 충분한 고용을 하지 못하게 된다. 삼성전자의 공급업체 대부분의 노동자들은 생산 비수기에 일주일에 3-4일만 근무하고 기본급의 75%만 지급받는다고 했다.[11]

넷째, 고용과 승진에서 성차별이 체계적으로 이루어지고 있다는 주장이 많았다. 여성을 오직 일반 단순작업 노동자들로만 고용하는 경우가 많았다. "여자들은 작고 섬세한 공정을 잘 해내기 때문에 전자공장의 일에 적합하며 남자들에 비해 복종적이기 때문에 중요하다"고 말하는 한 업체의 인력관리 매니저를 만나기도 했다.[12] 삼성베트남 노동자들과 인터뷰에서 타이응웬성과 박닌성의 남성 거주자들은 고용하지 않는 불문율이 있는 것으로 나타났다. 남자들이 팀의 부조장에서 그 이상의 직위에 이르기까지 관리직 지위를 지배하고 있다.

이러한 문제점에도 불구하고 실질적인 노사관계와 사회적 대화

---

11 ILO 베트남지부 면담(2018년 3월 1일),

12 타이응웬성 삼성협력업체 한국인 관리자 면담(2018년 3월 3일).

사진 3 　삼성박닝공장 노동자 퇴근 모습

출처: ⓒ 최호림

가 부족하여 문제점을 해결하거나 개선하는데 장애가 되고 있다. 박닝과 타이응웬의 삼성전자 모두에 노동조합이 결성되어 있으나 효과적인 노사협상에 대해 제대로 아는 노동자를 만나기가 어려웠다. 자신들이 블랙리스트에 오르는 것이 두려워 불만이 있어도 말하지 못한다는 노동자도 있었다. 전자산업에서 사회적 대화는 발달하지 않은 상태로 남아있다. MOLISA의 통계에 따르면 1995-2012년 기간에 모두 4,380건의 파업이 발생했는데 매년 평균 243건인 셈이다. 이 중에 32%가 한국 투자기업에서 발생한 것으로서 대만 기업 다음으로 많았다. 다른 자료에 따르면 2013-16년에 집계된 1,284건의 파업 중에 26%에 해당하는 328건이 한국인 투자기업에서 발생했다(*CDI* 2018).

　전자산업과 섬유봉제산업 부문은 모두 유사하게 베트남 내 한국 기업의 고용관계는 국제 NGOs의 감시나 정부의 감독과 정규적 개혁에 대응하는 과정에서 개선되어 온 것으로 보인다. 베트남에서 빈번하던 '비공식적 파업'(wildcat strikes)이 지난 20년 사이에 상당히 줄어들

었다. 이는 임금 수준에 대한 회사의 긴밀한 협조와 치밀한 조정이 늘
어난 덕이다. 또한 불만 사항에 대한 처리절차 적용, 모성 보호를 위한
지원, 노동조합에 대한 인정, 고용자 복지, 사내 식당 식사의 질 향상
등의 분야에서 중요한 개선이 이루어진 것으로 보인다(*ILO* 2017). 그러
나 이러한 개선만으로는 아직 부족하다는 의견이 다수이다. 한국의 투
자기업을 비롯한 글로벌 대기업의 힘과 영향력이 막강하다. 다국적기
업이 베트남의 노동정책이나 사회보호, 환경 문제에 관한 정책에 미치
는 영향이 크다. 한국인 투자기업의 사회적 책임(CSR)에 관한 지속적
인 관심과 실질적인 공헌활동의 확대가 시급하다고 판단된다.

V. 대안으로서 기업의 CSR

한국이 베트남에 대한 최대 투자국으로 부상하면서 한인기업 단체뿐
만 아니라 한국 정부의 역할도 중요해지고 있다, 주베트남 한국대사
관, 베트남 한인상공인협회(KOCHAM), KOICA, KOTRA, 한국무역협
회(KITA), 한-베우호친선협회(KOVIFA)를 비롯하여 여러 기관과 단체
에서 한국기업의 활동을 지원하는 역할을 하고 있다. 이들 기관은 비
즈니스 포럼이나 정책 대화, 워크숍 등을 개최하여 한국기업을 지원하
며 한국기업도 CSR활동이나 다양한 협력사업을 하고 있다. 주베트남
대한민국대사관과 KOTRA가 주도하여 『베트남 CSR 안내서』를 발간
하고, 베트남 각 지방별로 사회공헌활동의 수요를 파악하기도 했다(주
베트남대한민국대사관 외 2015). 베트남 진출 한국기업의 사회공헌활동을

촉진하기 위한 것이라고 할 수 있다. 또한 베트남의 각 지방에 입지한 한국기업들 중에는 근로 조건을 개선하고 노동자들에 더 좋은 혜택과 이익을 제공하기 위한 노력을 하는 경우도 늘어나고 있다. 고용과정에서 합법적인 절차를 준수하고, 여성 노동자에 대한 혜택, 임금과 상여금 제도, 휴식 시간, 노동조합활동 조건 등에 관해 개선하고자 하는 노력도 늘어나고 있다. 그러나 여전히 한국기업의 관행에는 베트남 사회의 기대에 부응하지 못하는 점이 많으며, 구체적으로는 규정준수에 대한 감시나 개선, 분규나 파업을 해결하려는 노력이 명확하지 않다.

베트남 내 한국기업이 지속적으로 수익성 높은 사업을 유지하면서 베트남 사회경제 발전에 기여하는 역할에 대한 관심과 투자가 요구되고 있다. 사실 최근 세계적으로 기업의 CSR에 대한 관심이 증대하고 있다. 국제 사회는 글로벌리제이션과 신자유주의 이념의 확산에 따라 반(反) 기업 정서와 사회적 갈등이 확대되고 있는 추세이다. 투자자와 노동자, 소비자뿐만 아니라 정부, 시민단체, 국제기구 등 다양한 이해관계자가 CSR에 소홀한 기업에게 불이익을 주고자 하는 현상이 세계적으로 확산되고 있다. 이에 기업들은 '선량한 기업 시민'(good corporate citizen) 이미지를 확보하기 위한 활동에 대한 관심이 증대하고 있다. 실제로 CSR 활동이 기업이미지에 큰 영향이 있는 것으로 알려져 있다. 또한 CSR활동은 기업의 경쟁우위로 작용하고, 소비자들에게 기업의 CSR 활동이 구매 결정에 주요 고려 요인으로 작용한다는 보고도 있다(한충민 외 2013: 90-91).

특히 다국적 기업의 개도국에서의 CSR 활동에 관한 관심이 높아지고 있다. 베트남 진출 한국기업도 예외가 아니다. 최근 대한무역투자공사의 조사에 따르면 베트남 진출 116개 한국 대기업 또는 중견기업의 55.9%가 현지에서 CSR을 수행하고 있고, 수행 예정인 기업도 33.3%에 달하는 것으로 파악되었다(대한무역투자진흥공사 2011; 최호림 2018b: 90 재인용). 실제로 다국적 기업은 대부분의 개도국에서 현지 기업보다 CSR 활동 정도가 높은 것으로 보고되고 있다(Chambers *et al.* 2003). 최근에는 다국적 기업의 개도국에서의 CSR 활동에 대한 국제 기구나 국제 NGO의 국제적 감시와 압력도 지속되고 있다. 이와 함께, 모국 정부도 다국적 기업의 현지에서의 CSR 활동을 권장하고 있다. 이는 현지에서의 개발 원조 목적뿐만 아니라 기업의 현지에서의 비윤리적 행위가 외교 문제로 비화되는 경우가 발생하기 때문이다. 우리나라도 예외가 아니다 우리 정부는 개발 원조를 2010년 G20정상회담에서의 주요 아젠다로 제시하였고 이에 따라 해외 진출 기업의 현지에서의 CSR을 통한 개발 원조 정책을 적극적으로 추진하고 있다.

과거 전통적인 CSR개념은 방어적이고 당위론적 개념에 머물렀으나 최근에는 '전략적 CSR'의 중요성이 제기되고 있다. 전략적 CSR이란 기업의 지속가능성이나 경쟁 우위의 확보를 위한 수단으로서 CSR을 말한다(변선영 외 2009: 174). 기업이 전문 영역에서 사회적 문제 해결에 상대적 우위를 갖는 지식이나 자원을 보유하고 있기 때문에 기업이 자선적 활동에 투자하는 것은 개인이나 정부보다 더 큰 사회적 가치를 창출할 수 있다. 예를 들면 소외 계층에 대한 IT교육을 확대하는 사업은 IT기업이 보다 더 효율적으로 수행할 수 있다는 것이다. 또한 CSR은 기업의 이미지 형성에 영향을 미치며 결과적으로 해당 기업의 제품에 대한 소비자의 긍정적 평가 형성에 영향을 주는 경향이 있다. 또한 CSR이 직원을 비롯한 다양한 이해관계자의 기업에 대한 이미지에도 영향을 미칠 수 있다는 주장도 있다. CSR은 기업의 평판을 높여서 자본 비용을 줄이고, 인재 유치와 직원의 충성도 제고에 긍정적 효과가 있다(이한준 외 2009: 238-45).

이러한 점에 비추어 최근 다국적 기업의 CSR 활동이 더욱 강조되고 있다. 내국 기업에 비해 글로벌 기업에 대해 높은 수준의 CSR이 기대되는 이유는 글로벌 기업은 전 세계적으로 사회적인 영향이 크기 때문이다. 실제로 글로벌 기업들은 해외 시장에서 내국 기업보다 높은 수준의 CSR활동을 전개하는 것으로 보고되고 있다. 글로벌 CSR은 특히 개도국에서 강조되고 있다. 국제사회의 요구 증대, 2010년 ISO26000 제정 등의 추세에 따라 개도국에서 다국적기업의 CSR은 어느 때보다 중요한 활동으로 인식되고 있다(한충민 외 2013: 86-87). 일반적으로 개도국 현지 기업의 CSR활동은 활발하지 않은 것으로 지적되고 있다. 그것은 개도국에서는 상대적으로 기업 규제 장치가 미비하고 일반 대중도 CSR에 대한 개념이 제대로 정립되어 있지 않기 때문으로 평가된다. 그러나 다국적 기업에 대해서는 이중적인 잣대가 적용되고 있는 듯하다.

개도국에 진출한 다국적 기업이나 대기업은 개도국의 빈곤층, 특히 최하층(BOP, Bottom of Pyramid)에 관심을 가져야 한다. 전통적으로 상류층과 중산층에 초점을 맞추어온 다국적기업이 전 세계 40억 빈곤층을 대상으로 사업을 함으로써 저소득층의 빈곤 감소와 삶의 질 향상과 동시에 기업의 이윤을 창출할 수 있다는 것이다. 이런 점은 베트남 사회에 그대로 적용가능하다. 특히 전기전자, 섬유의류 등 제조업에 고용된 현지 노동자 거주지역 중 낙후지역에서 CSR 활동에 대한 수요가 높다고 할 수 있다. 아울러, 글로벌 기업의 CSR 활동의 중요성은 현지 사회의 CSR에 대한 기대에 따라 달라지게 된다. 기업에게는 CSR에 대한 현지 사회의 기대를 파악하는 것이 현지 지향적 경영과 사회적 책임을 수행하기 위해서 매우 긴요하다. CSR에 대한 현지 사회의 기대는 국가에 따라 달라질 수 있다. 개도국에서는 기업의 자선적 책임이 상대적으로 강조되어야 한다는 주장도 있다(한충민 외 2013: 88-94). 이는 개도국은 선진국으로부터 오랜 기간 동안 원조를 받아왔기 때문에 자선을 당연시하고 CSR을 기부나 자선으로 동일시하는 경향이 있다고 보는 것이다. 베트남 진출 한국 기업의 연구에서도 유사한 결과가 발견되었다(대한무역투자진흥공사 2011; 주베트남대한민국대사관 외 2015). 따라서 베트남 지역사회의 수요와 필요에 대한 인식에 초점을 두고 현지 문화에 부합하는 CSR 프로그램 적용이 필요하다.

베트남에 진출한 일본, 싱가포르, 대만, 한국 기업의 CSR 활동이 모국의 국가 호감도에 미치는 영향을 분석한 한 연구에서 외국 기업의 CSR 활동이 모국의 국가 호감도에 영향을 미치는 것으로 나타났다. 특히 베트남에서는 외국인투자기업의 CSR활동이 외국 기업의 능력 자체에 대한 평가보다 국가 호감도에 미치는 영향이 다소 크다는 것을 보여주었다(한충민 외 2013: 98-99; Bui 2010: 82-83). 이는 정부 차원에서도 CSR 활동을 적극 독려하고 지원하는 정책이 중요함을 시사해준다. 결국 개선된 국가이미지는 기업의 현지 활동에 도움이 되기 때문에 기업들에게 CSR 확대의 필요성을 강조할 필요가 있다. 이와 동시에 정부 차원에서 현지에서의 CSR 활동을 국가이미지 정책과 부합하도록 관리할 필요가 있음도 시사하고 있다. 또한 CSR 효과는 현지인의 기대에 따라 달라질 수 있기 때문에 효과적인 CSR을 전개하기 위해서는 현지인의 CSR 기대에 대한 이해가 선행되어야 함을 시사해준다. 즉 사회문화적 수요와 영향력에 관한 분석에 근거해야 한다는 것이다.

VI. 맺음말

베트남에서 CSR 적용을 위해서는 기업뿐 아니라, 정부, 지역사회, 외국인 투자기업 등 다양한 이해관계자의 역할이 모두 중요하다. 우선, 정부는 CSR 전략의 실행을 촉진하는 역할을 하기 위해 국가의 법적 제도를 개선하고 완비하는 것이 급선무다. 기업이 사회적 책임을 회피하는데 악용하는 규정이나 부족하고 불완전한 조항을 고치고 보완하여 사회적인 책임을 회피하지 못하도록 해야 한다. 비즈니스 윤리와 작업 환경 일반에 관한 규정과 법규를 업그레이드하고 보다 발전된 시장의 표준에 맞도록 조정하여 정부는 보다 원활하게 보다 발전된 CSR 전략이 적용되도록 국제적인 협력을 해야 한다. 정부기관, 부서 및 정부조직의 조정과 조율 역할 또한 중요하다.

정부가 CSR의 실행을 확대하도록 지원하는 또 다른 방법은 이 개념을 대학 수준의 교육과정에 적용하고 워크숍이나 학술회의 등을 주요 기업과 함께 개최하여 민영 중소기업들에게도 이 주제를 도입하고 설명하는 기회를 만드는 것이다. 정부는 또한 정책수단을 통해 CSR의 실행과 지속가능한 발전을 위한 비즈니스를 촉진하기 위해 관료제의 폐해를 제거하고 정부기관의 기능을 감시하는 역할을 개선할 필요가 있다.

비즈니스의 관점에서 보면 무엇보다도 조직의 위계적인 지위구조에도 불구하고 피고용인들에 대한 내부의 인식을 개선하는 것이 특히 중요하다. 나아가 장기적으로 지속가능 발전을 궁극적인 목표로 설정하여 비즈니스 지도자들이 이를 확고하게 추진해야 한다. 국내 기업주들은 CSR 통합이 단순한 과제가 아니며 시간과 자원을 투여해야 하는 신실한 태도가 필요하다는 점을 분명히 인식해야 한다. 인력자원이 CSR 전략의 성공에 중요한 역할을 하기 때문에 기업 내부의 교육 훈련 과정을 개선하고 노동권과 노동조합의 발전을 지원하는 것에도 유념해야 한다.

기업이 재무적인 성공을 거두기 위해서는 지역 커뮤니티 소비자들의 구매력이 가장 필요하다. 따라서 기업은 윤리적 책임을 다하도록 노력하고, 지역공동체도 기업이 사회적 책임을 확대하고 윤리경영을 하도록 감시하고 지속가능발전에 해가 되는 사업을 하는 기업과 브랜드에 대한 감시 역할을 해야 한다. 아울러 베트남 진출 한국기업도 베트남에서 CSR활동이 개선되어 지속가능발전에 기여할 수 있도록 참여해야 한다. 한국 정부도 베트남 정부와 협력하여 이를 위한 제도개선을 지원해야 한다. 베트남 정부가 기업의 CSR 활동을 촉진하고 개선하기 위한 제반 노력을 하도록 한국 정부나 투자진출 기업협의회에서 지원하고, 베트남 국내법을 준수해야 한다.

베트남 시장에 대한 한국기업의 투자는 섬유의류 분야 중심에서 점차 전기전자 조립산업 중심으로 변화해 왔다. 한국기업의 대규모 투자가 증가하면서 베트남의 산업구조와 지역변화에도 상당한 영향을 미치고 있다. 양국의 산업구조가 상호보완적 관계에 있기 때문에 한국기업의 투자추세도 상당 기간 지속될 것이다. 하지만 한국기업으로 인해 발생하는 문제점에 대해 관심을 기울일 필요가 있다. 한국기업은 보다 적극적으로 CSR을 확대하고 노동규준을 준수하기 위해 노력해야 한다. 한국인 경영자들에 대한 보다 우호적인 조건을 만들 뿐만 아니라 핵심적인 노동 표준에 대해 준수하도록 개선하고, 노사 갈등이나 분쟁, 파업을 예방하거나 문제를 해결하도록 지원할 필요가 있다. 이를 위해 한국인 기업가 단체나 조직이 여러 가지 중요한 역할을 하고 긍정적인 영향력을 발휘하도록 해야 한다. 베트남 지역사회와 사회적 대화를 촉진하여 베트남 사회의 발전에도 기여하도록 유도하여야 한다. 특히 빈곤층에 대한 관심과 지원을 확대해야 한다. 특히 제조업에 고용된 현지 저학력 노동자의 낙후된 거주지역에서 빈곤감소와 지속가능 사회경제발전에 기여하는 방안이 긴급하다. 아울러 정부 차원에서 기업의 CSR 활동을 적극 독려하고 지원하는 정책이 중요하다. 국제개발협력과 공적개발원조(ODA)의 확대도 필요하다. 효과적인 CSR과 국제개발협력을 위해서는 현지인의 수요에 대한 치밀하고 장기적인 분석이 선행되어야 한다. 특히 사회문화적 수요와 영향력에 관한 분석에 근거해야 한다.

아울러 더욱 많은 시민사회조직들이 다국적기업의 활동에 대한 모니터링에 참가하고, 국제NGOs나 베트남 국내NGOs가 노동자나 노동조합과 협력하여 전문적인 자문과 지원 노력이 필요하다. 노동자들이 스스로의 권리와 기본적인 노동표준과 함께 작업장의 위험에 대해 이해하도록 돕고, 노동자들이 스스로의 권리를 주장할 수 있도록 역량을 강화하기 위한 법적 지원과 자문도 필요하다. 작업장뿐만 아니라 노동자의 가족이나 주거환경, 영유아 교육 등 생활상의 문제에 대해서도 관심이 필요하다.

끝으로 구체적인 CSR 사례 연구의 필요성을 제기하고자 한다. 베트남에서 지속가능한 비즈니스의 환경을 조성하기 위해 CSR의 적용이 중요하다. 특히 중소기업이 적절한 방식으로 CSR에 참여하고 확대하기 위한 구체적인 방안이 요구된다. 베트남에서 중소기업의 대다수가 제조업이나 1차 산업의 가공업으로 전체적인 고용에서 그 비중이 크고 지방 사회의 시장에 큰 영향을 미치고 있다. 베트남 GDP에서 중소기업의 비중이 크고 중요하다. 한국인 투자기업의 다수도 섬유의류

와 전자산업 등 제조업에 집중되어 있고, 삼성 LG등 대기업 현지 생산
을 위한 벤더 기업들이 다수이다. 이러한 기업들이 소재하는 지역사회
에 대한 영향뿐만 아니라, 환경에 대해 미치는 영향도 지대하다. 이에
대한 치밀한 사례 연구가 긴급하다고 판단된다.

:: 참고문헌

구양미. 2017. "한국 기업의 베트남 투자와 베트남의 산업구조 및 지역 변화." 『대한지리학회지』 52(4).

김희준. 2009. "한국기업의 베트남지역 해외직접투자 패턴에 관한 연구." 『통상정보연구』 11(3).

대한무역투자진흥공사. 2011. "해외 진출 기업의 CSR 실행 실태 조사 – 베트남 투자진출 기업 중심으로." 8. 25. 브랜드사업팀.

변선영·김진욱. 2009. "CSR개념의 전개과정과 기업집단의 대응과정." 『경영교육연구』 58.

이한준·박종철. 2009. "기업의 사회적 책임 활동이 제품 및 기업 평가에 미치는 영향: 신뢰의 매개역할을 중심으로." 『마케팅연구』 24(1).

주베트남대한민국대사관·KOTRA·KCCI. 2015. 『베트남 CSR 안내서: 더불어 함께, Chung Tay Chia se 2015』. 주베트남대한민국대사관.

지현철·이승철. 2007. "생산자본의 국제화 전략 및 입지 결정요인: 한국 대 베트남 섬유·의류 해외직접투자 사례 연구." 『지리학연구』 41(4).

최호림. 2018a. "베트남 내 한국 투자기업의 영향과 사회적 책임에 관한 연구." 『인문사회과학연구』 19(3): 337-362.

최호림. 2018b. "한국 기업의 베트남 투자 현황 및 문제점: 기업의 사회적 책임에 대한 시사점." 채수홍·엄은희·이지혁·최호림·장승권, 『VIP 국가의 한국기업 진출과 로컬사회의 변화: 경제편(VIP 로컬인사이트 통권 1호)』.

최호림. 2019. "베트남에서 기업의 사회적 책임과 지속가능한 발전." 『인문사회21』 10(2): 1487-1502.

한충민·김상묵·김언정. 2013. "베트남 진출 외국 기업의 CSR 활동이 국가이미지에 미치는 영향." 『국제통상연구』 18(1).

IPEN-CGFED. 2017. "베트남 전자산업 여성 노동자들의 이야기." 2017년 11월 하노이.

KOTRA. 2014a. 『2014 해외진출 한국기업 디렉토리』. 대한무역투자진흥공사.

KOTRA. 2014b. 『베트남 투자실무가이드』. 대한무역투자진흥공사.

Bowen, H. R. 1953. *Social Responsibility of the Businessman*. New York: Harper & Row. p.6.

Brundtland, G. H, *et al.* 1987. *Our Common Future: Report of the World Commission on Environment and Development*. Oxford University.

Bui, Thi Lan Huong. 2010. "The Vietnamese Consumer Perception on Corporate Social Responsibility." *Journal of International Business Research* 9(1).

Carroll, A. B. 1999. "Corporate Social Responsibility: Evolution of a Definitional Construct." *Busines and Society* 38(3): pp.268-295.

Carroll, A. B. 2008. *The Oxford Handbook of Corporate Social Responsibility*, Oxford Universty Press.

Center for Development and Integration(CDI). 2018. "Korean Companies in Vietnam." (비공개 발표 자료).

Chambers, E., W. Chapple, J. Moon and M. Sullivan. 2003. "CSR in Asia: A Seven Country Study of CSR Website Reporting." International Centre for Corporate Social Responsibility.

Claydon, J. 2011. "A New Direction for CSR: the Shortcomings of Previous CSR Models and the Rationale for a New Model." *Social Responsibility Journal* 7(3): pp.405-420.

Crane, A. and Matten, D. 2007. *Business Ethics(2nd ed.)*. Oxford: Oxford University Press.

General Statistics Office of Vietnam. each year. *Statistical Yearbook of Vietnam*.
http://www.gso.gov.vn (검색일: 2018.05.10)

Hamm, B. 2012. "Corporate Social Responsibility in Vietnam: Integration or Mere Adaptation?" *Pacific News, Ha Noi* 38.

ILO, 2017. "Better Work Vietnam." *Annual Report* 2017: *an Industry and*

Compliance Review. ILO Vietnam.

Luu, T. T. 2011. "CSR Lessons from Vedan Deeds." *Business and Economic Research* 1(1): pp.6-10.

Ministry of Planning and Investment of Vietnam(MPI). 2014. *Foreign Direct Investment Enterprises in the Period of 2006-2011*. General Statistics Office of Vietnam.

http://www.gso.gov.vn (검색일: 2018.05.10)

Ministry of Planning and Investment of Vietnam(MPI). each year. Foreign Investment data.

http://www.mpi.gov.vn (검색일: 2018.05.15)

Nghia, S. 2012. "CSR Means More than Charity." *The Saigon Times*.

http://english.thesaigontimes.vn/Home/business/other/22963 (검색일: 2019.02.02)

Nguyen, D. T. 2011. "Corporate Social Responsibility in Vietnam: A Futuristic Outlook." *Journal of Vietnam Socio-Economic Development* 66: pp.52-68.

Nguyen, M, and Pham. M. 2016. "Vietnam Says Recovery from Formosa Industrial Disaster Could Take a Decade."

http://www.reuters.com/article/us-vietnam-environment-formosa-plastics-idUSKBN14C1F5 (검색일: 2019.02.02)

Tran Tin Trung. 2017. "Corporate Social Responsibility (CSR) Situation in Vietnam." Thesis of Degree Programme in International Business, Faculty of Business Administration Lapeenranta, Saimaa University of Applied Sciences. p.77

Visser, W. 2008. "Corporate Social Responsibility in Developing Countries." *In* A. Crane, A. McWilliams, D. Matten, J. Moon & D. Siegel (eds.). *The Oxford Handbook of Corporate Social Responsibility*. Oxford: Oxford University Press. pp. 473-479.

Visser, W. 2012. "CSR 2.0: Reinventing Corporate Social Responsibility for the 21st Century."

http://www.managementexchange.com/hack/csr-20-rein-
venting-corporate-social-responsibility-21st-century(검색일:
2018.12.08).

Visser, W. and Tolhurst, N,. 2010. *The world guide to CSR: A Coun-
try-By-Country Analysis of Corporate Sustainability and Re-
sponsibility*. Bradford: Greenleaf Publishing.

저자 소개

이지혁

부산대학교에서 국제지역학 박사학위를 취득하였고, 현재 서울대학교 사회과학연구원에서 선임 연구원으로 재직 중이다. 연구 관심분야는 동남아 국제관계, 인도네시아 문화, 이슬람 경제 등이다. 최근 주요 논문으로는 "인도네시아 하이브리드 편의점의 태동과 소비문화(공저).", "The Political Economy of Indonesia's Global Maritime Axis and Infrastructure Development Plan under the Jokowi Administration.", "세 가지 화두로 살펴본 2017년 자카르타 주지사 선거.", "이슬람 경제의 태동과 그에 따른 한국인의 반응에 대한 다층적 분석." 등이 있고 대표저서로는 『바틱으로 보다: 자바, 인도네시아 이야기』, 『인도네시아와 말레이시아의 소비문화: 맛과 멋, 공간, 그리고 할랄』(공저) 등이 있다.

엄은희

서울대학교 지리교육과에서 학사를, 같은 대학원 협동과정 환경교육전공에서 교육학 석사와 박사학위를 취득하였다. 현재 서울대학교 사회과학연구원의 선임 연구원으로 재직 중이다. 박사논문을 위한 필리핀 현지조사를 시작으로 지난 10년간 동남아 전역을 누비고 있다. 주요 연구관심사는 한국과 동남아시아의 환경 이슈, 농업·농촌·농민 문제, 국제개발협력, 아시아 시민연대, 해외 한인사회 등이다. 논문으로 "메콩의 에너지경관.", "팜오일의 정치생태학.", "필리핀 경제특구의 성격 변화와 까비테 지역의 한국 투자기업.", "태국국경경제특구와 메

콩의 지역통합." 등이, 저서로『말레이세계로 간 한국 기업들』(공저),『세계의 시
장을 가다』(공저),『통합사회를 위한 첫걸음』(공저),『흑설탕이 아니라 마스코바
도』등이 있다.

채수홍

서울대학교 인류학과에서 학사와 석사, 미국 CUNY(The City University of New
York Graduate School and University Center)에서 박사학위를 받았다. 현재 서울
대학교 사회과학대학 인류학과 교수로 재직 중이며, 사회과학연구원 신흥지역
연구사업단장과 인류학과 BK+21 사업단장을 맡고 있다. 94년부터 베트남에
서 현지연구를 진행하고 있는 지역 전문가로서 대표적인 저서로는 *Wounded
Cities*(공저), *Labor in Vietnam*(공저),『맨발의 학자들』이 있다. 대표논문으로
는 "The Political Processes of the Distinctive Multinational Factory Regime
and Recent Strikes in Vietnam.", "Candlelight Protest and the Politics of the
Baby Stroller Brigades.", "호치민 개혁과정에 대한 정치경제학적 연구.", "한인
공장매니저의 초국적인 삶." 등이 있다.

육수현

전북대학교 고고문화인류학과에서 문화인류학 전공으로 박사학위를 받았다. 현
재 서울대학교 사회과학연구원에서 선임 연구원으로 재직하며 외국진출 한국
기업과 로컬간의 상호작용을 위해 로컬정보를 모으고 있다. 더불어 한국 기업과
로컬의 상생 방안을 고민하면서 이에 대한 답을 찾기 위해 연구를 수행 중이다.
주요 논문으로는 "반(半)주변부국가 언어의 경계 넘기: 베트남 내 한국어 구사자
의 수용과 활용을 중심으로.", "호찌민시 한-베 다문화 가족의 한국어 학습 수요
에 관한 연구: 한글학교 재학중인 2세의 학부모를 대상으로."가 있으며, 주요 저
서로는『어머니 이야기』(공저),『다문화와 다양성』(공저)이 있다.

김의영

서울대학교 정치학과에서 학사, 미국 미시건대학교(University of Michigan) 정치학과에서 석사와 박사학위를 받았다. 서울대학교 정치외교학부 교수로 재직하면서 2018년 한국정치학회장을 지냈으며, 현재 서울대학교 사회과학연구원장과 사회혁신교육연구센터장을 맡고 있다. 거버넌스, 시민정치, 지역참여학습(communty-based learning)에 천착하고 있으며, 대표저서로는 『거버넌스의 정치학』, 『동네안의 시민정치』, 『동네안의 시민경제』가 있다.

명재석

경희대학교 정치외교학과에서 학사, 서울대학교 대학원 정치학과에서 석사학위를 받고, 동 대학원 박사과정에 재학 중이다.

장승권

연세대학교에서 경영학 학사를 받은 뒤, 영국 Lancaster University에서 조직이론을 공부하여 석사와 박사학위를 받았다. 현재 성공회대학교 경영학부 교수로 경영학을 강의하고, 일반대학원 협동조합경영학과 주임교수로 협동조합 경영을 강의하고 연구한다. 협동조합을 통한 국제개발협력 실천과 이론에 관심을 갖고 있으며, 공정무역을 연구 중이다. 최근에는 한국과 교류하고 있는 베트남과 필리핀 등 동남아시아국가의 공정무역단체를 조사하고 있다.

김선화

성공회대학교 일반대학원 협동조합경영학과 박사과정을 수료했으며, 2015년부터 지금까지 공정무역과 협동조합을 연구하고 있다. 공동 연구한 논문으로 "공정무역의 가치사슬과 주류화: 한국의 공정무역 사례.", "베트남 공정무역의 발전: 공정무역조직 사례연구.", "협동조합간 협동의 실천과정: 두레생협의 공정무

역 사례연구.", "소비자생활협동조합의 실천공동체 학습: 포토보이스를 이용한
두레생협 공정무역 해외연수 사례연구."가 있다.

최호림

부경대학교 국제지역학부 교수. 서울대학교에서 인류학박사 학위를 받았다. 베
트남 사회문화, 종족, 관광, 이주, 국제개발협력 등에 관한 동남아연구를 지속하
고 있다. 『전환기 베트남의 전통과 공동체, 그리고 국가』, 『동남아시아의 박물
관: 국가 표상과 기억의 문화정치』, *Multicultural Challenges and Redefining
Identity in East Asia*, *The Historical Construction of Southeast Asian Stud-
ies*, 『아시아, 이주의 중심을 가다, 베트남편』 등의 저서와, "베트남 자본주의의
발전과 지대추구에 관한 연구.", "War Tourism and Reconstruction of Memo-
ry: Korean Veterans' Battlefield Trip in Vietnam.", "베트남 관광개발과 고산
소수종족 관광 이미지.", "베트남 화인의 귀환이주와 정체성 변화에 관한 연구.",
"국제결혼에서 귀환까지: 베트남 여성의 한국행 결혼이주 경험에 관한 연구." 등
의 논문을 발표했다.